国家社会科学基金后期资助项目（19FJYB010）成果

结构性去杠杆的推进路径与宏观政策协调研究

Research on the Promotion Path of Structural Deleveraging and Macro Policy Coordination

王连军　著

吉林大学出版社

·长春·

图书在版编目（CIP）数据

结构性去杠杆的推进路径与宏观政策协调研究 / 王连军著 .—长春：吉林大学出版社，2024.5
ISBN 978-7-5768-1164-3

Ⅰ.①结… Ⅱ.①王… Ⅲ.①中国经济－研究 Ⅳ.① F12

中国版本图书馆 CIP 数据核字 (2022) 第 226106 号

书　　　名	结构性去杠杆的推进路径与宏观政策协调研究 JIEGOUXING QUGANGGAN DE TUIJIN LUJIN YU HONGGUAN ZHENGCE XIETIAO YANJIU
作　　　者	王连军　著
策划编辑	李承章
责任编辑	单海霞
责任校对	甄志忠
装帧设计	朗宁文化
出版发行	吉林大学出版社
社　　　址	长春市人民大街 4059 号
邮政编码	130021
发行电话	0431-89580028/29/21
网　　　址	http://www.jlup.com.cn
电子邮箱	jdcbs@jlu.edu.cn
印　　　刷	湖南省众鑫印务有限公司
开　　　本	787mm×1092mm　1/16
印　　　张	15
字　　　数	290 千字
版　　　次	2024 年 5 月　第 1 版
印　　　次	2024 年 5 月　第 1 次
书　　　号	ISBN 978-7-5768-1164-3
定　　　价	98.00 元

版权所有　翻印必究

前　言

　　2018年4月召开的中央财经委员会首次提出"要以结构性去杠杆为基本思路，分部门、分债务类型提出不同要求，地方政府和企业特别是国有企业要尽快把杠杆降下来，努力实现宏观杠杆率稳定和逐步下降。""结构性去杠杆"为防范系统性重大风险提供了新的概念与新的思路，但究竟"结构性去杠杆"新思路与传统去杠杆思路有何本质区别？各部门应该如何具体推进"结构性去杠杆"？在这一过程中我国宏观政策之间该如何进行协调与优化？从目前掌握的研究成果和实践情况来看，学界和实际工作者对上述问题的研究仍处于起步阶段，本研究试图从两方面揭示结构性去杠杆的微观推进路径以及宏观政策协调机制：①实体经济、金融系统与地方政府等部门杠杆率的空间结构优化、时间演变路径及其基于跨部门的结构性去杠杆风险防范机制、政策溢出与协同效应；②结构性去杠杆化的货币政策、宏观审慎监管以及财政政策协调机制。研究旨为宏观政策制定者进行宏观审慎监管提供理论借鉴，丰富现有金融风险管理理论框架。

　　通过研究可以得出如下主要结论：

　　（1）上市公司去杠杆是一个缓慢调整过程，约有40%的上市公司在5年内完成去杠杆调整，基于微观数据表明：①通过清偿债务方式对整个公司杠杆率的下降贡献超过40%。通过偿还债务、增加留存收益两种方式对去杠杆进程贡献了53.25%，股票增发对公司去杠杆的作用相对较小。②去杠杆具有路径依赖性，初始杠杆率越低，公司杠杆率下降幅度也越高。在经济不确定环境下，公司去杠杆具有强烈的现金储备财务柔性动机，但去杠杆的公司更多是将现金配置到金融资产，过多的金融资产占比弱化了公司主动去杠杆动机。③去杠杆在短期和长期有不同的阶段性特征，短期内去杠杆的公司盈利能力更强，且发生兼并重组与财务困境的公司数量都显著增加，随着去杠杆时间增加公司发生财务困境的概率降低。④PSM估计结果显示，考虑到地区异质性之后，东部地区的上市公司的财务绩效对去杠杆反应更敏感，而中部与西部等经济相对落后地区的公司利用留存收益主动去杠杆却导致公司财务绩效显著下降。

　　（2）通过构建并测算了宏观层面以资产负债率（债务/资产）指标衡量的政府杠杆率，研究发现：①空间杜宾模型表明，政府杠杆率每提高

1%，则宏观金融风险（弹性）增加0.17%，金融波动增加0.09%。②从政府杠杆率公式中分子和分母两个角度来看，提高分子债务总额主要是通过直接效应影响宏观金融风险，提高分母资本总额则通过间接效应来降低金融风险。③双区制空间杜宾模型估计表明本地金融发展水平、房地产投资强度等越高，则当地宏观金融风险的空间溢出效应越显著；而GDP增长率区制变量回归结果则没有显著区别，该结论从侧面印证了中国地方政府的决策行为仍然存在明显的唯GDP论的内在导向。

（3）利用我国120家商业银行2003—2015年度面板数据，分析了银行去杠杆化的时间、主要方式及其对经营稳定性的影响。研究发现：①去杠杆进程降低了银行信贷供给速度提高了债务融资成本与资产收益率资本补充能力强的国有控股银行去杠杆幅度更大，资产负债结构转换更为明显，而中小银行去杠杆化的方式与渠道都比较有限。②长期来看，去杠杆化降低了银行破产概率，提高了银行经营稳健性，短期内动态面板估计表明银行去杠杆会显著降低下一期的经营稳定性，相反利用留存收益、发行次级债务等主动式去杠杆则会降低信贷风险，提高银行稳定性。

（4）金融状况扩张会造成我国微观企业与居民杠杆率的跨期调整，短期内全国金融状况指数扩张会提高微观主体杠杆率，中长期（2年及以上）则会降低杠杆率。分位数回归结果表明，短期内金融状况指数提高能降低经济预期增长出现下行风险的概率，但长期则会显著提高经济在险增长。分区域来看，东部区域金融状况指数长期降低各微观主体杠杆率，而西部地区杠杆率应对金融状况冲击的跨周期调整相对缓慢。同样的，东部区域金融状况指数放松长期降低经济在险增长水平，而西部地区仍会提高经济出现下行风险的概率。研究成果为政府完善宏观调控跨周期设计和调节提供决策参考。

（5）通过构建包含预算软约束、金融加速器等特征的动态随机一般均衡模型，探讨了"硬化"预算软约束对经济体的影响以及不同货币政策应对效应的差异。研究发现：①削弱预算软约束，可以缓解结构性高杠杆问题，减轻经济体扭曲程度，但会以总产出下降为代价。当经济体遭遇风险冲击时，预算软约束的存在可以平抑经济波动，但妨碍了市场正常出清，造成了产能过剩、库存攀升等一系列问题。②"一刀切"的紧缩性货币政策不仅无法降低杠杆率，还会进一步拉升杠杆率，加剧经济结构扭曲程度。相较之下，定向调整准备金率等结构型货币政策是应对经济体中结构性高杠杆更好的选择。③货币政策对非金融企业杠杆率（尤其是国有企业杠杆率）进行响应有助于减少福利损失。

目　录

第一章　前　言 ··· 1
　第一节　研究背景及意义 ·· 1
　　一、研究背景 ··· 1
　　二、研究意义 ··· 2
　第二节　文献综述 ··· 3
　　一、国外研究动态 ··· 3
　　二、国内研究动态 ··· 5
　　三、对已有研究的简要评述 ·· 7
　第三节　研究框架及研究创新点 ··· 7
　　一、研究框架 ··· 7
　　二、研究方法 ··· 10
　　三、研究创新点 ·· 10

第二章　结构性去杠杆政策演进与国际比较研究 ······························· 12
　第一节　结构性去杠杆的实现机理 ·· 12
　　一、结构性去杠杆实现机理分析 ·· 12
　　二、银行体系高杠杆率形成机理分析 ·· 14
　　三、去杠杆的空间风险溢出机制分析 ·· 15
　第二节　我国结构性去杠杆政策实践与高杠杆的结构特征 ················ 16
　　一、中国结构性去杠杆政策历史演变 ·· 16
　　二、我国高杠杆率的结构性特征 ·· 18
　第三节　美国、日本、欧洲等经济去杠杆政策实践借鉴 ···················· 20
　　一、美国经济去杠杆化的政策举措 ··· 20
　　二、日本经济去杠杆化政策举措 ·· 21
　　三、欧洲国家去杠杆化的政策举措 ··· 22
　　四、居民去杠杆与房地产去库存政策 ·· 23

第三章　结构性去杠杆宏观政策协调机制研究 ·································· 29
　第一节　引　言 ·· 29

第二节　文献综述 …………………………………………… 30
第三节　经验事实分析 ………………………………………… 32
第四节　理论模型构建 ………………………………………… 35
　　一、家庭 …………………………………………………… 35
　　二、资本品生产商 ………………………………………… 36
　　三、国有企业 ……………………………………………… 36
　　四、民营企业 ……………………………………………… 38
　　五、最终品厂商和中间品厂商 …………………………… 39
　　六、政府和中央银行 ……………………………………… 40
　　七、市场出清 ……………………………………………… 40
　　八、参数校准 ……………………………………………… 40
第五节　数值模拟 ……………………………………………… 42
　　一、预算软约束作用机制与政府担保冲击 ……………… 42
　　二、风险冲击 ……………………………………………… 43
　　三、紧缩货币政策 ………………………………………… 44
　　四、结构性货币政策 ……………………………………… 45
　　五、财政政策 ……………………………………………… 47
　　六、不同经济结构下政策效果 …………………………… 48
　　七、福利分析 ……………………………………………… 49
第六节　本章小结 ……………………………………………… 50

第四章　结构性去杠杆推进路径——基于上市公司视角 ………… 52
第一节　引　言 ………………………………………………… 52
第二节　文献综述 ……………………………………………… 53
　　一、国外研究现状 ………………………………………… 53
　　二、国内研究现状 ………………………………………… 55
第三节　模型设置与研究假设 ………………………………… 57
第四节　公司去杠杆：长期化典型事实 ……………………… 60
　　一、公司去杠杆的长期化趋势 …………………………… 60
　　二、去杠杆方式的异质性 ………………………………… 63
　　三、去杠杆进程中的资产负债结构转换 ………………… 66
　　四、去杠杆与上市公司财务绩效 ………………………… 68
第五节　主动去杠杆与公司财务绩效的 PSM 检验 ………… 72
　　一、PSM 计量模型设定 …………………………………… 73

目 录

  二、实证结果分析 ……………………………………………… 76
  三、稳健性分析 ………………………………………………… 81
  四、机制检验 …………………………………………………… 83
 第六节 进一步讨论：金融发展与公司去杠杆 ………………… 85
  一、典型事实分析 ……………………………………………… 87
  二、计量模型设定 ……………………………………………… 90
  三、变量选取 …………………………………………………… 90
  四、实证结果分析 ……………………………………………… 92
 第七节 本章小结 ………………………………………………… 94

第五章 地方政府去杠杆与宏观金融稳定研究 ………………… 96
 第一节 问题的提出 ……………………………………………… 96
 第二节 制度背景与理论假说 …………………………………… 97
  一、制度背景 …………………………………………………… 97
  二、理论假说 …………………………………………………… 99
 第三节 数据选取与空间自相关检验 …………………………… 100
  一、指标构建与数据来源 ……………………………………… 100
  二、变量空间探索性分析 ……………………………………… 103
 第四节 计量模型及实证结果分析 ……………………………… 107
  一、空间计量模型设定 ………………………………………… 107
  二、空间计量模型实证结果分析 ……………………………… 109
  三、空间区制模型实证分析 …………………………………… 115
 第五节 进一步分析：政府隐性债务与杠杆率 ………………… 118
 第六节 本章小结 ………………………………………………… 123

第六章 去杠杆化与银行体系稳定性研究 …………………… 124
 第一节 问题的提出 ……………………………………………… 124
 第二节 文献综述与研究假设 …………………………………… 125
  一、国外相关研究成果 ………………………………………… 125
  二、国内研究现状 ……………………………………………… 126
  三、杠杆率对信贷扩张与信用风险的作用机制 ……………… 126
 第三节 银行去杠杆化：长期典型事实 ………………………… 129
  一、数据指标选取 ……………………………………………… 129
  二、银行去杠杆：长期变动趋势统计 ………………………… 130
 第四节 去杠杆与银行经营稳定性实证检验 …………………… 137

一、模型设定 ………………………………………………… 137
　　二、计量结果分析 …………………………………………… 139
　　三、主动式去杠杆与银行体系稳定性 ……………………… 141
　　四、稳健性检验 ……………………………………………… 143
第五节　进一步分析：杠杆率对信贷扩张的影响机制 ………… 144
　　一、杠杆率对商业银行融资成本的影响 …………………… 145
　　二、杠杆率对银行信贷扩张的影响 ………………………… 148
　　三、稳健性检验 ……………………………………………… 151
第六节　本章小结 ………………………………………………… 153

第七章　结构性去杠杆跨部门联动效应研究 ……………………… 155
第一节　引　言 …………………………………………………… 155
第二节　文献综述 ………………………………………………… 156
第三节　经验事实 ………………………………………………… 158
　　一、模型设置 ………………………………………………… 158
　　二、数据来源及处理 ………………………………………… 159
　　三、TVP-VAR 模型结果分析 ……………………………… 160
第四节　动态随机一般均衡模型的构建 ………………………… 161
　　一、储蓄家庭 ………………………………………………… 162
　　二、借贷家庭 ………………………………………………… 162
　　三、企业家 …………………………………………………… 163
　　四、商业银行 ………………………………………………… 164
　　五、零售商 …………………………………………………… 164
　　六、资本品生产商 …………………………………………… 166
　　七、中央银行 ………………………………………………… 166
第五节　参数校准与政策模拟 …………………………………… 167
　　一、参数校准 ………………………………………………… 167
　　二、数值模拟 ………………………………………………… 167
第六节　本章小结 ………………………………………………… 170

第八章　金融状况冲击与杠杆率跨周期配置 ……………………… 171
第一节　引　言 …………………………………………………… 171
第二节　文献综述与实证框架 …………………………………… 173
　　一、文献综述 ………………………………………………… 173
　　二、实证框架 ………………………………………………… 175

目 录

第三节　模型设定与指标构建 …………………………………… 175
 一、金融状况对杠杆率的影响 ………………………………… 175
 二、金融状况、杠杆率与经济在险增长 ……………………… 176
 三、金融状况指数构建与典型事实 …………………………… 176
第四节　实证结果分析 …………………………………………… 183
 一、基准回归模型结果 ………………………………………… 183
 二、含有信贷周期的模型估计结果 …………………………… 187
 三、金融状况指数、杠杆率与经济在险增长 ………………… 189
第五节　稳健性检验 ……………………………………………… 192
第六节　本章小结 ………………………………………………… 194

第九章　结构性去杠杆政策评价——来自供给侧改革的准自然实验 …… 196
第一节　引　言 …………………………………………………… 196
第二节　文献综述与研究假设 …………………………………… 198
第三节　研究设计与数据选取 …………………………………… 200
 一、双重差分模型设置 ………………………………………… 200
 二、三重差分（DDD）模型 …………………………………… 201
 三、平行趋势检验 ……………………………………………… 202
 四、数据选取 …………………………………………………… 202
第四节　实证结果分析 …………………………………………… 204
 一、基准模型结果分析 ………………………………………… 204
 二、平行趋势检验 ……………………………………………… 205
 三、三重差分DDD估计结果分析 …………………………… 206
 四、稳健性检验 ………………………………………………… 208
第五节　进一步作用机制讨论 …………………………………… 211
 一、财务柔性机制 ……………………………………………… 212
 二、预算软约束 ………………………………………………… 214
第六节　本章小结 ………………………………………………… 215

结论及研究展望 ………………………………………………… 217

参考文献 ………………………………………………………… 219

第一章 前 言

第一节 研究背景及意义

一、研究背景

我国2008年为应对国际金融危机的外部冲击启动了增加4万亿投资计划，这客观上提高了基础设施投资规模和房地产行业产能扩张，强化了各地方政府过度依赖债务扩张拉动经济增长的模式。宽松信贷环境下，我国以银行业为主导的金融结构体系获得了充裕的流动性，使得各类金融机构的资产负债表急剧膨胀，包括银行理财、信托、私募基金、券商资管等金融产品规模快速增大。与此同时，实体经济竞争优势减弱，投资边际收益下降，信贷资金流入实体经济的过程中，受产业发展不平衡、资产价格过快上扬、监管不到位等因素影响，信贷资金过度投入到房市与股市等进行金融套利交易，形成"脱实向虚"。即使信贷资金通过拉长后的传递链条最终流向实体经济，在政府隐性担保和金融干预的影响下，资金大部分投向了地方政府融资平台、基建产业或国有大中型企业，增加了地方政府未来偿债压力，宏观金融系统风险上升。

据国际清算银行统计，截至2018年第二季度，我国社会整体杠杆率已达205.5%。快速上升的杠杆率给我国宏观经济和金融稳定运行带来严峻挑战。《中国金融稳定报告（2018）》指出，高杠杆是宏观金融脆弱性的总来源，表现在实体领域为过度负债，在金融领域为信贷过度扩张。为此，党的十九大报告和中央经济工作会议强调未来3年要坚决打好"三大攻坚战"：防范化解重大风险、精准脱贫、污染防治。2018年4月2日，中央财经委员会提出"要以结构性去杠杆为基本思路，分部门、分债务类型提出不同要求，地方政府和企业特别是国有企业要尽快把杠杆降下来，努力实现宏观杠杆率稳定和逐步下降"。会议指出了去杠杆化的新方向。从近期国家政策来看，"防范风险"无疑是政府未来经济工作的重中之重。

"结构性去杠杆"为防范系统性重大风险提供了新的概念与新的思路，但究竟"结构性去杠杆"新思路与传统去杠杆思路有何本质区别？各部门应该如何具体推进"结构性去杠杆"？在这一过程中我国宏观政策之间该如何进行协调与优化？从目前掌握的研究成果和实践情况来看，学界和实际工作者对上述问题的研究仍处于起步阶段，这也为本书预留了研究空间，与此同时，随着全球经济环境发生深刻变化、外部不确定性明显上升，国内经济增长的驱动因素与经济结构都发生明显变化。尤其是在2020年初在史无前例的疫情冲击下，我国经济遭受改革开放以来最为严重的影响，为此，国家以及各地方政府均加大了复工复产政策的实施力度，这导致居民与非金融部门杠杆在疫情之后又开始大幅攀升。2020年7月中共中央政治局会议首次提出"完善宏观调控跨周期设计和调节，实现稳增长和防风险长期均衡"。该提法的定位超越了以应对经济短周期波动为主的传统逆周期调控政策框架，政策制定者也因此面临政策权衡：短期内对微观主体企业和家庭的宽松政策如何避免长期内可能导致经济脆弱性上升。对于这些问题的研究可以为政府有效、持续推进供给侧结构性改革提供重要参考依据。

二、研究意义

当前我国正处在增长速度换挡期、结构调整阵痛期、前期刺激政策消化期"三期叠加"的阶段，宏观经济运行风险集聚释放与经济增速下滑、产业结构转型和经济各部门高杠杆等各种矛盾相互交织，防范化解风险面临挑战。因此在供给侧结构性改革的大背景下，如何判断我国宏观金融风险的总体态势，厘清高杠杆风险在经济部门内的累积与部门之间的传染机制，准确理解去杠杆化进程与宏观金融风险的关系，对于促进经济增长和防范系统性金融风险至关重要。

具体来说，在理论意义方面：

（1）杠杆率超过阈值代表某种程度的金融脆弱性，因此杠杆率是测度系统性金融风险的有效测度指标，国际上巴塞尔委员会和欧洲系统性金融风险委员会均建议在制定宏观审慎政策时重点关注宏观杠杆率缺口这一指标。从资源配置角度看，市场机制在发挥资源配置方面能起到决定性作用，但经济主体当面对外部环境不确定性因素，市场行为通常会导致决策缺乏长期性、整体性统筹等问题，以致其无法实现跨期最优配置。课题系统地阐明了实体经济、地方政府与金融中介等部门去杠杆的推进路径与协调机制，且丰富学术界在资本结构研究领域的成果。

（2）目前文献多集中在去杠杆化与宏观经济稳定方面，实施新的杠杆率监管环境下银行异质性特征与微观套利行为都会显著影响银行经营稳定性，特别是目前我国银行系统国有控股银行占据主导地位，预算软约束在国有控股银行内普遍存在，一旦这些银行出现风险，将会对金融系统造成重要的影响。为此，本书深入研究了银行领域杠杆的微观形成机制，预判去杠杆的大致时间，并针对我国银行业去杠杆的主要方式、路径等展开规范性的实证研究。研究丰富了学术界在这一领域的研究成果，同时为系统性金融风险的宏观审慎监管提供理论借鉴。

在现实意义方面：

（1）近年来随着各经济金融事件不断爆发，尤其是美国次贷危机、欧洲主权债务危机以及2020年疫情导致的全球金融市场冲击，实体经济也不可避免地受到了一定程度的影响。长期以来我国银行业对实体经济的贷款规模占全社会融资规模总量的70%左右，受到外部宏观刺激政策影响，银行体系内杠杆持续攀升。为此，2017年4月，监管机构出台了一系列禁止了银行资金空转、监管套利等去杠杆措施。但本次欧美等国家危机中的教训表明金融机构快速去杠杆化会造成银行体系信贷资金的枯竭，严重削弱了货币政策向实体经济的传导效果，因此，银行体系稳定性对于我国宏观经济稳定性至关重要。以此为背景，对去杠杆背景下金融风险空间溢出、时间演变等内在机理进行分析。从而能够在一定程度上防范金融风险的进一步扩大，维护金融市场的稳定。同样，本书揭示的结构性去杠杆微观实现机制，可以复制与模仿，可为企业与银行等部门实施精准去杠杆提供实践指导，避免去杠杆进程中可能引发的剧烈波动。

（2）去杠杆的最终目标是为了提高经济主体部门的财务稳定性，但快速去杠杆过程中不可避免的会对宏观经济增长产生冲击，因此，如何把握宏观政策调控的力度与节奏？这对于政策制定者来说至关重要。本书系统研究了我国经济体系中政府部门、银行体系及上市公司等去杠杆化对宏观稳定性的影响，其目的为捋顺当前微观主体杠杆率与宏观金融稳定的相互关系，以期望在风险隐患期对系统性金融风险进行有效监控、跟踪与防范，并能对当前的去杠杆进程提出相应的建设性建议。

第二节　文献综述

一、国外研究动态

去杠杆会带来实体经济严重下降，这一规律背后的作用机制为债务-通缩恶性循环。（Bernanke, 1983; Minsky, 1986）。Minsky（1992）提出了著名的"金融不稳定"学说，认为利率上升较快和资产价格大幅下降会形成正向反馈机制而造成金融系统的不稳定。但"杠杆率"处于何种水平为适度，迄今并无定论，Reinhart等（2010）、Cecchetti等（2011）基于不同国家数据研究认为杠杆率对经济增长的影响存在阈值效应，当政府部门或企业债务/GDP指数超过90%之后，债务的继续累积将阻碍经济增长。Institute（2010）发现，国际经验来看去杠杆平均历时6~7年，这一过程中债务/GDP下降了25%（中值），信贷大幅下降（前十年均值17%到去杠杆阶段为4%），并且去杠杆的最初几年会经历经济衰退。大量研究关注了去杠杆化对金融风险的影响，如Schularick等（2012）、Tam（2014）实证研究发现杠杆率攀升是发生金融危机的预警信号。相对应的，Adrian等（2010）、Bhatia等（2012）、Kumhof等（2015）学者质疑高杠杆率是否一定是导致2008年全球性金融危机的主要原因之一。

（1）去杠杆包括微观与宏观两种范畴，从微观去杠杆方式来看，Edison等（2000）认为金融冻结、注资和兼并重组是资产价格泡沫破裂后缓解金融危机的有效措施。整体而言，关于如何去杠杆，大多数学者还是支持政府逆周期的需求管理政策（Palley，2010；Eggertsson et al.，2012），但这些文献都是考察危机发生后的被动去杠杆过程，而DeAngelo等（2016）将公司偿还债务、保留盈利和发行股票视为主动式去杠杆，认为公司去杠杆过程中会有强烈的储备现金获取财务柔性的动机。此外，Adrian等（2012）、Olivier等（2015）认为金融体系内"好的"去杠杆方式包括提高股权资本、降低股息支付、提高留存收益率等方式，而"坏的"去杠杆则主要是以收缩总资产或者通过监管套利的方式去杠杆。

（2）去杠杆的宏观政策调控，Kuvshinov（2016）、Korinek（2016）、Bauer（2017）等研究发现，紧缩性货币政策在短期内会导致杠杆率提升，由于存在零利率下限的制约，单纯利用利率政策调控杠杆的效果有限，还需要配合宏观审慎监管政策。文献中针对美国及欧元区等国家去杠杆过程中的结构性改革都持正面的评价，认为结构性改革不仅可以促进长期增长，而且还可以在短期内影响经济（Villaverde et al, 2014）。Andrés等（2017）评估了结构性改革对经济去杠杆化的影响，提出通过快速恢复投资和抵押品价值来推动去杠杆化的结束。

（3）高杠杆所产生的金融风险在空间维度主要关注金融风险在跨市场或跨区域的传染机制。学术界认为系统性金融风险国际间传染主要有两个渠道：一是通过对外贸易和投资等实体经济联系进行传导；二是通过国际金融市场互联进行传导。从空间溢出的角度，地方政府债务对金融机构（主要是商业银行）运营产生风险的主要机理包括：地方政府债务膨胀及风险扩张传导对银行信用发展产生不利影响（Bonis et al.，2013），以此降低金融机构资产负债表表现（Gennaioli et al.，2014），进而带来较高不良贷款率（Ferri，2009）和降低金融机构偿付能力（Arellano et al.，2008）等。

金融风险时间维度的演进机制主要是金融杠杆的放大机制，即金融体系顺周期性（或亲周期性）。Heider等（2015）发现，当银行间市场存在较大风险影响时，由于金融机构经营信息的严重不对称与逆向选择使得金融机构在贷款管理上更为谨慎。一旦形势继续恶化，银行间市场可能崩盘，市场流动性极度紧张。Bhattacharya等（2011）分析了金融杠杆与金融稳定之间的联动机制，指出在经济快速发展时期，金融机构倾向于提高杠杆率来加大风险投资力度。然而一旦经济开始陷入衰退，大量金融机构将被迫出售资产和主动去杠杆，这可能会导致资产价格雪崩式下跌，在恶性循环机制下，金融体系将陷入动荡（Greenlaw et al.，2012）。

IMF（2017）研究报告中指出：宽松的金融状况短期内能显著降低经济下行风险，但由于内生的脆弱性不断积累，中长期来看金融状况引起经济增长的波动加大，即金融状况冲击存在跨期替代效应（Adrian et al.，2018）。企业在金融状况收紧时信贷可得性与投资能力与其金融脆弱性程度有关，金融状况指数越高意味着金融负面冲击的放大程度越明显。Drehmann等（2018）基于16个国家的家庭债务面板数据分析认为，新增借款短期会增加经济产出，但由于债务的长期性，在债务峰值4年后开始显著降低产出。Jordá等（2020）关注发达经济体国家样本发现，虽然非金融企业杠杆率快速上升不会对产出和投资产生抑制效应，但在企业处置流程效率低下的国家里信贷扩张有助于"僵尸"企业生存。

综上所述，以上研究成果表明宏观经济下行背景下，由高杠杆导致的金融脆弱性会在跨地区、跨国家和跨市场之间存在显著的溢出效应，相比传统的计量经济模型，这些效应的引入对于建模以及市场关联性等的分析均具有显著有效的影响。

二、国内研究动态

中国学者首先关注我国企业杠杆水平和增长率的测度，通过区分不同行业和地区等异质性特征来研究企业去杠杆过程。例如中国人民银行杠杆率课题组（2014）、李扬等（2015）、马建堂等（2016）利用宏观杠杆率指数（M2/GDP或信贷/GDP等）对我国总杠杆和分部门杠杆水平和增速进行测算，基本结论均认为我国企业的杠杆率在国际比较中处于较高水平，且近年来增长较快。但是纪敏等（2017）、刘晓光等（2018）认为宏观杠杆率指标忽略了与偿债能力相关的资产情况。不宜于直接利用债务率指标变化来判断中国经济的债务风险。

（1）关于我国去杠杆进程中的结构性差异。主要观点认为在非金融企业部门和地方政府部门杠杆率较高，而居民部门和中央政府部门的债务率仍然处于较低水平。钟宁桦等（2016）认为金融危机之后我国大部分的工业企业已经是显著地"去杠杆化"的，而显著"加杠杆"的是少数的大型、国有、上市的公司。纪敏（2017）认为地方政府和国有企业成为资金配置的主体，并主要进入基建、重化工业和房地产等中长期投资领域。张斌等（2018）认为过度加杠杆的主体来自企业部门，这与美、欧等国次贷危机之前居民部门过度负债带来的加杠杆不同。潘敏等（2018）、刘哲希等（2018）研究认为居民部门加杠杆会导致经济产出水平出现更大幅度的下滑，不利于结构性去杠杆的推进。车树林（2019）认为政府债务对企业杠杆存在挤出效应，在经济下行压力下，通过政府阶段性加杠杆，可以有效支持企业逐步去杠杆。

（2）关于中国去杠杆进程的宏观政策搭配研究。主要观点：胡志鹏（2014）在动态随机一般均衡（DSGE）理论模型框架下考察了货币政策与财政政策在去杠杆方面的效应，认为单纯依靠货币政策去杠杆是不够的。吕炜等（2016）、朱军等（2018）都认为在当前国企高杠杆的背景下，中国扩张性财政支出的经济效应更显著。刘晓光等（2016）研究认为我国货币政策调控目标并非在"稳增长"和"降杠杆"中两难选择，而是具有一致性，不能简单采用紧缩性货币政策来实现降杠杆的目的。中国人民银行营业管理部课题组（2017）揭示供给侧结构性改革削弱预算软约束，增强宏观调控政策有效性以及促进长期经济增长的微观机理和经济效应。毛锐等（2018）认为政府债务会引致金融风险，宏观审慎政策能有效降低经济系统中的杠杆率。黄剑辉等（2018）认为虽然银行可以通过主动调整行业信贷政策来降低经营风险，但如果不能通过供给侧结构性改革有效地在宏观层面提升全要素生产率，以及在微观层面改善企业的经营效益，则非金融企业部门的债务风险依然可能向银行体系传导。

（3）中国作为一个新兴的转型经济国家，金融机构倾向于向有政府背景的项目提供融资，一是金融机构普遍存在"政府信用幻觉"，认为政府的项目有财政兜底，资产质量较高；二是涉政贷款金额大，与中小微企业贷款相比，营销和管理成本低（中国金融稳定报告，2018）。三是商业银行在发放贷款时普遍存在所有权歧视，并由此导致了国有银行对企业尤其是国有企业普遍的预算软约束。但余明桂等（2008）认为法治和金融的发展可以减少地方政府干预给国有企业带来的贷款支持效应，金融发展水平越高，国有企业的银行贷款越少。

三、对已有研究的简要评述

综合上述文献，国内外学者对经济去杠杆的实现方式与政策协调机制等进行了广泛的研究和探讨，这些成果为本书的系统深入研究提供了许多宝贵资料，但研究层面还有诸多悬而未决的问题。

传统去杠杆思路通常是以降低总体杠杆率为目标，现有文献中各部门应该如何精准推进结构性去杠杆的研究还不够深入，特别是基于空间与区域视角的研究文献相对匮乏。中国去杠杆进程与美国和欧元区国家处于金融周期的不同阶段。我国的金融周期在顶部，风险比较高，而美国和欧元区都经历了国际金融危机后的向下调整。文献中采用的杠杆率国际比较分析过于粗略，难有实质性借鉴价值。去杠杆化既要涉及分子债务因素又要考虑分母的资产因素，现有实证研究将杠杆率的分子和分母割裂开来，忽视二者之间的动态联动机制。宏观政策模型中企业、金融中介等部门异质性因素仍有研究的扩展空间，核心政策变量在去杠杆进程中传导机制和交互作用仍然不十分清楚，这在很大程度上降低了模型在实践中的适用性。鉴于此，本书以既有成果为起点，从结构性去杠杆视角切入揭示微观内生机理与有效路径，并在去杠杆与稳增长的目标下，结合我国现实国情，研究去杠杆进程中的宏观政策协调机制。

第三节 研究框架及研究创新点

一、研究框架

本书沿着"现状分析与提出问题→理论基础及影响机制研究→最佳实践比较与借鉴分析→典型特征事实统计→计量模型实证检验→动态均衡模型建立及政策模拟与优化研究"的技术路线展开。具体技术路线如图1.1所示。

为实现研究目标，本书采用了比较分析与计量实证检验相结合的方法。除了引言与结论之外，研究框架为：

第二章主要为结构性去杠杆的典型事实与宏观政策演进研究，具体包括：(1)我国经济高杠杆率与结构性差异的特征事实、去杠杆的政策实践与演变趋势；(2)结构性去杠杆的微观作用路径、传导机理与宏观政策协调机制等相关理论；(3)日本、美国、欧元区等国家经济去杠杆化的实践经验借鉴；(4)比较与归纳居民去杠杆的国际政策管控经验，分析我国供

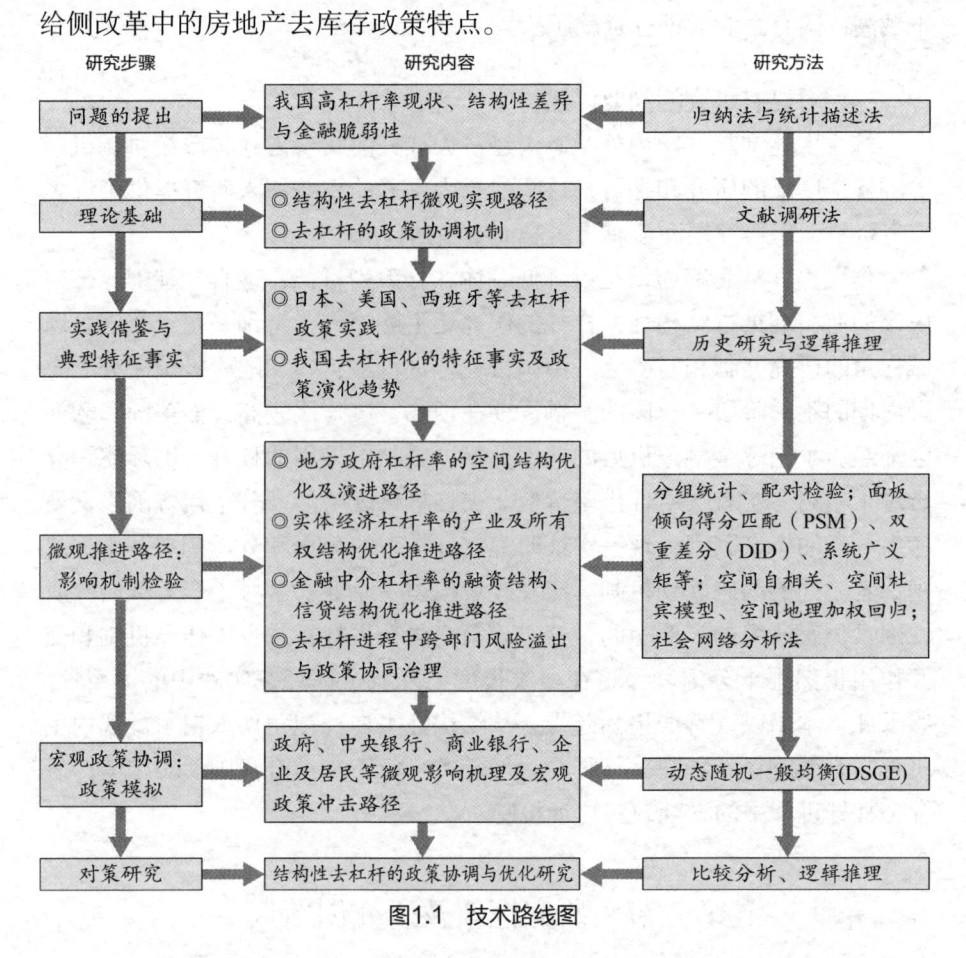

给侧改革中的房地产去库存政策特点。

研究步骤	研究内容	研究方法
问题的提出	我国高杠杆率现状、结构性差异与金融脆弱性	归纳法与统计描述法
理论基础	◎结构性去杠杆微观实现路径 ◎去杠杆的政策协调机制	文献调研法
实践借鉴与典型特征事实	◎日本、美国、西班牙等去杠杆政策实践 ◎我国去杠杆化的特征事实及政策演化趋势	历史研究与逻辑推理
微观推进路径：影响机制检验	◎地方政府杠杆率的空间结构优化及演进路径 ◎实体经济杠杆率的产业及所有权结构优化推进路径 ◎金融中介杠杆率的融资结构、信贷结构优化推进路径 ◎去杠杆进程中跨部门风险溢出与政策协同治理	分组统计、配对检验；面板倾向得分匹配（PSM）、双重差分（DID）、系统广义矩等；空间自相关、空间杜宾模型、空间地理加权回归；社会网络分析法
宏观政策协调：政策模拟	政府、中央银行、商业银行、企业及居民等微观影响机理及宏观政策冲击路径	动态随机一般均衡(DSGE)
对策研究	结构性去杠杆的政策协调与优化研究	比较分析、逻辑推理

图1.1　技术路线图

第三章为去杠杆进程中宏观政策协调机制与对策建议，具体包括：（1）基于金融加速器理论，建立含有中央银行、政府、商业银行、企业及居民等部门的动态随机一般均衡模型，重点刻画中国结构性去杠杆的微观形成机理，宏观政策变量相互传导的冲击途径；（2）进行参数数值模拟，并对财政政策、结构性货币政策等不同政策组合分别进行作用效果模拟，确定合理的政策作用区间和优化组合方案；（3）针对宏观经济调控政策的可操作性及实现方式，提出具体的政策建议。

第四章主要采用我国2005—2018年沪深股市公司数据、中国工业企业等财务数据，从实体经济视角开展去杠杆的微观实现路径研究，具体包括：（1）开展实体企业去杠杆的分类判断，并就不同行业、所有权类型等分组统计公司去杠杆的时间变动趋势；（2）分别从杠杆率的分子与分母两端研究公司去杠杆的微观实现路径、推进重点以及由此导致的公司相应绩效变化;(3)利用反事实估计模型检验清偿债务与增加留存收益等主动去杠杆方式对公司财务绩效的影响。

第五章主要利用我国各省市年度空间数据,从地方政府视角研究杠杆率的空间自相关特征以及导致的风险传染特征。包括(1)构建兼顾债务规模与资产效率的地方政府杠杆率指标;(2)基于不同地区与行业特征分组,开展地方政府去杠杆对宏观金融风险影响的空间溢出效应开展实证研究;(3)引入地方政府金融发展水平、房地产投资以及GDP增长等因素的调节效应,并结合多区制空间杜宾模型(Spatial Dubin)讨论政府部门结构性去杠杆的非线性特征。

第六章基于我国银行中介视角,探讨金融体系去杠杆的可能优化路径,并基于中国国民经济核算中的金融交易数据,为评估中国结构性政策提供新思路。具体包括(1)银行体系高杠杆形成机理及去杠杆化进程对其经营稳定性的影响;(2)银行部门去杠杆化对其自身融资成本、信贷扩张等影响路径;(3)将我国现阶段特殊的金融制度背景、预算软约束、银行产权异质性等因素与杠杆率的交互效应考虑进来。

第七章研究了结构性去杠杆跨部门联动效应研究。具体包括:(1)基于时变参数向量自回归模型(TVP-VAR)模型讨论杠杆率部门间联动效应及与产出之间时变特征;(2)构建DSGE理论模型,讨论居民杠杆率与企业杠杆率之间的联动机制。(3)模型参数校准与数值模拟与分析。

第八章为金融状况冲击与居民、企业杠杆率跨周期调整,具体包括(1)利用动态分层因子模型构建了金融状况指数。整合全国、区域以及各省市层面金融信息,以保证金融状况指数测算精度和动态特征。(2)短期与中长期视角检验了区域金融状况指数对非金融企业与居民杠杆率的跨周期调整事实。(3)利用面板分位数回归方法研究各省市金融状况指数、杠杆率以及宏观经济在险增长三者之间的相互影响。

第九章为结构性去杠杆的政策评价,以中国供给侧结构性改革推出的去杠杆政策作为准自然实验,采用多期双重差分、三重差分等方法检验结构性去杠杆对上市公司财务风险的影响以及作用路径。具体包括:(1)去杠杆政策对上市公司财务风险下降的双重差分与三重差分检验。(2)结构性去杠杆政策对国有公司、民营企业,主板上市公司与中小板、创业板等小规模、高成长性企业杠杆率影响的异质性特征。(3)结构性去杠杆应该企业财务风险的微观作用渠道的研究。

二、研究方法

比较研究与归纳演绎法，针对美国、日本以及欧元区国家在去杠杆政策实践进行纵向和横向比较，归纳相关国家去杠杆实践规律及其政策实施背景、约束条件、变化趋势等。

计量经济学方法，利用空间杜宾模型、地理加权回归、空间动态面板系统广义矩（GMM）等空间计量经济学方法来研究地方政府杠杆率的空间结构优化、政策演变趋势。利用反事实分析模型（如面板倾向得分配对法，双重差分法等）检验实体经济中不同行业、所有制类型等分组区间去杠杆的差异或因果效应的异质性。

DSGE方法借鉴金融加速器理论，构建含有地方政府、商业银行、影子银行、国有企业、民营企业、居民等部门的DSGE模型，从而揭示结构性去杠杆政策的微观基础与传导路径，并利用数值模拟进行政策评价与组合优化。

三、研究创新点

文献主要将关注点聚焦在金融风险在国家间的溢出和传染，但区域间的经济发展不可能相互独立，空间关联广泛体现在地区之间企业借贷关系、银行同业拆借关系以及投资个体心理的相互蔓延等关系模式中，如果忽略了地区之间的内生互动机制，就会低估金融风险对实体经济的负面影响，从而进一步造成区域经济发展的不平衡与不协调。因此，本书创新点在于：首先，研究构建了以资产负债率（债务/资产）为衡量指标的地方政府杠杆率，并从杠杆率公式的分子（债务率）与分母（资本形成率）两个角度分别讨论了政府杠杆率对宏观金融风险空间溢出的直接与间接效应。其次，政府杠杆率对宏观金融风险的作用机制还受到外部金融发展水平、房地产投资规模以及GDP增长幅度等多因素的影响，因此，基于非线性的两区制（two-regime）空间杜宾模型，讨论了政府杠杆率与金融风险二者之间的非线性机制。

由于新巴塞尔协议Ⅲ中杠杆率监管政策出台时间尚短，受制于数据的可得性，目前该领域实证研究成果较少，本书首先扩大了样本容量，选择包括国有控股银行、全国性股份商业银行、城市商业银行在内的120家商业银行，实证研究了新巴塞尔协议Ⅲ实施杠杆率监管约束与银行经营稳定性之间的微观作用机理，从理论上丰富与完善货币政策信贷传导机制理论。其次，DeAngelo等（2016）认为利用截面数据分析杠杆比率变动趋势可能会产生误导，因为数据平均值掩盖了大多数公司杠杆率的时间序列波动特征。本书将银行杠杆率由历史最低值向最高值的调整过程视为去杠杆化，利用纵向时间数据考察杠杆率的长期变化趋势以及变量之间的因果关系，避免了模型设置的偏差。最后，实证检验了银行业去杠杆化与主动式去杠杆两者对银行体系稳定性的不同影响，并将我国现阶段特殊的金融制度背景、银行产权异质性与杠杆率的交互效应考虑进来。

本书从企业财务行为的直观变化揭示金融发展对公司去杠杆化的微观机理以及去杠杆进程对公司财务风险影响。创新点主要体现在：首先，基于财务柔性角度分析了金融发展对公司去杠杆的微观作用机制，结论丰富了资本结构理论。其次，扩展了Welch（2004）资本结构调整模型，将公司留存收益嵌入去杠杆进程，建立了两者之间的理论研究框架。最后，从资金供给的角度检验了金融发展对公司去杠杆的影响，并结合我国转型经济的特点，将现阶段上市公司产权特征、资产规模、预算软约束等变量引入调节效应，充分捕捉金融发展对公司杠杆率调整的非线性特征。

本书还结合中国金融市场环境和数据的可得性，利用动态分层因子模型构建了金融状况指数。该指数的最大特点是整合全国、区域以及各省市层面金融信息，以保证金融状况指数测算精度和动态特征，进而满足对金融风险的早识别与早预警需求。其次，目前鲜有文献从区域金融周期视角来分析微观主体的跨周期配置行为，研究从短期与中长期视角检验了区域金融状况指数对非金融企业与居民杠杆率的跨周期调整事实，研究视角具有一定的创新性。最后，利用面板分位数回归方法研究各省市金融状况指数、杠杆率以及宏观经济在险增长三者之间的相互影响，实证结果发现宽松的金融状况短期虽然短期能降低经济下行风险，但却是以增加未来风险为代价。这些独特的经验发现，为政府完善宏观调控跨周期设计和调节提供决策依据。

构建包含异质性企业的DSGE模型，并通过数值模拟在政府担保比例减少情形下，产出、企业杠杆率、利率等主要经济金融变量的影响，分析削弱预算软约束能否缓解经济体中存在的结构性杠杆问题。通过调整参数模拟分析政府担保范围的扩大、经济体遭遇风险冲击时，经济体主要金融经济变量的影响。最后，以福利损失函数为政策评价标准，并利用数值模拟政策组合调控效果，将宏观政策协调研究建立在微观经济理论的基础上，从而得以在一个完整的理论框架下探讨结构性去杠杆的宏观政策协调问题。

第二章　结构性去杠杆政策演进与国际比较研究

过高杠杆水平已成为新时期中国经济面临的突出问题，影响着高质量现代经济体系的建设，也给中国的系统性风险防范带来了巨大挑战，威胁着金融安全稳定。由于杠杆本身具有结构性，不同部门所接受的外部金融条件不同，发展阶段也不同，因此杠杆率在某一阶段表现出不同特征。结构性去杠杆化并不一定会影响整个社会的宏观功能，但当某一行业违约将影响整个金融体系的信贷功能，结构性杠杆也可能带来系统性金融风险。

第一节　结构性去杠杆的实现机理

一、结构性去杠杆实现机理分析

微观主体的企业杠杆和融资结构对货币政策传导机制和经济效率有重要影响，与金融体系风险密切相关。债务不仅影响货币政策的传导效率和金融稳定，也是经济金融发展的重要手段。

如图2.1所示，从资本供给来看，首先，货币政策作为宏观调控的主要手段，通过调节市场流动性来调节宏观经济运行，为债务的形成和变化创造必要的货币环境。结合货币政策的传导机制，货币政策调节经济运行的机制主要取决于经济体系中的资金规模和价格，资金规模和价格影响经济主体的融资需求。市场流动性决定了资金的可获得性，即经济主体获得外部融资的程度。在货币供应量快速增长、市场流动性充裕的情况下，经济主体很容易从金融市场获得外部融资。

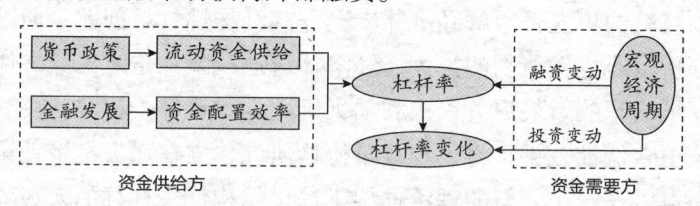

资料来源：根据吴永钢，杜强.《中国债务杠杆形成机制的理论与实证研究》，南开学报，2018年第5期整理得到。

图2.1　结构性去杠杆的实现机制

其次，作为资本配置的主体，金融体系是货币政策调控宏观经济运行的重要传导媒介。在从金融部门向实际部门转移资本的过程中，债务自然而然地产生并积累。在实体经济中，高杠杆率主要是由于宏观流动性充裕和过度依赖债务融资。由于信贷资金分配不均，还有其他因素导致某些地区的杠杆率较高。从宏观流动性的角度来看，2008年全球金融危机后，各国普遍采取宽松货币政策，流动性充裕，国内人口红利存在等因素吸引了更多的国际资本流入。在这个过程中，国内银行业为房地产业和地方政府融资平台提供了更多的信贷支持，这加剧了这些领域的杠杆率。随着金融发展提高，资金配置效率提升，金融产品也不断创新，在实体经济领域杠杆率提高后，其资金运用过程中也会形成一定的派生存款再次存入银行，从而为银行业进行货币创造加杠杆，以及非银行金融机构为银行资金提供通道加杠杆提供了资金，又推动了金融领域杠杆率提升。

从资本需求的角度看，在经济发展的不同阶段，宏观经济环境、经济周期等的变化将改变经济体的债务承载能力及其对未来的预期，这将导致宏观经济债务杠杆水平的变化。在经济复苏时期，生产率的大幅提高将为企业部门带来高额回报，促使企业增加对外融资，扩大生产规模。在较强的盈利能力下，产出增长超过了债务扩张速度，此时，债务杠杆则可以实现缓慢下降。同样的，当年经济快速增长导致市场乐观情绪上升，企业债务融资持续增加，资产价格上涨带来的资产价值增加进一步强化了企业投资力度，企业杠杆水平开始逐渐上升。当经济进入衰退和萧条阶段，经济增长逐渐放缓，企业部门的产出和收入下降，高负债问题逐渐显现，违约风险开始大规模暴露，大量不良资产增加，经济已被迫进入下行去杠杆阶段[1]。

因此，杠杆率阈值在理论上并不具有稳健性，只要债务增速大于杠杆率增速，经济就能够保持正的名义增长，但大量经验研究表明，信贷与杠杆率的迅速上升与金融危机密切相关。在宏观层面，杠杆率主要是指债务收入比，用于衡量债务可持续性。理论上往往采用宏观经济的总债务与 GDP 之比作为衡量杠杆率的指标（李扬 等，2015）。在微观层面，杠杆率即指微观主体权益资本与总资产的比率，是衡量债务风险的重要财务指标，能够反映微观经济主体的还款能力。微观杠杆率主要是从资产负债表考察企业财务状况。

---

[1] 吴永钢，杜强.中国债务杠杆形成机制的理论与实证研究[J]南开学报，2018（5）：152-160。

根据微观杠杆率公式为：资产负债率＝总债务/总资产＝(总债务/GDP)/(总资产/GDP)，其分子部分总债务/GDP 就是宏观债务率指标，衡量政府总体负债情况。分母总资产/GDP 为资本产出比，该比率反映的是总资产所创造的产品和劳务价值，较低的资本产出比意味着可以用相对少的资本获得相对多的产出，其他保持不变情况下，资本产出比与生产技术水平具有一定的对应关系，被视作衡量债务投资效率的重要指标。微观证据同样表明，当新增负债中有很多为偿还利息而引发的借新还旧债务，这部分债务虽然扩大了名义债务数量，但并未带来新的投资，说明投资效率在下降，随之而来是金融风险逐渐上升。

二、银行体系高杠杆率形成机理分析

根据银行业监管部门历年公布的银行业数据显示，2009年的GDP 增速不到10%，但银行业资产同比增速达到26%以上；同样的，2012年的GDP 增速接近8%，同期银行业资产同比增速也接近18%，数据表明资产端的同业资产占比快速增长。从资产构成来看，这部分主要是绕开监管的同业买入返售类非标业务明显增加。2013年以来，为了弥补存款向理财"搬家"带来的资金缺口，银行负债端的同业业务开始大幅扩张。尤其2015年以来，在经济增速下行的情况下（GDP 增速6.9%），银行资产规模仍然以两位数扩张（资产总额增长15.7%）。这与债券市场的扩张与银行间同业杠杆飙升有很大关系[①]。

银行资产的扩张必然伴随着负债端的增加和杠杆率上升。由于银行资产的快速扩张和存款收入的下降，两者之间的差距越来越大，于是同业存单和同业理财成为银行活跃的债务工具，形成了"同业存单—同业理财—委外投资"的同业业务链，也带动了同业杠杆的显著提升。从同业链条的运作模式（见图2.2）可以看出，大型银行可以以极低的成本从中央银行筹集资金，再通过跨行或外包的方式将资金转移到中小银行和非银行金融机构。因此，同业链条的运作模式本质上是大型商业银行向中小银行转移资金，帮助中小银行实现财务杠杆的过程（王娇，2017）。银行之间通过互购发行同业存单和同业理财，商业银行不仅实现了自身资产负债表的扩张，而且促进了金融机构之间的相互加杠杆。银行业高杠杆率的形成机制如图2.2所示。

---

① 崔清宇.金融高杠杆业务模式、潜在风险与去杠杆路径研究[J].金融监管研究，2017（7）：52-65.

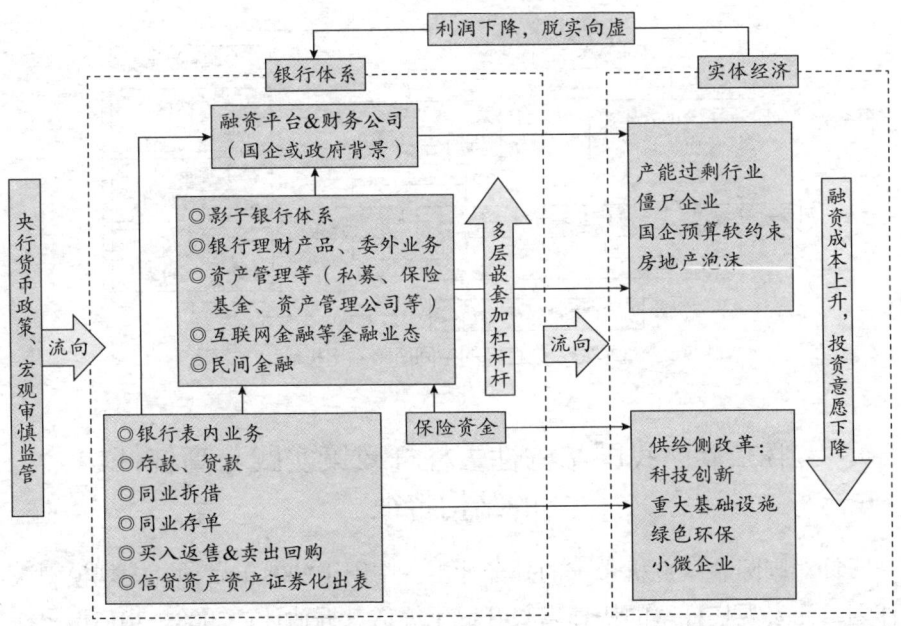

[图示：银行体系高杠杆率形成原理示意图]

资料来源：根据崔清宇.金融高杠杆业务模式、潜在风险与去杠杆路径研究[J]，金融监管研究，2017年7期整理得到。

图2.2 银行体系高杠杆率形成原理

三、去杠杆的空间风险溢出机制分析

宏观金融风险空间溢出效应的根本原因是不同地区银行之间通过直接和间接关联渠道的区域风险传染。直接相关渠道（Bech et al.，2006）主要包括资产负债渠道、同业拆借渠道和支付系统渠道。间接相关渠道（Goldstein et al.，2004）主要是由市场投资者的非理性行为引起的。大量学者的研究为金融风险存在空间溢出效应提供了证据。Mistulli（2011）认为，同业拆借市场是不同地区银行风险传染的根本原因。Georg（2013）发现，不同地区银行之间的相关性在很大程度上决定了银行间风险传染的概率和规模。当银行之间的相关性超过一定程度时，银行个体风险会导致风险扩散和大规模银行倒闭。此外，在外部因素中，地方债券风险随周期变化，容易引发商业银行挤兑、资产抛售等机制进而破坏经济体系稳定。现有文献指出我国地方政府为促当地经济增长，政府大量举债来投资基础设施建设，暴露出较为严重的地方债务扩张问题（谢思全 等，2013），滋生信用风险与资源错配风险（王永钦 等，2007）。政府杠杆对区域金融风险的作用机制如图2.3所示。

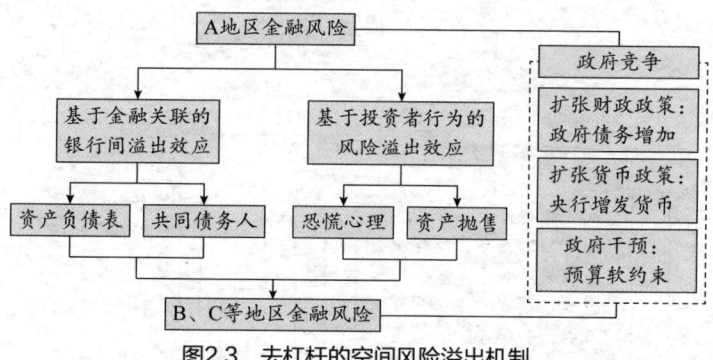

图2.3 去杠杆的空间风险溢出机制

第二节 我国结构性去杠杆政策实践与高杠杆的结构特征

针对国际金融危机带来的外部冲击，中国于2008年启动了大规模刺激计划，为宏观杠杆率的快速增长开辟了渠道。据估计，2008—2015年，杠杆率在过去7年中增长了86.2个百分点，年均增长率超过12个百分点。

一、中国结构性去杠杆政策历史演变

据测算，从2008—2015年间，我国非金融企业杠杆率在过去7年中增长了86.2个百分点，年均增长率超过12个百分点（张晓晶 等，2018）。高杠杆率问题已成为影响我国金融系统性风险的根源，为此，国家相关部门持续发力，出台了一系列去杠杆政策以遏制杠杆快速攀升。具体相关政策演进过程具体见表2.1。

表2.1 2018年提出的结构性去杠杆政策演变过程

发布时间	会议/政策文件	政策要求
2015年12月	中央经济工作会议首次官方正式提出"去杠杆"	会议明确供给侧改革的核心任务在于"三去一降一补"
2016年10月	《国务院关于积极稳妥降低企业杠杆率的意见》（国发〔2016〕54号）	提出去杠杆的总体思路、基本原则与主要途径
2017年4月	中国银监会关于提升银行业服务实体经济质效的指导意见（银监发〔2017〕4号）	深入实施差异化信贷政策，大力支持"三去一降一补"，督促银行业回归服务实体经济
2018年4月	中央财经委员会第一次会议，首次提出"结构性去杠杆"	要求分部门、分债务类型提出不同要求，地方政府和国有企业仍是结构性去杠杆的重中之重

续表

发布时间	会议/政策文件	政策要求
2018年8月	发改委等联合印发《2018年降低企业杠杆率工作要点》(发改财金〔2018〕1135号)	提出建立健全企业债务风险防控机制，加快推动"僵尸企业"债务处置等6方面27条工作要点
2018年9月	国务院等印发《关于加强国有企业资产负债约束的指导意见》(厅字〔2018〕75号)	降低国有企业杠杆率，分类确定国有企业资产负债约束指标标准
2018年11月	发改委等联合发布《关于进一步做好"僵尸企业"及产能企业债务处置工作的通知》(发改财金〔2018〕1756号)	要求积极稳妥处置"僵尸企业"和去产能企业债务，原则上在2020年底前完成全部处置工作
2019年7月	财政部《2019年降低企业杠杆率工作要点》	综合运用各类降杠杆措施，进一步完善企业债务风险防控机制等

资料来源：作者根据中国政府网信息（http://www.gov.cn）整理。

1. 去杠杆阶段

我国官方首次提出去杠杆的概念在2015年末，2015年12月的中央经济工作会议强调要推进供给侧结构性改革，重点抓好"去产能、去库存、去杠杆、降成本、补短板"等关键任务，此次会议也标志着去杠杆攻坚大幕的正式开启。2016年10月，国务院印发了《国务院关于积极稳妥降低企业杠杆率的意见》，意见指出去杠杆是供给侧改革"三去一降一补"决策部署的重要组成部分，明确企业是降杠杆的责任主体，并提出稳妥降低杠杆的主要途径，包括积极推进企业兼并重组、盘活存量资产、完善现代企业制度、明确市场化债转股路径、优化债务结构、健全依法破产体制、积极发展股权融资等7条途径。2017年上半年，国家将去杠杆重心放在金融业，并针对金融业高杠杆相继出台系列措施，如《中国银监会关于提升银行业服务实体经济质效的指导意见》中明确银行业服务实体经济的主要任务，提出实施差异化信贷政策、利用多种渠道盘活信贷资源，加快处置不良资产等措施实现市场出清。通过梳理政策演进规律可以发现，2016—2017年的去杠杆重点围绕金融领域展开，去杠杆主要目的是防范和化解重大金融风险，中央政策指向性比较明确。

2. 结构性去杠杆阶段

随着企业杠杆率逐步下行，为避免"一刀切"式的全面降低公司杠杆率，甚至将一些优质民营企业挤出信贷市场，造成经济波动过大，2018年4月，中央财政经济委员会第一次提出结构性去杠杆的思路，并对不同部门与债务类型提出不同的要求。结构性去杠杆要求根据不同领域、不同市场金融风险采取差异化、有针对性的办法。从杠杆率的部门构成来看，国有企业长期受政府隐性担保，预算软约束现象严重；部分"僵尸企业"长期资不抵债，占用经济资源，因此结构性去杠杆则意味着重点降低杠杆率过高的国有企业杠杆率以及去掉那些"僵尸企业"的坏杠杆。2018年9月，国务院又发布了《关于加强对国有企业资产负债约束的指导意见》，文件要求从2017—2020年末国有企业的资产负债率平均要降低约2个百分点。从去杠杆到结构性去杠杆，体现了国家去杠杆的着力点更加明确，更加具有针对性。

3. 稳杠杆阶段

在世界经济进入下行通道的背景下，中国的宏观经济同样承受巨大压力。《2019中国金融政策报告》指出"地方政府和国有企业杠杆率的结构性风险仍然很高，经济下行可能引发债务偿还风险，房地产价格的波动将带来资产价格贬值的风险"。为此，宏观经济政策调整在稳增长与稳杠杆之间开始取得平衡。2019年7月，国家发改委等部门联合发布了《2019年降低企业杠杆率工作要点》，强调国家将进一步推进结构性去杠杆化。具体从三方面着手开展工作，第一，增加市场化债转股的数量与质量；第二，将稳步清理僵尸企业；第三，完善公司债务风险的监测预警机制。总之，稳定杠杆率仍然是去杠杆化的扩展和延续，总方向仍是稳定整体杠杆率，去除国有企业、僵尸企业杠杆率的结构性特征没有改变。

二、我国高杠杆率的结构性特征

随着供给侧结构性改革的推进，中国宏观杠杆的增长速度明显放缓，但杠杆失衡仍然突出，这体现在去杠杆化过程的不同部门，非金融企业和金融部门的杠杆水平下降得更快，而居民部门的杠杆水平仍在快速增长（见图2.4）。高杠杆率在不同领域有不同的表现，不同债务类型所形成的杠杆率风险也不一样。因此，去杠杆既要统筹协调又要突出重点，抓住最关键部分，优先解决突出问题。

（1）就非金融部门而言，2017年，中国非金融企业的杠杆率为162.5%，显著高于新兴市场的平均水平104.3%和发达经济体的91.7%。按所有制划分，我国杠杆率也呈现高度差异化。表现为国有企业杠杆率较高而私营企业杠杆率相对较低。根据中国社会科学院的测算，国有企业债务约占非金融企业债务的65%。这一点也可以从资产负债率方面得到印证。其次，按行业划分，房地产行业杠杆最高，由于我国的房地产抵押评估市场中，没有完善的信息公开机制，这就造成了银行无法准确判断评抵押物的真实市

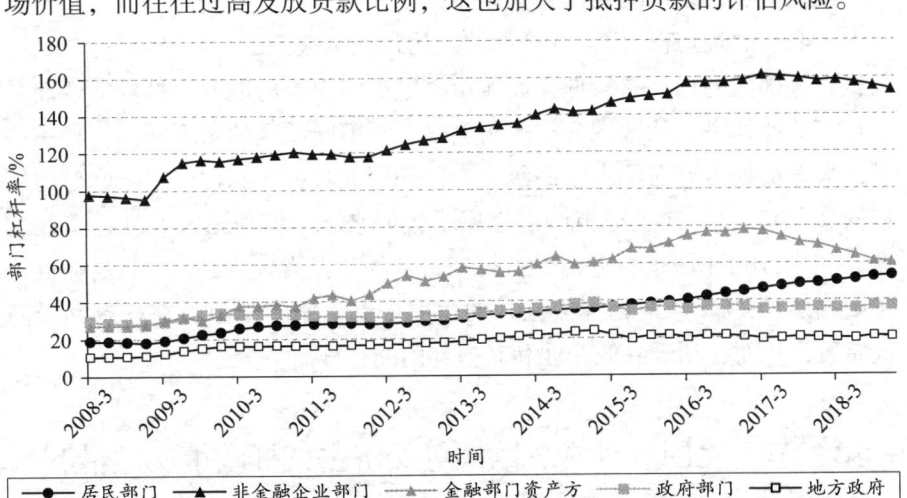

场价值，而往往过高发放贷款比例，这也加大了抵押贷款的评估风险。

图2.4 我国部门杠杆率变动趋势

（2）从金融部门来看，杠杆率也具有明显的结构特征。一方面，在银行业内，中小银行的杠杆比大银行更明显。此外，在银行业资产负债结构中，资产负债表外资产的增长速度快于资产负债表内资产。这些资产不包括在银行资产负债表中，在金融产品的实际"刚性支付"下，隐性杠杆率增加。另一方面，与银行业相比，非银行金融机构的杠杆率更高。从2008—2016年，中国GDP年均增长率为8.4%，而2011—2016年，信托业总资产年均增长率为36.7%，金融业总资产增长率远高于GDP。金融部门的高杠杆率增加了金融机构的风险，加剧了金融体系的脆弱性，导致某些地区出现严重的资产价格泡沫，并增加了系统性风险的可能性。

（3）在政府部门内部，地方政府的杠杆率高于中央政府。截至2017年9月底，政府部门的杠杆率增加至46.3%，不到发达国家总水平的一半（109.2%）。从中央和地方政府的杠杆率对比来看，中国地方政府的杠杆率约为30%，中央政府的杠杆率约为16%。前者几乎是后者的两倍。与其他国家相比，中国地方政府债务与GDP的比率并不是很高，但政府所享有的信用和融资条件却不匹配。政府信用形成的地方政府直接债务比例约为三分之一，而商业信用形成的地方政府隐性债务比例约为三分之二。2015年发布的国务院关于《国务院关于促进融资担保行业加快发展的意见》指出，银行通过购买地方政府债券为地方政府提供资金，银行不再向平台公司发放平台贷款。虽然政府部门的杠杆率在2016年和2017年持续下降，且政府债务风险上升的趋势可能初步得到控制，但大量地方政府的隐性债务仍在快速增长，隐性债务风险依然存在。

（4）在家庭部门内，杠杆率的结构特征也很突出。从城乡分布来看，农村家庭部门的杠杆率较低，而城市家庭部门由于房屋购买抵押贷款而具有较高的杠杆率。从区域分布的角度来看，不同地区的家庭部门杠杆率差异很大。根据上海财经大学高级研究所的研究数据，2017年底家庭部门的杠杆率为48.4%，在全球范围内也属于较低水平。但中国家庭杠杆率在过去5年中上升了18.7个百分点，杠杆率最低的山西省仅为20%，最高的福建省则高达105%。从结构性去杠杆的角度来看，家庭部门加杠杆有利于降低储蓄，从而有利于降低企业和其他部门的杠杆。

第三节 美国、日本、欧洲等经济去杠杆政策实践借鉴

纵向数据的比较（图2.5）来看，中国的总杠杆率从2008年的141.3%上升至2016年第三季度的256.8%，上升115.5个百分点，年均增长率为14.25个百分点，增长速度较快。2016年以后，该指数的增速开始大幅放缓，三季度仅增长1.5个百分点，凸显了中国实施"去杠杆化"政策的有效性。横向比较显示，截至2017年第三季度，中国的总杠杆水平低于英国、日本、欧盟和发达经济体，但略高于美国和其他样本，处于世界中等水平。

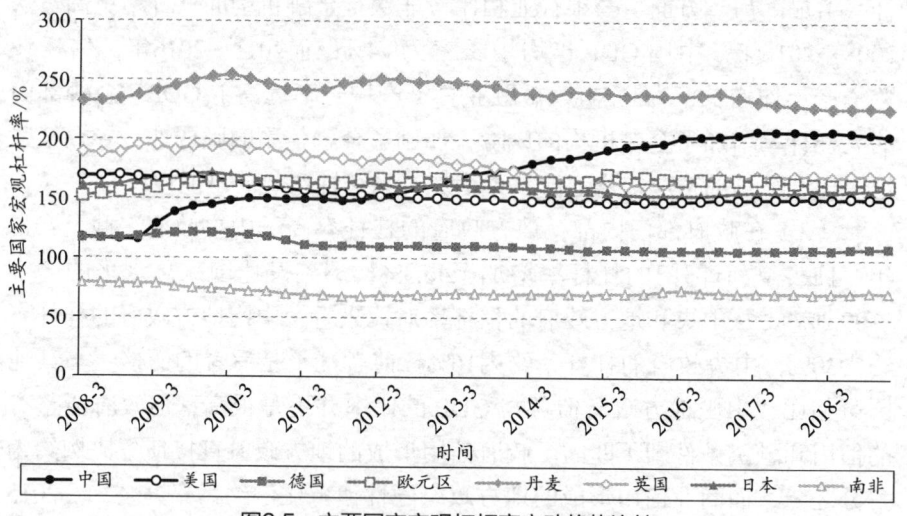

图2.5 主要国家宏观杠杆率变动趋势比较

资料来源：BIS官方网站

一、美国经济去杠杆化的政策举措

为避免金融市场出现流动性紧缩，减轻家庭和金融机构的偿债压力，

美国政府采取了一系列创新的财政、货币政策工具和逆周期调节措施。具体包括：

第一，通过资产购买计划，美联储继续向市场提供流动性，扩大信贷规模，帮助金融机构和家庭部门降低杠杆。其中，短期投标安排（TAF）、一级交易商信贷工具（PDCF）和定期证券信贷工具（TSLF）分别为存款金融机构和一级交易商提供流动性。其次，通过资产支持商业票据货币市场共同基金流动性工具（AMLF）、商业票据融资工具（CPFF）和货币市场投资者融资工具（MIFF）分别为存款金融机构和银行控股公司、票据发行人和货币市场投资者提供流动性。三是针对房利美、房地美、联邦住房贷款银行、美国公司以及持有资产支持证券（ABS）的美国企业和投资机构推出中长期证券购买计划和常规资产支持证券信贷额度（TALF），为其提供流动性。

第二，政府大幅增加预算赤字，实施大规模经济刺激计划，以提振市场总需求。通过《美国复苏与再投资法案》，在2009年开始的十年间，投入7 872亿美元用于医疗保健、教育和科研、交通运输、住房和城市发展等领域。同时，美国政府积极采取以增长为导向的减税措施，如允许企业在固定年份注销资本性投资。中小企业也实施了税收减免，投资激励措施和招聘激励措施。这些政策鼓励企业到美国投资，这不仅有助于创造就业机会，还可以扩大资本存量，支持经济增长。

第三，美国政府和联邦存款保险公司（FDIC）积极帮助企业摆脱困境。2009年，国会授权美国政府决定照顾或接管陷入困境的金融机构，然后有效有序地重组、出售或转让陷入困境的金融机构的资产或负债，或者就金融机构的合同进行重新谈判，以及处理金融衍生产品投资等途径，防止了金融机构资产负债状况的进一步恶化。财政部还通过担保债务和提供再融资帮助通用汽车成功重组并避免破产。在美国政府和联邦存款保险公司的各种紧急救援措施，美国金融和非金融部门进行了重大结构调整，并在去杠杆化方面取得了进展。

二、日本经济去杠杆化政策举措

日本杠杆率上升的原因与美国杠杆率高的原因相似。在20世纪80年代后期，日本的金融监管体系并不完善，政府继续实施宽松的货币政策，以提高通货膨胀率，防止日元升值。金融机构为股市和房地产市场提供了大量流动性，从而导致金融业的高杠杆率并推动投机热潮。

从1990—2015年间，日本家庭部门的杠杆率从70.6%下降到61.7%，杠杆率已经很低。但非金融机构杠杆比率从143.8%下降至94.3%，杠杆水平仍居高不下。究其原因，既有泡沫经济破灭后"僵尸"公司存在也有企业整体资产和负债不平衡导致资源配置失衡，同时人口老龄化，持续的通货紧缩导致劳动力供给下降和有效需求不足等诸多原因。其中，由于非金融企业部门去杠杆化进程缓慢，相应的银行不良贷款率一直居高不下，银行利润受到侵蚀。直到2001年，日本政府才迫使主要银行加快处理不良贷款，导致银行的不良率最终大幅下降。日本银行的不良率从2001年4月的10%下降到2006年3月的3%。

此外，快速的人口老龄化不仅降低了劳动力供给与国内需求，而且增加了财政负担。日本政府杠杆率不断攀升，已处于OECD国家最高位，每年政府预算的近三分之一用于社保相关支出。

三、欧洲国家去杠杆化的政策举措

在20世纪80年代末和90年代初期，北欧的私营部门杠杆率为162%~167%，这一数值甚至接近2012年发达国家193%的平均值。北欧国家的去杠杆化时期为7~10年，其中私营部门杠杆率降低32%至47%，其均值分别较同期国际平均水平高出3.55年和3.75个百分点。欧洲国家采取的主要措施包括：（1）通过调整税率间接提高名义利率来实现去杠杆化。在20世纪90年代初期，欧洲经济普遍疲软，德国和法国等主要欧洲国家采取低利率政策刺激经济增长。（2）欧洲国家没有使用货币政策直接干预经济，但减少了从房地产贷款中扣除的所得税比例，以抑制资产价格泡沫和去杠杆化。这些措施导致欧洲国家的实际利率一度非常低，瑞典的实际利率从负实际利率迅速转向正值利率。

欧洲的去杠杆化在金融稳定方面有两个阶段。第一阶段是在去杠杆化的开始阶段，以确保银行业主导金融体系的稳定，欧洲国家及时为银行系统提供流动性和存款担保，在第二阶段，北欧国家为银行系统进行了大规模的并购，以提高效率，并剥离不良资产给特殊资产管理公司处理。第三，从有管理的浮动汇率制度向完全浮动汇率制度的过渡。

与此同时，欧洲国家一直大力支持科技创新，大量国家财政投入高等技术教育和科技创新和研发补贴。特别是，这种投资并未因去杠杆化过程中的财政紧缩而中断。1990—1993年银行业危机后瑞典去杠杆进程中将其私营部门债务减少了25个百分点。由于去杠杆化，瑞典经济遭受严重衰退，相应的政府债务与GDP比率上升了37个百分点。然而，由于私营部门去杠杆化成功实施，瑞典经济在短暂的经济衰退后迅速恢复增长，政府债务占GDP的份额持续下降。

（1）在日本泡沫经济破灭之后，大量企业陷入破产，成为僵尸企业。政府部门没有注意到企业部门杠杆率的结构特征，也没有区分优质企业和僵尸企业。相反，他们继续鼓励银行向僵尸企业发放信贷，导致资源不匹配和经济结构失衡，最终导致去杠杆化进程缓慢，结果不佳。

（2）美国的去杠杆化是惨痛的、以经济硬着陆为代价的过程，然而，这种形式的去杠杆化短期内却是对经济最有效的。随着各部门去杠杆化的进展，市场迅速清理，资源重新整合和整合，经济迅速复苏。

作为世界主要储备货币的提供者，美国联邦储备委员会首先维持政策稳定，减少意外性政策操作，引导市场形成合理预期，并减少国际金融市场波动对国际经济活动的负面影响。其次，政策操作上控制去杠杆化的节奏。美联储的货币政策在新兴市场尤为重要，实际上在很大程度上影响了这些国家的货币政策方向。鉴于新兴市场经济发展速度出现不同程度的下降，美元大规模流出将引发局部危机，美联储应高度重视这一现象，充分考虑新兴市场的承受能力，把握良好政策的节奏，去杠杆政策操作上也注意政策实施的频度与规模，避免造成金融混乱。

（3）欧洲国家去杠杆化进程的政策表明，去杠杆化过程中要注意相关政策的协调，特别是去杠杆化政策与供给侧结构性改革政策之间的联系与衔接。去杠杆化政策是一套"组合拳"，其配套的后续政策甚至比去杠杆化政策本身更为重要。同时，国家要大力支持技术创新。无论是宽松的货币政策还是灵活的就业政策，都不能保证经济的长期增长。只有具备技术含量的新兴产业崛起，才能取代原有落后产业，提升国家竞争力，确保经济社会持续健康发展。

四、居民去杠杆与房地产去库存政策

我国居民杠杆率静态来看确实不算太高，但是动态提升幅度存在过快的风险，例如居民杠杆率从2004年的18%升至2016年的45%，杠杆增长速度即使与美国同时期相比也更快，用时更短，因此不论通过何种指标进行测算显示，中国房地产泡沫已经显而易见，这是目前中国宏观经济运行中最大风险之一。

（一）居民去杠杆国际经验借鉴

巴塞尔委员会（2014）指出，房地产价格和信贷对金融周期具有较强的决定性作用，居民部门杠杆率对房地产市场具有较大的影响。从杠杆率的绝对水平看，美国的居民部门杠杆率在国际金融危机之前（2008年

3月）达到最高值98.6%。而日本在1989年房地产崩溃时家庭部门杠杆率只有67.7%，所以过高的家庭杠杆率是金融危机的前瞻性信号之一。从杠杆率的增长变化看，美国的居民杠杆率从20%上升到50%用了近40年时间，这是因为美国的长期经济增长率相对较低、人口变化相对平稳有关。同样日本的家庭部门杠杆率从20.5%增长到67.7%只用了25年，增幅超过47个百分点，这与日本二战之后的经济与人口结构等因素相关。比较来看，我国居民部门目前债务存在集中度过高、债务增长过快等问题。主要由于我国居民部门债务构成过单一，贷款构成中住房信贷占比过高。以2016年末数据为例，我国居民个人购房贷款占居民负债比例已经将近55%，这一比例表明我国居民个人购房贷款的占比明显偏高，购房需求成为居民部门加杠杆的关键驱动力。对比其他国家来看，中国居民杠杆率从20%上升到50%只用了不到10年时间，因此从动态趋势来看居民家庭债务增长过快问题要引起充分的重视。

根据国际货币基金组织2017年发布的《全球金融稳定报告》，当家庭部门杠杆率超过30%时，该国中期经济增长将会受到影响；而当家庭部门杠杆率高过65%时，金融脆弱性明显增加。居民对于房价和房贷利率的波动具有很大的敏感性，一旦房价出现显著下跌趋势，所抵押的房产价值就会显著下降，如果所抵押的房产价值低于贷款规模，居民违约风险上升，进而在金融加速器作用下，整个经济系统金融风险上升、产出下降。

表2.2梳理了主要发达经济体针对居民部门杠杆率的主要管理措施，可以看出：在经济下行阶段表中所涉及国家均启动了宽松货币政策，以低利率刺激家庭加杠杆来推动房地产短期繁荣，但各国后期管理的差异引发了家庭部门杠杆率迥然不同的走向。一是美日等国家采取的是紧缩流动性，快速加息以实现刺破房地产泡沫的目的，但这样也会引发债务违约，为此美国实行宽松货币政策和银行救助措施，最终实现家庭杠杆率的快速下行。对应的，日本虽然采取了宽松货币政策，但执行紧缩财政政策和对银行的不救助措施，因此日本政策模式导致住户部门杠杆率下降的不明显。二是韩国与加拿大等国家中央银行采取缓慢下调利率，引起住户部门杠杆率持续上升，并伴随房价持续上升。如21世纪初期韩国政府为了维系经济景气，大幅降息以刺激需求，银行短期储蓄存款利率从年初的7%降到4%，低利率政策有力刺激了家庭的负债行为。1997年亚洲金融危机爆发后，韩国政府意识到自身经济增长模式具有的脆弱性，因而将经济重点放在刺激国内消费需求进而推动经济转型。三是德国居民去杠杆的管理对策。德国经济对房地产的依赖较低，因此中央银行的货币政策未针对房地产部门做

表2.2 美日韩等国家居民杠杆率管理政策

国家	经济背景	金融政策	房价与杠杆率影响	政策应对措施
美国	1.1980—2006年均GDP增速3.1%,较1941—1980年均低1.2个百分点; 2.2001年互联网泡沫破灭	1.美联储大幅放水,并采取低息政策; 2.监管宽松,次级贷款、诸多偿债能力不足的住户取得了借贷	1.地产经济繁荣,房价持续上升,形成通胀; 2.1980—2006年,住户部门杠杆率由49%提高到96%,其中,2001—2006年上升了25个百分点	1.货币政策收紧,密集加息; 2.次贷危机后,美联储启动"最后贷款人"救助
日本	1.两次国际石油危机冲击经济; 2.1974—1989年均GDP增速4.0%,较1961—1973年均低4.9个百分点	1.1974—1989年,宽松的金融政策和金融自由化,鼓励资金进入房地产; 2."广场协议"后几年内,日元最终升值三倍,大量国际资本进入日本房地产和股市套利	1.房价暴涨; 2.1974—1989年,住户部门杠杆率从36.4%升至69.5%	1.货币政策收紧,贴现率逐步提升至6%; 2.泡沫破灭后,采取宽松货币和紧财政组合
德国	1.1985年签订《广场协议》,德国马克升值; 2.GDP增速自1985年3.5%下降至1987年0.5‰	1.自1987年起,维持汇率稳定;1987—1989年,M2增速在7%~8%附近,远低于日本两位数增幅; 2.下调贴现率不到1年就上调贴现率	—	1.德国房价上涨至1995年,此后保持稳定; 2.住户部门杠杆率维持在53%左右,在发达国家处于偏低水平; 3.再度依靠制造业推动经济持续增长
韩国	亚洲金融危机影响,大量韩国企业破产,房价暴涨45%,经济成功转型	1.1998年实施房地产市场改革,包括减免多项房地产税收,允许外国人享受国民待遇; 2.经济景气,移民和海外投资者带来购买力上升带动房地产价格持续上涨	1.住户部门杠杆率2000—2004年间上升近20个百分点; 2.房价累计涨幅为24%,较美国低13个百分点	1.2004—2008年加息幅度为1.5%,低于美国的4.25%; 2.住房抵押条件更加严格; 3.持续移民和海外投资者支撑住房要求
加拿大	1985—2006年均GDP增速2.9%,较1962—1984年均低1.4个百分点	低利率政策,移民和海外投资者持续上涨	1.住户部门杠杆率2000—2006年间上升近20个百分点; 2.房价2000—2006年累计涨幅14个百分点,较美国低14个百分点	1.2004—2008年加息幅度为2.5%; 2.持续的移民和海外投资者支撑住房需求

资料来源:罗爱明、马珂.对我国住户部门杠杆率快速上升的分析与思考[J].西南金融,2018(12):25-30.作者整理。

出过度调整，住户部门杠杆率长期平稳运行。德国在应对危机时仅在短期内利用住户部门加杠杆推动房地产拉动经济，但同时持续通过信贷、税收等政策加大住房投机成本，保持了家庭部门杠杆率的长期稳定[①]。

总之，居民部门杠杆率与房地产的走势往往密切相关，政府政策的激励对居民杠杆率上升具有较强的刺激和推动作用，金融科技与金融创新等快速推进为居民部门债务扩张创造了条件。而当房地产泡沫刺穿后，政府实施宽松的货币与财政政策是确保经济快速恢复的必要手段，及时的疏通银行信贷渠道的配置功能，才能使货币政策有效传导。

（二）供给侧改革与房地产去库存

房地产是金融体系之外最具杠杆属性的行业，不管是供给端的房地产企业还是需求端的居民购房，高杠杆已经显而易见。目前房地产企业的融资已经从最初主要来自银行机构转变为银行、资本市场、公司债、非标债权等更为多元的融资结构。居民去杠杆作为供给侧结构性改革其中重要一环，是消除金融风险隐患的重要举措之一，而房地产信贷又是居民高杠杆的主要来源。面对严峻的楼市库存，2015年12月中央经济工作会议提出了化解房地产库存的要求。随着供给侧改革的持续推进，2017年4月国土资源部公布《国土资源"十三五"规划纲要》，对房地产库存较高的城市，减少直至停止住房用地供应。随后中央政府也发布了一系列产业政策文件，包括严格行业准入、严格项目审批和严格控制房价过快上涨等措施。2019年的中央政治局会议和中央经济工作会议明确提出"要坚持房子是用来住的、不是用来炒的"定位，全面落实因城施策，促进房地产市场平稳健康发展。此后，国务院各个部门开展了对房地产相关的限制措施，如中国人民银行联合银保监会就关于建立银行业金融机构房地产贷款集中度管理制度发布了一系列通知，通知明确表示房地产贷款集中度管理制度的机构覆盖范围、管理要求及调整机制等多项政策措施。同时，自然资源部出台了住宅用地五类调控目标，对房地产的拿地情况进行了明确的限制。房地产相关的具体执行政策详见表2.3。

表2.3表明我国政府出台多项政策，从而实现房地产经济健康发展。在相关政策实施之后，房企的融资出现了断崖式的下滑。同样的，稳健的货币政策与房住不炒的政策深化实施也加剧了房企的集中度不断上升。在此背景下，房地产经济出现了租赁与购置并存的多远局面。

---

① 罗爱明，马珂. 对我国住户部门杠杆率快速上升的分析与思考 [J] 西南金融，2018（12）：25-30.

表2.3 房地产去库存相关政策

序号	日期	政策名称	主要内容
1	2019年4月	中国人民银行关于进一步加强房地产信贷业务管理的通知	加强房地产开发贷款管理、引导规范贷款投向；严格控制好土地储备贷款的发放；规范建筑施工企业流动资金贷款用途
2	2019年4月	自然资源部制定住宅用地"五类"调控目标	消化周期在36个月以上的，应停止供地；36~18个月的，要适当减少供地；18~12个月的，维持供地持平水平
3	2019年5月	银保监会开展"巩固治乱象成果促进合规建设"工作	严查违规向"四证"不全的房地产开发项目提供融资；个人综合消费贷款、经营性贷款、信用卡透支等资金挪用于购房
4	2019年7月	中央政治局会议	坚持房子是用来住的、不是用来炒的定位，落实房地产长效管理机制，不将房地产作为短期刺激经济的手段
5	2019年12月	中央政治局会议	坚定房住不炒，促进房地产市场平稳健康发展；要加大城市困难群众住房保障工作，大力发展租赁住房
6	2020年12月	关于建立银行业金融机构房地产贷款集中度管理制度的通知	明确房地产贷款集中度管理制度的机构覆盖范围、管理要求及调整机制
7	2021年1月	2021年中国银保监会工作会议	保持宏观杠杆率基本稳定，严格落实房地产贷款集中管理制度和重点房地产企业融资管理规定
8	2021年3月	住建部调研杭州、无锡楼市	坚持房子是用来住的不是用来炒的定位，不将房地产作为短期刺激经济的手段，切实落实城市的主体责任，确保党中央、国务院的决策部署落实到位
9	2021年3月	关于防止经营用途贷款违规流入房地产领域的通知	加强借款人资质核查、加强信贷需求审核、加强贷款期限管理、加强贷款抵押物管理、加强贷中贷后管理、加强银行内部管理等

注：作者整理

总之，居民去杠杆的根本在于由需求向供给侧转变，健全长效机制。房地产政策在供给侧改革进程中从多方面下手加强完善我国的住房供应体系，为此建议：（1）健全有效的住房金融体系应建立在以商品房融资为主、政策性融资为辅的住房融资模式和运行机制基础上。核心是形成住房抵押贷款风险分担和转移机制。加快我国住房政策性金融体系建设，积极推进住房公积金制度改革，建立住房抵押贷款政策性担保和证券化机构，实现政策性住房金融与商品房金融的有机结合。（2）扩大社会保障、医疗保险、义务教育等公共服务覆盖面，推动完善城乡居民社会保险制度，降低居民储蓄意愿，增强借贷信心和消费意愿。作为消费金融的配套措施，未来应加快相关法律和个人征信体系建设。（3）美国、日本、韩国等国家的发展历史表明，住宅部门的"杠杆效应"不断增加，是经济发展和稳定运行的"双刃剑"。政府在积极鼓励和促进家庭债务消费以刺激短期经济增长的同时，也很容易导致住宅部门的杠杆上升过未来家庭债务违约风险增加，阻碍可持续经济增长和威胁金融稳定。

第三章 结构性去杠杆宏观政策协调机制研究

第一节 引 言

自2008年金融危机以来,中国政府采取了前所未有的财政刺激计划来抵消信贷紧缩,维持经济活动,该计划在短时间内了有效地稳定了中国经济,但也导致非金融企业杠杆率迅速攀升,金融风险持续积聚。据国家资产负债研究中心统计,2020年我国非金融企业部门杠杆率162.3%,远超过新兴市场国家非金融企业杠杆率风险阈值90%(Reinhart et al.,2010),过于沉重的企业债务,已经成为制约我国经济转型的重要障碍。随着去杠杆政策的实施,我国宏观杠杆率逐渐企稳,但结构性杠杆问题依旧存在,国有企业仍然是高杠杆聚集的领域,而民营企业依然面临着融资贵、融资难等问题(徐飘洋 等,2020)。结构性高杠杆现象的存在也使决策层意识到结构性去杠杆的重要性,2018年4月,中央财政经济委员会首次提出了结构性去杠杆的基本思路,要求区分部门、债务类型,采取不同的措施去杠杆,自此去杠杆政策由总量型政策转向更为精准的结构型政策。

国有企业和民营企业杠杆率分化和差异可能与我国二元经济结构和国有企业预算软约束有关。与西方赤字融资的刺激计划不同,我国大规模的刺激计划主要来自银行信贷,银行出于政策优先级和政府显性或隐性担保而倾向于向国有企业提供贷款,Zhang 等(2015)基于企业财务模型反事实研究表明,如果没有政府担保,那么其借款就会少得多。杠杆失衡是信贷资源配置低效率的结果,会抑制经济活力,成为我国经济转型的障碍,因此围绕我国企业杠杆率展开研究,并分类施策是必然之势。

现有的研究对预算软约束的形成机制和影响进行了深入研究(林毅夫 等,2004;罗长林 等,2014),也有文献将预算软约束嵌入动态随机一般均衡模型,对市场、利率、杠杆率、全要素生产率或政策进行分析(如孟宪春 等,2020;陈彦斌 等,2014;陈小亮 等,2016;纪洋 等,2016),但鲜有文献对削弱预算软约束后经济变化情况进行定量分析,同时国内文献大多关注我国结构性高杠杆的典型事实,政策分析也仅局限于传统总量型货币政策或财政政策，为进一步厘清预算软约束所导致的经济扭曲，识别各类政策对结构性高杠杆的影响，鉴于此，本章可能的边际贡献为：（1）本章构建包含异质性企业的 DSGE 模型，数值模拟在政府担保比例减少情形下，对产出、企业杠杆率和利率等主要经济金融变量的影响，分析削弱预算软约束能否缓解经济体中存在的结构性杠杆问题，并在此基础上通过调整参数分析政府担保范围的扩大、经济体遭遇风险冲击时，经济体主要金融经济变量的影响。（2）基于企业杠杆率与经济结构视角，分析总量型货币政策、结构型货币政策等政策的效应，并在此基础上分析在不同经济结构下，货币政策效果变化。（3）在泰勒规则中引入非金融企业杠杆率，从福利损失的角度分析中央银行货币规则是否需要对非金融企业杠杆率做出响应，为中央银行货币规则制定提供一定的参考。

本章余下结构安排如下：第二节对现有相关文献进行梳理和总结；第三节经验事实分析；第四节构建动态随机一般均衡模型；第五节利用已有研究，对模型的中的参数进行校准；第六节基于 DSGE 模型，通过参数调整等方式进行数值模拟和反事实分析给出结论和具体政策建议。

第二节　文献综述

经验证明，一个经济体中适当的杠杆率可以促进投资，推动经济增长，但杠杆率的快速上升会带来一系列负面效应，杠杆率与经济增长之间存在非线性关系（刘晓光 等，2018）。Schularick 等（2012）认为信贷繁荣和杠杆率的快速增长会为系统性金融风险的发生埋下隐患。Reinhart 等（2010）同样认为杠杆率与系统性金融风险关系密不可分，并进一步提出了适用于发达国家和新兴市场国家的杠杆阈值标准，认为经济体的杠杆率一旦超出这个阈值，经济体发生系统性金融风险的可能性将大大增加。Maliszewskiw 等（2016）通过分析43个宏观杠杆率在5年内增长超过30个百分点的经济体，发现其中38个经济体经历了金融危机、经济下行，或两者兼而有之，虽然危机既不是迫在眉睫，也不是不可避免，但如果信贷繁荣持续超过6年，始于更高的金融深度，发展更加迅速、那么危机发生的可能性就会增加，中国符合这个标准（Maliszewskiw et al.，2016）。

鉴于高杠杆率对金融体系的巨大危害性，学者们纷纷对去杠杆进行了详细的研究。汪勇（2018）基于纵向产业视角，通过建立内嵌资产负债表衰退机制与企业异质性双重机制的 DSGE 模型发现，中央银行紧缩利率会降低国有企业杠杆率，提高民营企业杠杆率，可以缓解我国结构性杠杆问题。也有学者认为因为金融摩擦、政府隐性担保等原因的存在，相比于高杠杆的国有企业，紧缩性货币政策对民营企业负向冲击更大，因此紧缩性的货币政策不仅无法解决国有企业高杠杆问题，还会显著提高民营企业融资成本，使实体制造业"雪上加霜"，加剧经济机构的扭曲（刘一楠 等，2018；施康 等，2016）。刘晓光等（2016）通过修正BGG金融加速器模型，发现紧缩性货币政策非但不能有效降低杠杆率，反而恶化会经济环境进一步拉升杠杆率。

此外，也有学者分析了财政政策对于杠杆率影响机理。Eggertsson等（2012）认为去杠杆冲击会紧缩债务人的债务约束，致使李嘉图等价不在成立，此时财政政策的有效性会有明显提高。政府"去杠杆"政策虽然可以降低经济体遭受金融冲击的风险，但可能会增加经济下行压力，政府存在"去杠杆"与"稳增长"之间的权衡，传统货币政策难以实现"稳增长"与"去杠杆"精准调节（胡志鹏，2014），吕炜等（2016）则发现在控制国有企业杠杆率水平上，优化财政支出结构，实施以保障性支出为主的积极财政政策，可以达到"稳增长"与"去杠杆"两个目标的实现。周菲等（2019）分析认为财政政策相比货币政策更能有效地调节经济体中存在的结构性高杠杆问题。

Kornai于1986年首次提出"预算软约束"这一概念，国有企业经营不善，面临破产危机时，政府一般通过财务补助、降低税负，追加投资等直接或间接等方式进行救助，这一现象被称为预算软约束。因为当时中国没有一个可靠的社会保障网络，政府要求国有企业帮助帮助提供社会保险和其他公共产品，因此国有企业不仅面临着利润最大化的任务，还承担着稳定社会就业和公共产品的职责，因为这个原因，政府不仅不会关闭不盈利的国有企业，反而会为其提供各种形式的补贴，这是预算软约束产生的原因（Bai et al.，2000）。

预算软约束企业面临着宽松的信贷约束，往往能够以较低的融资成本获取大量信贷资源（林毅夫 等，2004），与此同时，由于存在一定程度的政府兜底，即使企业经营不善，政府也会进行救助，容易滋生管理层消极经营的心理（中国人民银行营业管理部课题组，2017），最后造成的结果是低效率企业挤占大量生产资源（罗长林 等，2014）。历史经验证明，持续为低效率企业注入信贷资源将会导致银行呆账、坏账比例上升，给银行体系带来沉重压力（韩延春，2001），同时资源过度集中于低效率的国有企业会抑制经济活力，经济转型乏力（刘一楠 等，2018）。

同时在政府的隐性担保下，企业对投资、利率等因素缺乏敏感性，将阻碍货币政策的传导机制。Wei 等（1997）利用1989—1991年期间中国城市层面数据，发现了中国银行贷款有利于国有企业的明确证据，"预算软约束"削弱了政府进行产业结构优化政策的有效性。预算软约束的存在导致国有企业和民营企业面临不同的信贷约束，国有企业往往以远低于民营企业的贷款利率获取银行外部融资，这种金融体系发展的不对称性导致信贷资源配置的低效率，使得货币政策传导不畅（谢平，2001）。鉴于一些国有企业更容易获取银行信贷和债券发行等正式融资渠道，可能还会参与信贷中介活动，它们通过委托贷款来贷款给其他公司，这些信贷中介活动导致了信贷中介链的兴起，加大了货币政策制定的难度（Zhang et al.，2015）。

也有研究学者对预算软约束持肯定态度，认为政府担保能够改进社会福利，改善银行和主权债务的风险状况（Innes，1991；Leonello，2018）。但更多则呼吁消除预算软约束以缓解扭曲。如推动利率市场化，减少国有企业与民营企业融资成本差异以改进信贷资源配置（纪洋，2016）、深化国企改革以及实施存款保险制度（姚东旻 等，2013）。

我国非金融企业杠杆率呈现总量与结构双重特征，具体表现为国有企业杠杆率呈现上升趋势，民营企业杠杆率下降，杠杆失衡现象明显（纪洋，2018）。施康等（2016）研究发现2008年金融危机以后，我国企业杠杆率与资产回报率呈现负相关关系，证明了金融危机以后信贷资源集中在低效率企业，结构性高杠杆问题可能与政府对国有企业的隐性担保有关，囿于我国直接融资市场欠发达，企业一般以银行贷款实现外部融资，而信贷市场上信贷资源流向经常受到政府干预，受到政府隐性担保的国有企业能够以低于民营企业的价格获取银行贷款（zhang et al.，2015），国有企业具有天然的政治联系，地方政府出于自身利益可能会将内部信息透露给国企，使国有企业面临的经济不确定性减弱，这会使得国有企业在经济不确定性较强时也能获取银行贷款（纪洋，2018），与此同时在经济低迷的情况下，避险情绪的上升也会致使金融资源大量流向国有企业，最终提高国有企业杠杆率（王宇伟 等，2018），导致并加剧结构性高杠杆问题。

第三节　经验事实分析

在2008年全球次贷危机的冲击下，为避免经济出"硬着陆"，我国政府采取了大规模的财政刺激计划，如图3.1所示，我国M2货币同比增速自2008年开始快速上升，于2009年第三季度达到历史最高点，在大规模财政刺激计划下，非金融企业杠杆率快速攀升，据国家资产负债表研究中心统计，2020年12月我国非金融企业杠杆率达到162.3%，对比2008年第一季度的97.7%，13年间我国非金融企业杠杆率上涨了64.6个百分点，已经远超新兴市场经济体的杠杆率风险阈值（90%），给我国金融系统埋下巨大的隐患。

意识到高杠杆对经济体系的危害性，为此2015年12月中央经济工作会议提出了去杠杆的要求，其M2同比增速开始逐年下降，但非金融企业杠杆率却呈现上升趋势，杠杆率越降越高，堪称杠杆率悖论（刘晓光 等，2016）。与此同时，我国非金融企业杠杆率结构性特征明显，如图3.2所示：2008—2013年，民营企业杠杆率持续下降，国有企业杠杆率上升趋势明显，2014年后国有企业杠杆率下降，但其杠杆率绝对水平仍高于民营企业。

图3.1 非金融企业杠杆率与货币供应量

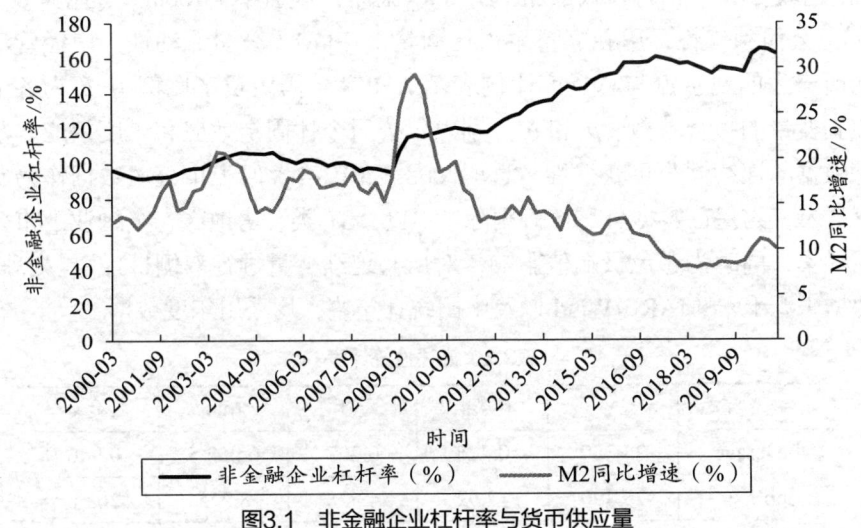

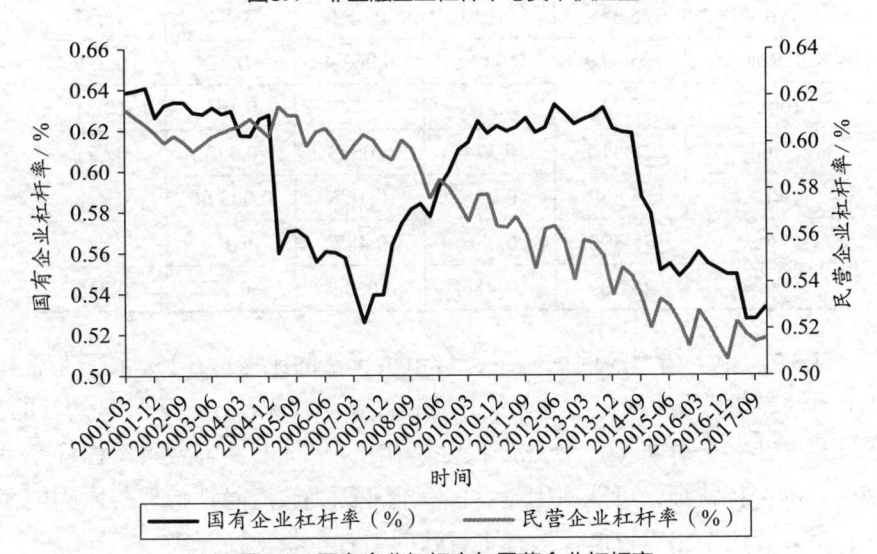

图3.2 国有企业杠杆率与民营企业杠杆率

为从实证角度说明货币政策对企业杠杆率的影响以及杠杆率的产权特征，实证研究设定如下计量模型：

$$Leverage_{it} = \alpha + \beta_1 Police_t + \beta_2 Soe_{it} + \beta_i Control_{it} + \mu_i + \delta_t + \varepsilon_{it} \quad (3.1)$$

式中，i 代表企业，t 代表年份；$Leverage_{it}$ 表示企业 i 在 t 时期的杠杆率，用企业总负债与总资产比值来表示；$Police_t$ 为总量型货币政策的代理变量，用M2同比增速表示，β_1 表示 $Police_t$ 的估计系数，若 β_1 显著为负，则表明降低货币供应量增长速度，反而会使杠杆率增加。Soe_{it} 表示企业产权性质（国有企业为1，其他为0）。$Control_{it}$ 表示各个控制变量，参考已有文献的基础，选取grow（销售收入增加率）、Roa（总资产收益率）、Tobin Q（托宾 Q）、ind（公司独立性，用独立董事占比衡量）、Flow（公司流动性，用经营活动所产生的现金流与总资产比例表示）、PFA（固定资产比例），β_i 为各个控制变量的拟合参数。μ_i 和 δ_t 分别表示公司个体固定效应和年度效应。鉴于数据的连续性与可获得性，选取2008—2019年A股上市公司数据作为研究样本，为保证数据可靠性，剔除了ST、*ST类、房地产、金融业上市公司样本，同时为避免极端值影响，对所有连续变量进行双侧1%缩尾处理。数据来源于CSMAR、Wind以及中国统计年鉴，均采用年度数据。

表3.1 描述性统计表

变量名	N	mean	sd	min	max
Leverage	25 389	0.428	0.207	0.052 5	0.946
police	25 390	12.92	4.528	8.275	26.50
grow	25 378	0.190	0.452	−0.549	3.051
Roa	25 378	0.042 8	0.062 4	−0.224	0.229
Tobin Q	25 313	2.116	1.883	0.185	10.81
ind	25 310	0.374	0.0533	0.333	0.571
PFA	25 389	0.235	0.167	0.003 66	0.728
Soe	25 390	0.386	0.487	0	1
Flow	25 389	0.048 4	0.069 3	−0.157	0.245

表3.2汇报了模型的回归结果，货币供应量同比增速在1%水平上显著为负，这表明，中央银行实施紧缩性货币政策不仅无法达到去杠杆的目的，还会进一步拉升杠杆率。企业产权性质在1%水平上显著为正，杠杆率呈现明显的产权特征，可能原因是，国有企业因为政府隐性担保等原因的存在，贷款违约率相对较低，银行更青睐向国有企业发放贷款。

表3.2　计量模型回归结果

变量名	Leverage
Police1	−0.002***
	(−4.61)
Soe	0.033***
	(8.28)
Control	YES
R-squared	0.143
Company FE	YES
Year FE	YES

注：***、**、* 分别表示在1%、5%、10%水平下显著。

第四节　理论模型构建

上一节利用经验数据分析了总量型货币对于杠杆率的影响以及杠杆率的产权特征，然而经验分析无法说明货币政策对不同企业杠杆率以及传导机制的影响，为厘清预算软约束所导致杠杆分化问题以及全面地分析货币政策对企业杠杆率以及经济结构变化的影响机理和应对效应，本章在参考Bernanke等（1999）、马家进（2018），殷兴山（2020）等研究的基础上构建包含家庭、企业、商业银行、中央银行以及政府等微观主体的DSGE模型。家庭部门持有银行存款，并以此获取利息，向企业家提供劳动获取工资收入，同时还从厂商部门获取红利支付。银行部门是完全竞争的，在接受一笔家庭部门存款后，需向中央银行缴纳一笔存款准备金，剩余部分贷给需要资金的企业部门。由于银行与企业之间信息不对称的存在，企业贷款存在违约风险。企业部门分为国有企业（预算软约束企业）和民营企业（预算约束企业），它们从银行获取贷款进行融资，从家庭雇佣无差异劳动，从资本生产商购买资本品进行产品生产，资本品生产商利用折旧后的上一期剩余资本和当期投资进行资本品生产。最终品厂商和中间品厂商的设定是为了引入价格黏性，政府部门和中央银行部门根据经济体当前运行状况制定相关政策以维持经济体稳定发展。

一、家庭

$$\max E_0 \sum_{t=0}^{\infty} \beta^t \left\{ \log C_t - \theta \frac{N_t^{1+\chi}}{1+\chi} \right\} \quad (3.2)$$

式中，C_t、N_t、D_t 分别代表消费、劳动和储蓄，家庭在预算约束（3.3）下，最大化其效用函数：

$$P_t C_t + D_t = W_t N_t + R_{t-1}^d D_{t-1} + \Pi_t - P_t T_t \qquad (3.3)$$

式中，P_t、W_t、R_t^d、Π_t、T_t 分别表示消费品价格、劳动名义工资、储蓄的本息率、企业红利的转移支付、对政府的一次性纳税。家庭选择 C_t、N_t、D_t 令自身效用最大化，令 $w_t = W_t/P_t$，$\pi_t = P_t/P_{t-1}$，其一阶条件为：

$$\theta N_t^\chi = \frac{1}{C_t} w_t \qquad (3.4)$$

$$\frac{1}{C_t} = \beta E_t \frac{1}{C_{t+1}} \frac{R_t^D}{\pi_{t+1}} \qquad (3.5)$$

二、资本品生产商

为了内生化资本品价格，在模型中引入资本品生产商。在 t 期末，资本品生产商从最终品生产商购买一定数量的产品作为投资 I_t，并与向国有企业和民营企业回购折旧后的资本 $(1-\delta)K_t$ 相结合，生产出可供下一期使用的资本品 K_{t+1} 在资本市场上出售给国有企业和民营企业，其资本的运动方程为：

$$K_t = (1-\ )K_t + \left[1 - -(\underline{\quad} - 1)\ \right] I_t \qquad (3.6)$$

因此资本品生产商的利润函数为：

$$\Pi_t^k = Q_t K_{t+1} - Q_t (1-\delta) K_t - P_t I_t \qquad (3.7)$$

资本品生产商选择投资 I_t 数量，最大化其利润函数：

$$\max E_0 \sum_{t=0}^{\infty} \beta^t \frac{\lambda_t}{\lambda_0} \left\{ Q_t \left[1 - \frac{\phi}{2}\left(\frac{I_t}{I_{t-1}} - 1\right)^2 \right] I_t - P_t I_t \right\} \qquad (3.8)$$

对式中投资 I_t 求偏导，令 $q_t = Q_t/P_t$，得到一阶条件为：

$$1 = q_t \left[1 - \frac{\phi}{2}\left(\frac{I_t}{I_{t-1}} - 1\right)^2 - \phi\left(\frac{I_t}{I_{t-1}} - 1\right)\frac{I_t}{I_{t-1}} \right] + \beta E_t \frac{C_t}{C_{t+1}} q_{t+1} \phi\left(\frac{I_{t+1}}{I_t} - 1\right)\left(\frac{I_{t+1}}{I_t}\right)^2 \qquad (3.9)$$

三、国有企业

国有企业 L 内部分为消费品厂商 L 和企业家 L，生产部门 L 负责雇佣劳动和向资本品生产商购买生产资料以进行消费品生产，企业家 L 负责向银行申请贷款。国有企业消费品厂商部门 L 的生产函数为：$Y_{L,t} = A_{L,t} K_{L,t}^\alpha L_{L,t}^{1-\alpha}$，国有企业消费品生产目标函数为：

$$\max \Pi_{L,t}^y = P_t A_{L,t} K_{L,t}^\alpha L_{L,t}^{1-\alpha} - W_{L,t} N_{L,t} - R_{L,t}^K K_{L,t} \qquad (3.10)$$

令 $r_{L,t}^K = R_{L,t}^K/P_t$，$w_t = W_{L,t}/P_t$，对其目标函数中资本 $K_{L,t}$ 和劳动 $N_{L,t}$ 求偏导，可得到其一阶条件为：$r_{L,t}^K = \alpha A_{L,t} K_{L,t}^{\alpha-1} N_{L,t}^{1-\alpha}$，$w_{L,t} = (1-\alpha) A_{L,t} K_{L,t}^{\alpha} N_{L,t}^{-\alpha}$。企业家 L 负责向银行申请贷款以进行融资，在 t 期末，企业家 L 向银行贷款 L_t，消费品生产商部门利用自有资金 V_t 以及贷款，以 Q_t 的价格向资本品厂商购买生产资料 K_{t+1}，因此 $Q_t K_{L,t+1} = L_{L,t} + V_{L,t}$，企业家 L 的杠杆率被定义为：$L_{L,t} = Q_t K_{L,t+1}/V_{L,t}$，令 $q_t = Q_t/P_t$，$v_{L,t} = V_{L,t}/P_t$，$l_{L,t} = q_t K_{L,t+1}/v_{L,t}$，在 $t+1$ 期企业家会遭受一个外生风险冲击 ω_{t+1}，该冲击会使得其资本品 $K_{L,t+1}$ 出现增加或者减少。ω_{t+1} 服从均值为1的对数正态分布，其累积分布函数为 $F_t(\omega_{t+1})$，在 $t+1$ 期初，企业家将资本品 $\omega_{t+1} K_{L,t+1}$ 以 $R_{L,t+1}^K$ 的价格出租给国有企业消费品生产商 L，并在期末将折旧后的资本品 $\omega_{t+1}(1-\delta) K_{L,t+1}$ 以 Q_{t+1} 的价格再卖回给资本品生产商，因此企业家 L 的总收入可表示为：

$$\omega_{t+1}\left[R_{L,t+1}^K K_{L,t+1} + Q_{t+1}(1-\delta) K_{L,t+1}\right] = \omega_{t+1} R_{L,t+1}^e Q_t K_{L,t+1}$$

（3.11）

其中：$R_{L,t+1}^e = \dfrac{R_{L,t+1}^K + Q_{t+1}(1-\delta)}{Q_t} = \dfrac{r_{L,t+1}^K + q_t(1-\delta)}{q_t}$，因为国有企业承担更多的社会责任，因此国有企业享有政府隐性担保，在 $t+1$ 期，政府担保金为 B_{t+1}，担保比例为 $b_{t+1} = B_{t+1}/(R_{L,t+1}^e Q_t K_{t+1})$，定义外生风险冲击的临界值为 $\overline{\omega}_{L,t+1}$，使其满足如下的临界条件：

$$B_{t+1} + \overline{\omega}_{L,t+1} R_{L,t+1}^e Q_t K_{t+1} = R_{L,t}^l L_{L,t}$$

（3.12）

当异质冲击 $\omega_{t+1} < \overline{\omega}_{L,t+1}$ 时，国有企业资不抵债，企业破产；当 $\omega_{t+1} > \overline{\omega}_{L,t+1}$ 时，企业经营成功，企业能够偿还贷款本息。上式两边同时除以 $V_{L,t}$，整理可得：

$$(b_{t+1} + \overline{\omega}_{L,t+1}) R_{L,t+1}^e l_{L,t} = R_{L,t}^l (l_{L,t} - 1)$$

（3.13）

银行 L 在接受一部分家庭存款以后，需缴纳法定存款准备金，因此银行 L 的行为方程为：

$$\int_{\overline{\omega}_{L,t+1}}^{\infty} R_{L,t}^l L_{L,t} dF_{L,t}(\omega) + \int_0^{\overline{\omega}_{L,t+1}} \left[B_{t+1} + (1-\mu)\omega R_{L,t+1}^e Q_t K_{L,t+1}\right] dF_{L,t}(\omega) = (1-\tau_{L,t})^{-1} R_t^D L_{L,t} - (1-\tau_{L,t})^{-1} \tau_{L,t} L_{L,t} R_{L,t}^{\tau}$$

（3.14）

式中，μ 表示为当企业家破产时，银行全盘接收企业家的总资产，需要支付的监督成本比例，$\tau_{s,t}$ 和 $R_{L,t}^{\tau}$ 分别表示银行 L 向中央银行缴纳的存款准备金比例及其本息和，上式两边同时除以 $V_{L,t}$，整理可得：

$$\left[b_{t+1} + \Gamma_{L,t}(\overline{\omega}_{L,t+1}) - \mu G_{L,t}(\overline{\omega}_{L,t+1})\right] R_{L,t+1}^e l_{L,t} = R_{L,t}^{\max}(l_{L,t} - 1)$$

（3.15）

$$\Gamma_{L,t}(\overline{\omega}_{L,t+1}) = \overline{\omega}_{L,t+1}\left[1 - F_{L,t}(\overline{\omega}_{L,t+1})\right] + G_{L,t}(\overline{\omega}_{L,t+1}), \quad G_{L,t}(\overline{\omega}_{L,t+1}) = \int_0^{\overline{\omega}_{L,t+1}} \omega \mathrm{d}F_{L,t}(\omega),$$

$R_{L,t}^{\mathrm{mix}} = (1-\tau_{L,t})^{-1} R_t^D - (1-\tau_{L,t})^{-1} \tau_{L,t} R_{L,t}^\tau$，因为国有企业存在政府的隐性担保，因此国有企业的预期利润函数为：

$$E_t \Pi_{e+1}^e = E_t \left\{ \int_{\overline{\omega}_{L,t+1}}^\infty \left[\omega R_{L,t+1}^e Q_t K_{L,t+1} - R_{L,t}^l L_{L,t}\right] \mathrm{d}F_{L,t}\omega - F_{L,t}\overline{\omega}_{L,t+1} B_{t+1} \right\} \quad (3.16)$$

$$\text{s.t.} \quad l_{L,t} = \frac{1}{1 - \dfrac{R_{L,t+1}^e}{R_{L,t}^{\mathrm{mix}}}\left[b_{t+1} + \Gamma_{L,t}(\overline{\omega}_{L,t+1}) - \mu G_{L,t}(\overline{\omega}_{L,t+1})\right]} \quad (3.17)$$

对 $\overline{\omega}_{L,t+1}$ 求偏导得到一阶条件为：

$$\frac{1 - F_{L,t}(\overline{\omega}_{L,t+1})}{1 - \Gamma_{L,t}(\overline{\omega}_{L,t+1})} = \frac{\dfrac{R_{L,t+1}^e}{R_{L,t}^{\mathrm{mix}}}\left[1 - F_{L,t}(\overline{\omega}_{L,t+1}) - \mu \overline{\omega}_{L,t+1} F'_{L,t}(\overline{\omega}_{L,t+1})\right]}{1 - \dfrac{R_{L,t+1}^e}{R_{L,t}^{\mathrm{mix}}}\left[b_{t+1} + \Gamma_{L,t}(\overline{\omega}_{L,t+1}) - \mu G_{L,t}(\overline{\omega}_{L,t+1})\right]} \quad (3.18)$$

为了使得债务融资变得有意义，避免企业家净值无限扩大，假设每一期企业家的生存概率为 γ，因此企业家的死亡概率为 $1-\gamma$，死亡的企业家将其资产转移给家庭，同时，每期有新的企业家进入市场，并收到来自家庭的转移支付 W_L^e，因此企业家 L 自有资金的动态方程为：

$$V_{L,t+1} = \gamma\left[1 - \Gamma_{L,t}(\overline{\omega}_{L,t+1}) - b_{t+1}\right] R_{L,t+1}^e Q_t K_{L,t+1} + W_L^e \quad (3.19)$$

将上式剔除价格因素，方程两边同时除以 P_{t+1}，整理可得：

$$v_{L,t+1} = \gamma\left[1 - \Gamma_{L,t}(\overline{\omega}_{L,t+1}) - b_{t+1}\right] R_{L,t+1}^e q_t \pi_{t+1}^{-1} K_{L,t+1} + W_L^e \quad (3.20)$$

四、民营企业

民营企业与国有企业类似，民营企业内部同样分为消费品厂商 H 和企业家 H，生产部门 H 负责雇佣劳动和向资本品生产商购买生产资料以进行消费品生产，企业家 H 负责向银行申请贷款。与国有企业不同是，民营企业没有政府的隐性担保，因此融资成本相对较高。消费品厂商 H 面临的最优化问题为：

$$\max \Pi_{H,t}^y = P_t A_{H,t} K_{H,t}^\alpha N_{H,t}^{1-\alpha} - W_{H,t} N_{H,t} - R_{H,t}^K K_{H,t} \quad (3.21)$$

令 $r_{H,t}^K = R_{H,t}^K / P_t$，$w_{H,t} = W_{H,t}/P_t$，对上式中的资本 $K_{H,t}$ 和劳动 $N_{H,t}$ 求偏导，整理得到一阶条件为：$r_{H,t}^K = \alpha A_{H,t} K_{H,t}^{\alpha-1} N_{H,t}^{1-\alpha}$，$w_{H,t} = (1-\alpha) A_{H,t} K_{H,t}^\alpha N_{H,t}^{-\alpha}$。企业家 H 负责民营企业的贷款融资，与国有企业相似，企业家 H 的杠杆率可以表示为：

$l_{H,t} = \dfrac{q_t K_{H,t+1}}{v_{H,t}}$，总资产收益率为 $R^e_{H,t+1} = \dfrac{r^K_{H,t+1} + q_{t+1}(1-\delta)}{q_t} \pi_{t+1}$，民营企业没有政府隐性担保，其临界值表示为：$\overline{\omega}_{H,t+1} R^e_{H,t+1} l_{H,t} = R^l_{H,t}(l_{H,t} - 1)$。银行 H 对民企放贷的行为方程为：

$$\left[\Gamma_{H,t}(\overline{\omega}_{H,t+1}) - \mu G_{H,t}(\overline{\omega}_{H,t+1}) \right] R^e_{H,t+1} l_{H,t} = R^{mix}_{H,t} l_{H,t-1} \quad (3.22)$$

$R^{mix}_{H,t} = (1-\tau_{H,t})^{-1} R^D_t - (1-\tau_{H,t})^{-1} \tau_{H,t} R^\tau_{H,t}$，企业家 H 一阶条件、净资产积累方程分别表示为：

$$\dfrac{1 - F_{H,t}(\overline{\omega}_{H,t+1})}{1 - \Gamma_{H,t}(\overline{\omega}_{H,t+1})} = \dfrac{\dfrac{R^e_{H,t+1}}{R^{mix}_{H,t}} \left[1 - F_{H,t}(\overline{\omega}_{H,t+1}) - \mu \overline{\omega}_{H,t+1} F'_{H,t}(\overline{\omega}_{H,t+1}) \right]}{1 - \dfrac{R^e_{H,t+1}}{R^{mix}_{H,t}} \left[\Gamma_{H,t}(\overline{\omega}_{H,t+1}) - \mu G_{H,t}(\overline{\omega}_{H,t+1}) \right]} \quad (3.23)$$

$$v_{H,t+1} = \gamma \left[1 - \Gamma_{H,t}(\overline{\omega}_{H,t+1}) \right] R^e_{H,t+1} q_t \pi_{t+1}^{-1} K_{H,t+1} + W^e_H \quad (3.24)$$

五、最终品厂商和中间品厂商

为了在模型中引入价格黏性的设定，引入中间品厂商和最终品产厂商，前者面临垄断竞争，后者面临完全竞争。最终品厂商使用生产技术（Dixit-Stiglitz Aggregator）生产最终品 Y_t 如下：

$$Y_t = \left[\int_0^1 Y_t(j)^{\frac{\varepsilon-1}{\varepsilon}} \mathrm{d}j \right]^{\frac{\varepsilon}{\varepsilon-1}} \quad (3.25)$$

式中，$Y_t(j)$ 表示第 j 个中间品厂商生产的中间品，ε 表示不同中间品之间的替代弹性，在给定的生产技术下，最终品厂商将最终品价格 P_t 和中间品价格 $P_t(j)$ 视为给定，最终品厂商选择中间品投入 $Y_t(j)$ 数量以生产最终品，最大化其利润函数：

$$\max P_t Y_t - \int_0^1 P_t(j) Y_t(j) \mathrm{d}j = P_t \left[\int_0^1 Y_t(j)^{\frac{\varepsilon-1}{\varepsilon}} \mathrm{d}j \right]^{\frac{\varepsilon}{\varepsilon-1}} - \int_0^1 P_t(j) Y_t(j) \mathrm{d}j \quad (3.26)$$

对某中间品 $Y_t(j)$，其一阶条件为：$Y_t(j) = \left[\dfrac{P_t(j)}{P_t} \right]^{-\varepsilon} Y_t$。中间品厂商求解两阶段问题，这也是模型引入价格黏性的关键设定部分，首先中间品厂商求解成本最小化问题来确定其边际成本 MC_t，然后参照 Calvo（1983）定价方式，求解利润最大化问题，以引入黏性价格的设定，其目标函数为

$$\max E_t \sum_{i=0}^\infty \xi_p \beta^i \dfrac{\lambda_{t+i}}{\lambda_t} \left[P_t(j) Y_{t+i}(j) - MC_{t+i} Y_{t+i}(j) \right],\ \text{其中}\ Y_t(j) = \left[\dfrac{P_t(j)}{P_t} \right]^{-\varepsilon} Y_t,\ \beta^i \dfrac{\lambda_{t+i}}{\lambda_t}$$

表示中间产品厂商随机折现因子，中间产品商产品最优定价满足一阶条件

为：

$$(1-\varepsilon)P_t(j)^{-\varepsilon}E_t\sum_{i=0}^{\infty}\xi_p^i\beta^i\lambda_{t+i}P_{t+i}^{\varepsilon}Y_{t+i}+\varepsilon P_t(j)^{-1-\varepsilon}E_t\sum_{i=0}^{\infty}\xi_p^i\beta^i\lambda_{t+i}\mathrm{MC}_{t+i}P_{t+i}^{\varepsilon}Y_{t+i}=0$$

上式经过简单代数运算，中间产品厂商最优定价表达式进一步整理为：

$$P_t^*=\frac{\varepsilon}{\varepsilon-1}\frac{X_{1,t}}{X_{2,t}} \quad （3.27）$$

$$X_{1,t}=\lambda_t\mathrm{MC}_t P_t^{\varepsilon}Y_t+\xi_p\beta E_t X_{1,t+1} \quad （3.28）$$

$$X_{2,t}=\lambda_t P_t^{\varepsilon}Y_t+\xi_p\beta E_t X_{2,t+1} \quad （3.29）$$

根据Calvo（1983）定价规则，中间商品总体价格水平满足关系式为：

$$P_t^{1-\varepsilon}=(1-\zeta_p)(P_t^*)^{1-\varepsilon}+\zeta_p P_{t-1}^{1-\varepsilon} \quad （3.30）$$

六、政府和中央银行

政府通过向家庭征收一次税 $P_t T_t$ 来支付政府购买 $P_t G_t$，以达到财政收支平衡，即 $P_t G_t = P_t T_t$，其中 $G_t = g_t Y_t$，g_t 是外生财政政策冲击。在该模型设定中中央银行一共存在结构型货币政策和总量型货币政策两类政策工具，结构型货币政策包括定向调整准备金比例以及准备金利率等，总量型货币政策是指中央银行通过对通货膨胀和经济增速两个目标调整存款利率 R_t^D 进行政策调节，服从以下泰勒规则：

$$\log R_t^D=\rho_R\log R_{t-1}^D+(1-\rho_R)\left[\log R^D+\Psi_\pi\log\pi_{t-1}+\Psi_y\log\frac{Y_{t-1}}{Y_{t-2}}\right]+\varepsilon_{R,t} \quad （3.31）$$

七、市场出清

假设经济体国有企业占比为 ψ，民营企业占比为 $(1-\psi)$，因此，经济体中总资本和总产出分别表示为；

$$K_t=\psi K_{L,t}+(1-\psi)K_{H,t} \quad （3.32）$$

$$Y_t=\psi Y_{L,t}+(1-\psi)Y_{H,t} \quad （3.33）$$

此外国有企业和民营企业雇佣的是无差异化劳动，与所有权无关，即：$N_{L,t}=N_{H,t}=N_t$，经济体总资源约束条件为：$Y_t=C_t+I_t+G_t$，根据上文设定，模型中一共存在10个外生冲击，均服从简单的AR(1)过程。

八、参数校准

研究参考已有文献对模型中参数进行校准。借鉴李天宇（2021）研究结果，将家庭的主观贴现因子 β 校准为0.997 3，资本折旧率 δ 校准为0.025（Bernanke et al., 1999；殷兴山，2020）。根据马家进（2018）和张勇（2014）

研究，结合中国实际情况，将生产函数资本所占份额 α 设定为0.5。假设劳动供给具有单位弹性，即将劳动供给弹性倒数校准 χ 为1，劳动负效应权重 θ 校准为7.5。关于影响价格黏性的参数 ξ_p，研究借鉴何国化等（2016）的研究，将其设定为0.75。依据孟宪春等（2018）的结果，将产品替代弹性 ε 校准为6，资本品生产调整系数 ϕ 校准为2。参考彭俞超等（2016）将法定存款准备金率 $\tau_{L,t}$ 和 $\tau_{H,t}$ 稳态值校准为13.93%，准备金存款利率 $R^r_{L,t}$ 和 $R^r_{H,t}$ 稳态值校准为1.004 4。由于国有企业受到政府隐性担保，破产概率低于民营企业，马家进（2018）研究结果中将国有企业破产概率稳态值 F_L 设定为0.007，民营企业破产概率稳态值 F_L 设定为0.01，研究也采用这一结果。参考吴盼文等（2017）研究，将利率对产出的反应系数 ψ_Y 以及利率对通胀的反应系数 ψ_π 分别设定为0.5、1.5。借鉴（Chris-tensen et al., 2008；Bernanke et al., 1999）将银行监督成本比例 μ 校准为0.21，企业家利润留存比例 γ 校准为0.97。根据（中国人民银行营业管理部课题组，2017；马家进，2018；殷兴山 等，2020）研究，将政府担保比例稳态值 b 校准为0.000 6、存款利率稳态值 R^D 校准为1.006 3、险冲击稳态值 σ_ω 校准为0.28、经济体中国企所占比例 ψ 设定为0.5、家庭对国有企业转移支付 W^e_L 校准为0.295 3、家庭对民营企业转移支付 W^e_H 校准为0.085 5，根据马家进（2018）研究，将所有外生冲击自回归系数校准为0.9、标准差校准为0.01，上述参数的校准值见表3.3。

表3.3 主要参数校准

参数	经济含义	取值	参数	经济含义	取值
α	生产函数资本所占份额	0.5	ψ	经济体中国企所占比例	0.5
β	居民折现率	0.993 7	W^e_L	家庭对企业家 L 转移支付	0.295 3
δ	资本折旧率	0.025	W^e_H	家庭对企业家 H 转移支付	0.085 5
χ	劳动供给弹性倒数	1	ψ_Y	利率对产出的反应系数	0.5
θ	劳动负效应权重	7.5	ψ_π	利率对通胀的反应系数	1.5
ϕ	资本品生产调整系数	2	g	财政支出占比的稳态值	0.2
F_H	企业家 H 破产概率	0.01	R^D	存款利率稳态值	1.006 3
F_L	企业家 L 破产概率	0.007	ξ_p	未改变价格比例	0.75
b	政府担保比例稳态值	0.000 6	ε	产品替代弹性	6
σ_ω	风险冲击稳态值	0.28	γ	企业家利润留存比例	0.97
μ	银行监督成本比例	0.21			

第五节　数值模拟

根据所设定的动态随机一般均衡模型，运用脉冲响应分析经济体产出、通胀、利率、杠杆率等经济金融变量在遭遇外生冲击时的变化情况。

一、预算软约束作用机制与政府担保冲击

根据上节模型设定，国有企业与民营企业的融资决策经过简单代数运算，可以得到国有和民营企业家投资预期收益表达式：

$$E_t R^e_{L,t+1} = \frac{1}{1+b_{t+1} - \mu \left[G_{L,t}(\overline{\omega}_{L,t+1}) + \overline{\omega}_{L,t+1} F'_{L,t}(\overline{\omega}_{L,t+1}) \frac{1-\Gamma_{L,t}(\overline{\omega}_{L,t+1})}{1-F_{L,t}(\overline{\omega}_{L,t+1})} \right]} R^{mix}_{L,t} \quad (3.34)$$

$$E_t R^e_{H,t+1} = \frac{1}{1 - \mu \left[G_{H,t}(\overline{\omega}_{H,t+1}) + \overline{\omega}_{H,t+1} F'_{H,t}(\overline{\omega}_{H,t+1}) \frac{1-\Gamma_{H,t}(\overline{\omega}_{H,t+1})}{1-F_{H,t}(\overline{\omega}_{H,t+1})} \right]} R^{mix}_{H,t} \quad (3.35)$$

对比国有企业和民营企业预期收益表达式，国有企业在分母多了一项政府担保比例 b_{t+1}，并与投资预期收益成反比，因此 $R^e_{H,t} > R^e_{L,t}$，当经济处于稳态及其附近时，国有企业资本存量高于民营企业资本存量，导致了生产资本配置的低效率。

预算软约束是对正常市场机制的扭曲，降低或者消除预算软约束会对经济体有何影响？图3.3为政府担保比例受到一单位负向冲击对主要经济金融变量的影响，即预算软约束程度降低一个标准差，预算软约束程度的降低导致国有企业融资成本上升，贷款需求减少，用于资本和劳动的支出减少，国有企业产出 Y_l 减少，随着预算软约束程度的降低，经济体中更多的信贷资源流向民营企业，民营企业融资成本下降，融资需求增加，用于资本和劳动的支出上升，民营企业产出 Y_h 增加，但民营企业产出增加幅度小于国有企业产出减少幅度，经济体中总产出 Y 减少，此时经济存在下行压力。与此同时，在政府负向担保冲击的影响下，国有企业杠杆率 Lev_L 开始下降，民营企业杠杆率 Lev_H 上升，经济体中结构性高杠杆现象有所解决。研究借鉴刘一楠等（2018）研究成果，选取参数"国有企业产出/民营企业产出（DDES）"衡量经济结构扭曲程度，原因在于以房地产、地方融资平台为代表的国有企业过度繁荣，将会对民营企资源产生挤出效应，加剧经济结构失衡。如图3.3第1图所示，政府担保程度的降低，促使银行逐渐将信贷资源倾向于民营企业，民营企业产出占经济体总产出比例

上升，此时经济体由于预算软约束所导致的扭曲得以缓解。

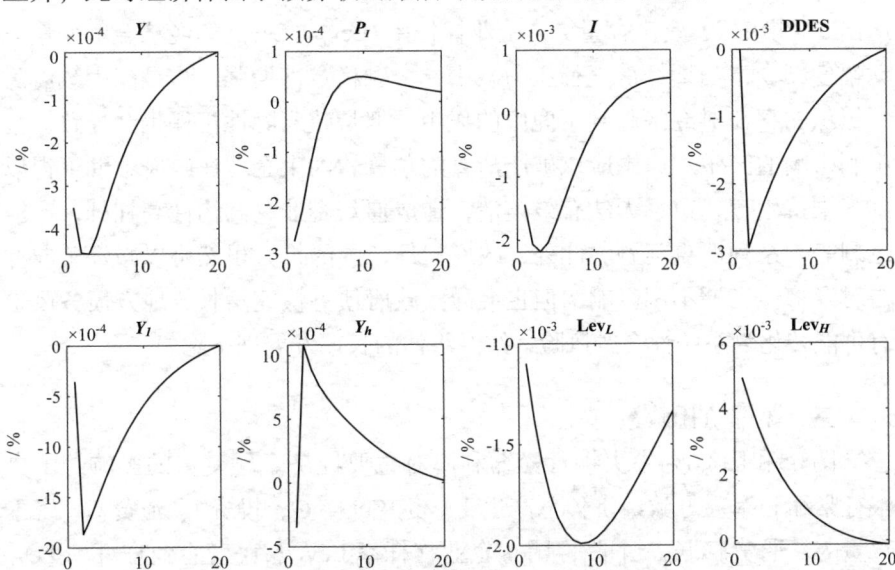

图3.3 政府担保冲击对主要经济金融变量的影响

二、风险冲击

当经济体受到外生风险冲击时，企业经营效益降低，财务成本恶化，直接推动企业贷款违约率的上升，从而将使银行提高其贷款利率，企业融资成本随贷款利率的增加而上升，最终使企业降低用于资本和劳动的支出，生产规模减小，从而使经济体中的投资和产出水平下降。

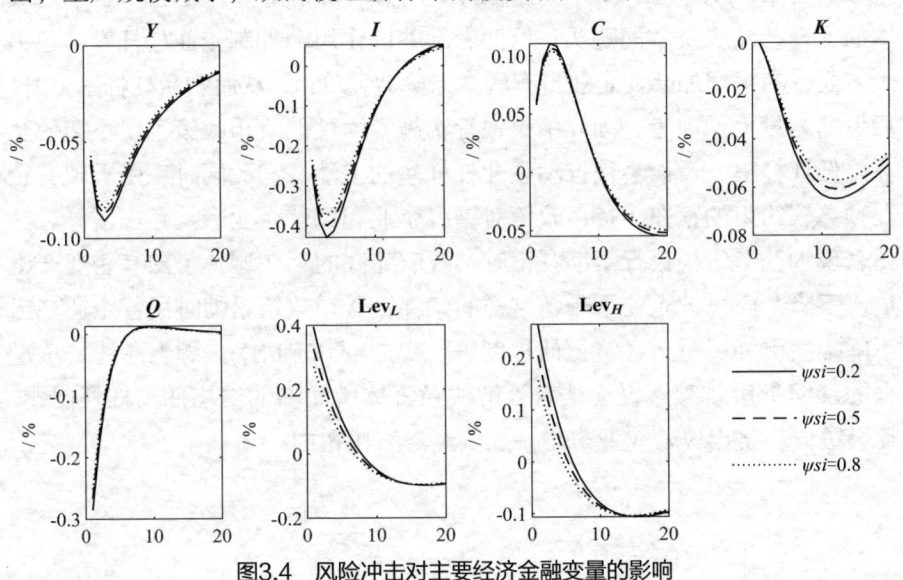

图3.4 风险冲击对主要经济金融变量的影响

当比较 $\psi=0.2$、$\psi=0.5$，$\psi=0.8$ 三种情景，即政府担保范围扩大时，总产出 Y，投资 I、资本存量 K，企业杠杆率 (Lev_L、Lev_H) 等经济金融变量波动幅度减少，当期经济下行压力减少，金融稳定性增强，这是因为政府隐性担保的存在对经济起到了兜底的作用。但是政府隐性担保也会导致一些不利影响的产生。原本应该破产清算的预算软约束企业在政府救助下得以继续维持生存，市场无法有效出清，造成僵尸企业、结构性高杠杆，产能过剩等一系列严重问题。此外，政府担保范围的扩大虽然可以减轻负向冲击对经济体当期不利影响，但也会导致政府债务快速增长，地方债务风险有可能转化为系统性金融风险，给经济体的长期发展埋下隐患。

三、紧缩货币政策

图3.5和图3.6为中央银行紧缩利率对主要经济金融变量的影响，中央银行紧缩利率会导致经济体总产出 Y、资产价格 Q、投资 I、消费 C、资本存量 K，通货膨胀 P_i 下降，国有企业杠杆率 Lev_L 与民营企业杠杆率 Lev_H 上升，此时经济体下行压力增加。根据模型设定与图3.5、图3.6整理的经济机制如下：当中央银行提高政策利率时，银行融资成本 R_d 上升，为维持正常经营，商业银行势必会提高贷款利率 (R_L、R_H)，导致企业融资成本上升，从而使企业投资积极性减弱，用于资本和劳动支出减少，产出减少。利率冲击对投资 I 和消费 C 产生抑制作用，使经济体中的总需求减少，从而对通货膨胀 P_i 产生下行压力。利率冲击从两方面共同作用于企业杠杆率 (Lev_L、Lev_H)，一方面利率的增加使得资产价格下降，企业由于融资成本的上升会减少资本的购买，这两者的共同作用会抑制企业杠杆率，但另一方面，利率增加会使企业自有资本下降 (V_L、V_H)，从而刺激杠杆率上升。后者的力量大于前者，因此中央银行实施紧缩性的货币政策不仅不会使企业降低杠杆率，反而会使推动企业杠杆率的上涨。与此同时，由于国有企业预算软约束的存在，货币政策对国有企业和民营企业影响存在差异。具体表现为，当中央银行紧缩利率时，政府兜底的存在避免了国有企业产出过快下降，而民营企业不具备这样的条件，货币政策紧缩时民营企业产出下降幅度更为严重，经济扭曲程度进一步加剧 (DDES↑)。综上所述，总量型的紧缩货币政策不仅无法有效解决经济体所面临的结构性高杠杆问题，还会进一步挤出民营企业产出，加剧经济结构扭曲。

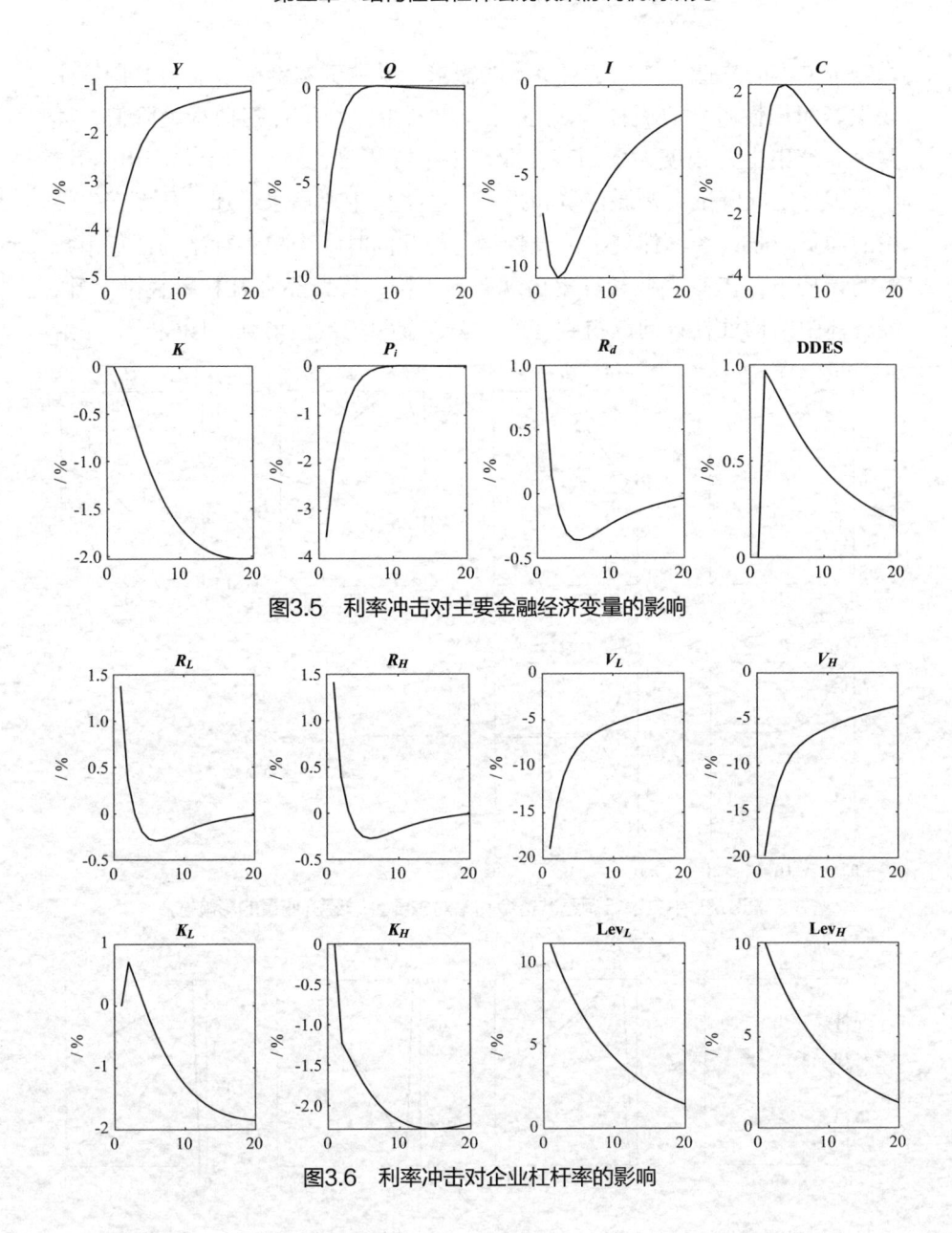

图3.5 利率冲击对主要金融经济变量的影响

图3.6 利率冲击对企业杠杆率的影响

四、结构性货币政策

一般而言，增加对民营企业的信贷供给有利于激发市场活力，使信贷配置得到有效配置（徐飘洋 等，2020）。图9.7和图3.8报告了中央银行定向调整存款准备金对经济体的影响，当中央银行定向地对贷款给民营企业的银行 H 降低存款准备金率时，民营企业贷款成本下降，贷款需求增加，从而使民企用于资本和劳动的支出增加，民营企业的产出增加。民营企业因为融资成本的降低，增加了对资本的需求，导致资本价格 Q 上升，国有企业生产积极性减弱 ($K_L↓$)，国有企业产出减少，经济体扭曲程度降低，民营企业产出上升幅度大于国有企业产出下降幅度，经济体中总产出上升。中央银行定向降准会刺激消费和投资，经济体中总需求增加，从而产生轻微的通货膨胀，经济体处于上升趋势。与此同时在中央银行结构性货币政策的调控下，国有企业杠杆率出现明显下降，民营企业杠杆率轻微上升，经济体中结构性杠杆问题得到有效缓解，金融稳定性增强。图6和图7还给

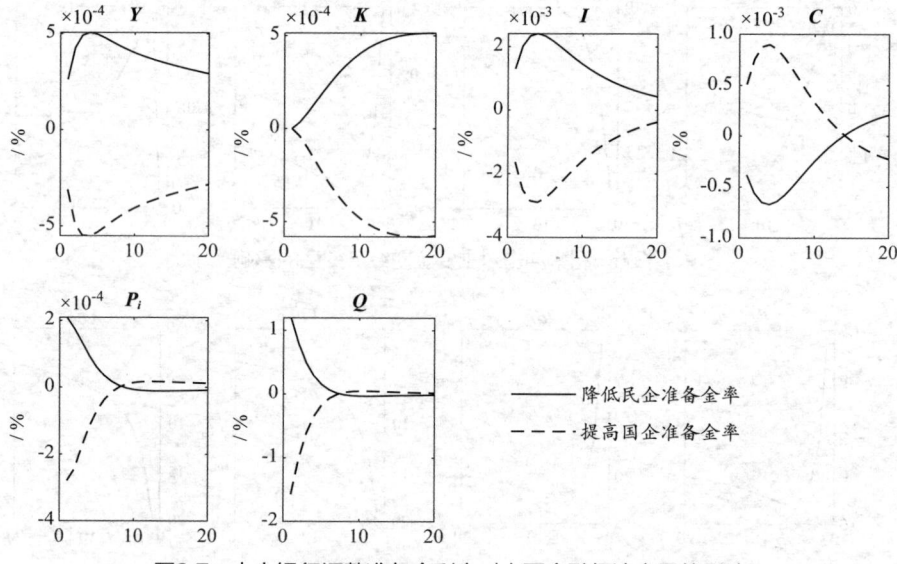

图3.7 中央银行调整准备金利率对主要金融经济变量的影响

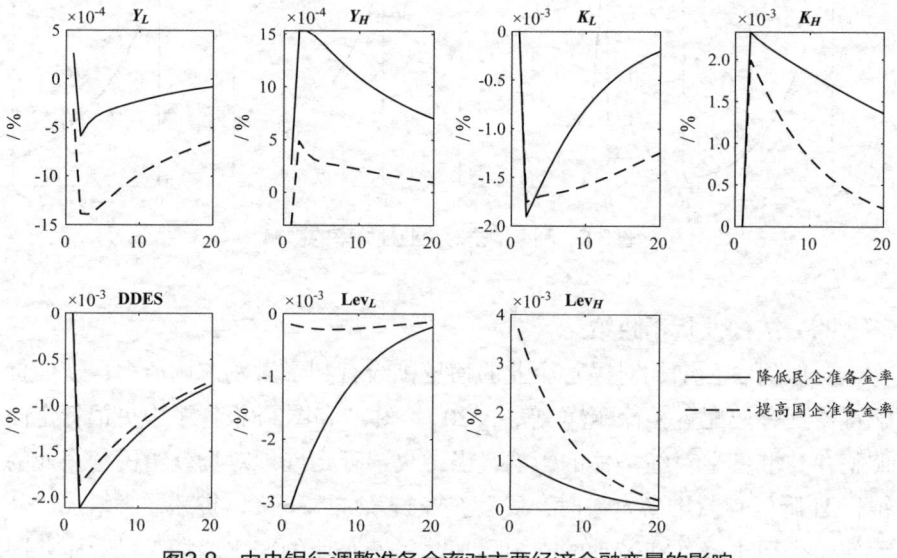

图3.8 中央银行调整准备金率对主要经济金融变量的影响

出了中央银行实施紧缩性货币政策的结果（对商业银行 L 提高其存款准本金率），在该政策的影响下，国有企业贷款成本增加，从而导致产出因为劳动和资本支出的减少而减少，同时资本价格的下降，使其成为民营企业扩大生产规模的好时机 ($K_H\uparrow$)，因此民营企业产出增加，但上升幅度小于国有企业产出下降幅度，经济体总产出下降，经济存在下行压力，类似地，定向提高商业银行 L 的存款储备金率也能有效解决经济体中杠杆失衡的问题，但是与降低商业银行 H 的存款储备金率相比，政策效果稍差。

五、财政政策

当政府支出 g_t 受到一单位标准差的正向冲击，即假设政府实施了积极的财政政策时，政府财政支出的增加可以有效促进经济增长 ($Y\uparrow$)，但是会使得投资 I、资本 K 下降，存在一定的挤出效应。如图3.9与图3.10所示，由于国有企业预算软约束的存在，在面对政府支出扩张这种总需求刺激计划时，国有企业缺乏敏感性，具体表现为民营企业资本初期 K_H 上升、国有企业资本 K_L 下降，民营企业生产规模得到扩张，并对国有企业产生了一定的挤出效应。民营企业产出 Y_L 上升幅度略高于国有企业产出 Y_H 上升幅度，经济体扭曲程度下降 (DDES↓)。与此同时，在政府支出扩张的刺激下，国有企业与民营企业杠杆率均出现了下降。

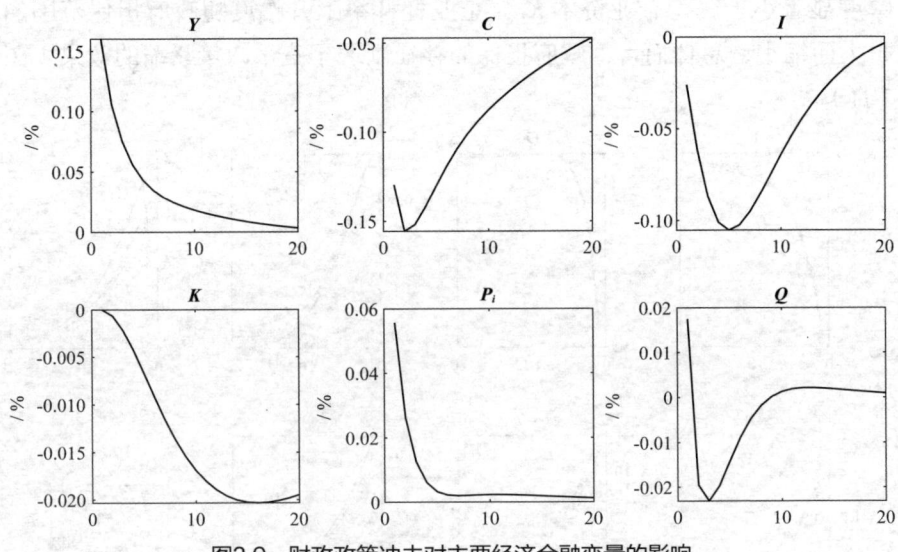

图3.9　财政政策冲击对主要经济金融变量的影响

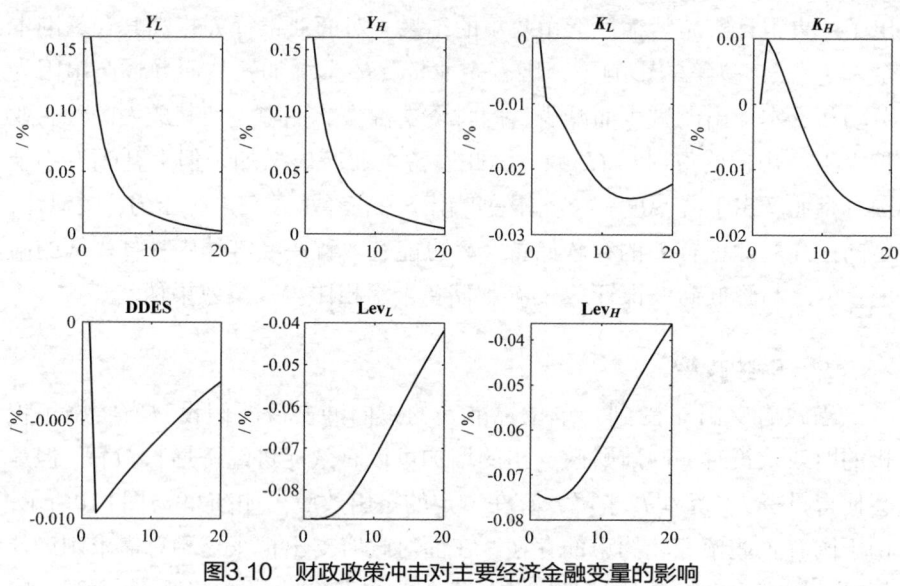

图3.10 财政政策冲击对主要经济金融变量的影响

六、不同经济结构下政策效果

随着政府担保范围的扩大时，中央银行提高基准利率，社会总产出 Y 下降幅度减少，由于国有企业预算软约束的存在，国有企业资本 K_L 下降幅度显著小于民营企业资本 K_H，企业杠杆率上升幅度随政府担保范围的扩大而缩小，总体而言，政府担保的存在削弱了货币政策紧缩的效果（图3.11）。

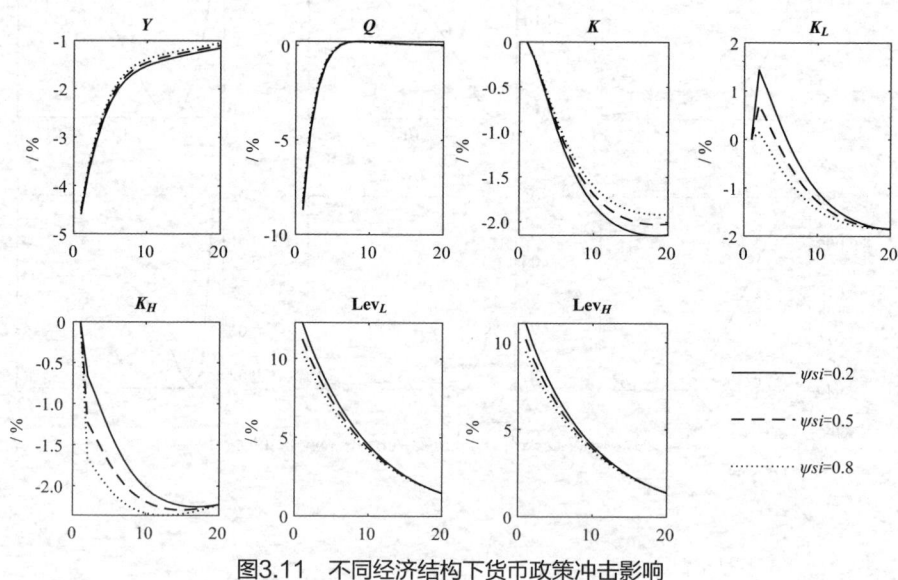

图3.11 不同经济结构下货币政策冲击影响

图3.12是不同经济结构下,政府实施积极的财政政策对主要经济金融变量的影响,财政政策的效果随预算软约束范围的扩大而被削弱:资本 K、投资 I,挤出幅度增加,产出 Y 上升程度减小,与此同时,企业杠杆率下降幅度减少,积极财政政策去杠杆的作用被放小。

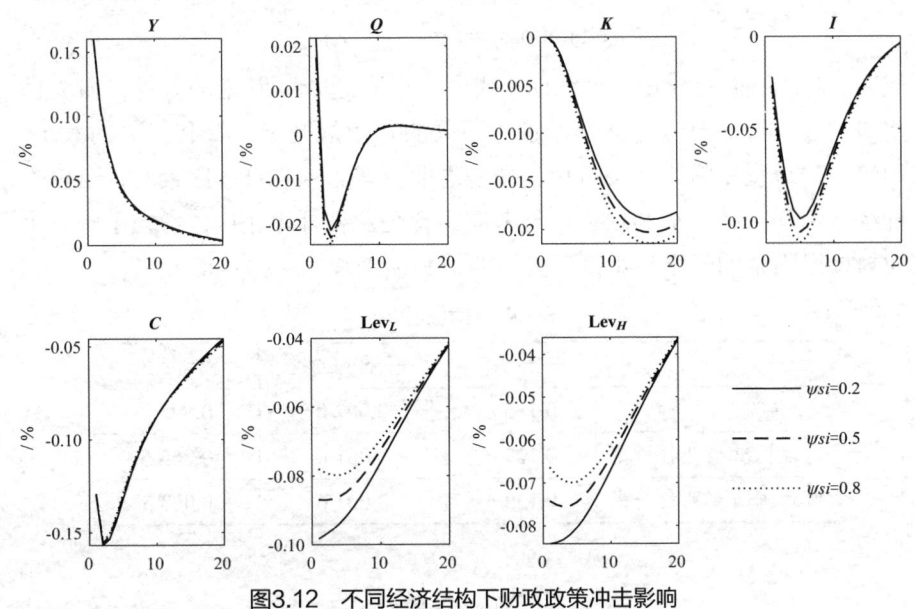

图3.12 不同经济结构下财政政策冲击影响

七、福利分析

2008年金融危机以来,学者们纷纷意识到高杠杆是系统性金融风险的重要诱因。传统的货币规则里中央银行主要通过对经济增速和通货膨胀两个目标进行响应,进而调节存款利率 R_d 来实施货币政策,缺乏对于非金融企业杠杆率的反应。研究借鉴Faia等(2007)的研究思路,在传统泰勒规则的基础上,假定中央银行会对非金融企业杠杆率做出反应,其具体表现形式为:

$$\log R_t^D = \rho_R \log R_{t-1}^D + (1-\rho_R)\left[\log R^D + \psi_\pi \log \pi_{t-1} + \psi_y \log\left(\frac{Y_{t-1}}{Y_{t-2}}\right) - \psi_{\text{Lev}_L} \log\left(\frac{\text{Lev}_{L,t-1}}{\text{Lev}_{L,t-2}}\right)\right] + \varepsilon_{R,t}$$

(3.36)

$$\log R_t^D = \rho_R \log R_{t-1}^D + (1-\rho_R)\left[\log R^D + \psi_\pi \log \pi_{t-1} + \psi_y \log\left(\frac{Y_{t-1}}{Y_{t-2}}\right) - \psi_{\text{Lev}_H} \log\left(\frac{\text{Lev}_{H,t-1}}{\text{Lev}_{H,t-2}}\right)\right] + \varepsilon_{R,t}$$

(3.37)

式中,Lev_L 和 Lev_H 分别国有企业、民营企业杠杆率,ψ_{Lev} 表示货币政策对非金融企业杠杆率的反应程度,其前面的系数为负体现了逆周期调节的思路，参考马勇和付莉（2020）的研究，将货币政策对国有企业和民营企业杠杆率的反应系数均设定为0.5。

借鉴 Woodford（2013）和 Galí（2015）的研究，利用经济波动幅度来衡量经济体福利损失程度，具体表现形式为：

$$\text{WelfareLoss}_t = \lambda \sigma_{yt}^2 + (1-\lambda)\sigma_{\pi t}^2 \tag{3.38}$$

式中，λ 表示损失权重，σ_{yt}^2 和 $\sigma_{\pi t}^2$ 代表产出和通货膨胀率的方差，研究假定等权重，即 $\lambda=0.5$。表3.4显示了不同的货币规则下，福利损失的大小，相较于传统货币规则，当货币当局考虑非金融企业杠杆率因素时，可以平抑经济波动，减少福利损失。与考虑民营企业杠杆率相比，考虑了国有企业杠杆率因素的货币政策具有更低的福利损失。

表3.4 福利损失表

	产出方差	通货膨胀方差	福利损失
传统货币规则	0.185 8	0.002 0	0.093 9
盯住民营企业杠杆率	0.129 6	0.001 6	0.065 6
盯住国有企业杠杆率	0.125 4	0.001 6	0.063 5

第六节 本章小结

本章构建包含家庭、企业、商业银行、中央银行以及政府等微观主体的 DSGE 模型，通过数值模拟分析了政府担保冲击和风险冲击对经济金融波动影响，进一步地，对去杠杆政策的实际经济效应进行反事实分析，得出以下主要结论。

在政府担保负向冲击下，经济体中结构性高杠杆问题得以缓解，但此时经济存在下行压力。在风险冲击下，政府隐形担保范围的扩大能在一定程度上平抑经济波动，当期金融稳定性增加，但政府隐性担保范围的扩大也会为经济体埋下隐患，原本在风险冲击下应该被淘汰的企业在政府的救助下得以继续生存，市场无法有效出清，造成库存攀升，产能过剩等一系列不良影响。与此同时，预算软约束范围的扩大也会导致政府债务快速积累，未来经济体诱发系统性金融风险的可能性增加。当中央银行全面紧缩利率时，不仅无法有效解决经济体所面临的结构性高杠杆问题，还会进一步挤出民营企业产出，加剧经济结构扭曲。中央银行采取结构型货币政策，定向调整国有企业和民营企业的存款准备金率时，结构性高杠杆问题得以缓解，经济体扭曲程度降低。政府实施积极的财政政策时，社会总产出增加,但会挤出投资与资本,国有企业与民营企业杠杆率均向下波动,由于预算软约束的存在,向下波动程度存在显著差异,政府支出的增加虽然使得企业杠杆率的下降,但无法达到结构性去杠杆的目的,同时财政政策和货币政策效果都会被预算软约束的所削弱。福利分析表明,当货币政策对非金融企业杠杆率进行响应时,可以平抑经济波动,降低社会福利损失,与盯住民营企业杠杆率相比,考虑了国有企业杠杆率的货币政策福利改进效果更为明显。

结合上述结论与启示提出以下建议:一是深入国有企业改革,硬化预算软约束,逐渐消除价格扭曲。预算软约束的存在容易导致银行部门对国有企业的过度支持,影响企业公平竞争、妨碍市场正常出清。因此通过供给侧结构性改革,打破地方政府对于国有企业的隐性担保,从根本上消除预算软约束,突出市场在信贷资源上的决定作用,是推动中国经济向高质量发展的关键。与此同时,预算软约束企业承担了国家政策性任务,为避免在消除预算软约束过程中给经济造成太大波动,因此在改革过程中政府当局要实时关注经济运行状况,采取相应措施以避免国有企业改革带来经济大幅度震荡。二是我国当前非金融企业杠杆率具有"总量"与"结构"双重属性,单纯的依赖传统政策工具不仅无法解决结构性高杠杆问题,还会加剧结构性高杠杆问题,因此要避免"一刀切"的全面紧缩政策,通过实施结构性货币政策,并与财政政策、产业政策相结合,有效化解当前经济结构性高杠杆问题。

第四章 结构性去杠杆推进路径
——基于上市公司视角

第一节 引 言

　　2008年金融危机之后，我国开启了大规模的宏观经济刺激方案，随之而来的是经济部门杠杆率过快攀升，这给宏观金融稳定带来严峻挑战。2015年10月，党的十八届五中全会提出降低杠杆率的要求，年底的中央经济工作会议将去杠杆作为供给侧结构性改革的目标之一，至此，中国开始了实实在在地去杠杆进程。2016年10月，《国务院关于积极稳妥降低企业杠杆率的意见》正式提出企业去杠杆，2018年中央财经委员会首次提出要以结构性去杠杆为基本思路，分部门、分债务类型提出不同要求；强调去杠杆的重点为地方政府和国企部门，努力实现宏观杠杆率稳定和逐步下降。"结构性去杠杆"为防范系统性重大风险提供了新的概念与新的思路，但究竟"结构性去杠杆"新思路与传统去杠杆思路有何本质区别？非金融企业应该如何具体而又精准推进"结构性去杠杆"？在去杠杆过程中能够带给企业自身带来哪些财务效应？从目前掌握的研究成果和实践情况来看，学界和实际工作者对上述问题的研究仍处于起步阶段。

　　"去杠杆化"本质上就是指企业降低杠杆率的过程，从国际经验来看，通常大多数非金融企业杠杆率调整持续多年（Flannery et al., 2006），并且世界范围内公司杠杆率都在持续的下降。Harford 等（2009）研究发现公司在债务融资收购后的五年内杠杆率平均下降了约0.060。Denis 等（2012）基于美国公司数据认为去杠杆进程持续到七年之后公司开始主动增加杠杆率。DeAngelo 等（2015）研究表明20年里公司平均杠杆率降低了约0.10，但仍远高于0。由于各家公司生命周期所处的阶段不同的，因此，公司异质性也使得去杠杆化很难具备整齐划一的时间效应，特别是通过截面（年度）数据得到杠杆率平均趋势可能会低估了企业去杠杆化的规模与程度。其次，研究通常将股权融资和偿还债务决策作为管理者用来去杠杆化的唯一选择变量（Welch, 2004），但文献忽略了这样一个的事实：留存收益选择决策与杠杆率的调整是内生的，留存收益通过影响股本总市值而内生地影响市场杠杆率，文献中针对留存收益影响公司资本结构调整的相关机制研究仍待深入。最后，从科学评价的角度看，已有研究不能准确识别出主动性去杠杆化对于公司绩效的影响，因为即使公司没有主动进行去杠杆的调整，公司同样会在其他因素的推动下进行资本结构调整，要有效识别结构化去杠杆对公司财务影响的净效应，那么就必须剔除掉公司其他因素的影响。

国内去杠杆的研究目前多集中在去杠杆的宏观调控政策评价（胡志鹏，2014），杠杆调整视角更多是基于经济周期冲击下的被动杠杆调整过程。本章则着重分析了公司去杠杆主要方式及推进路径，在此基础上针对公司采取主动去杠杆产生的财务绩效展开定量研究。本章创新点如下：首先，已有研究针对留存收益去杠杆的研究缺乏一般性理论分析框架，本章基于 welch（2004）资本结构调整模型，将公司留存收益纳入去杠杆调整的理论模型，构建两者之间的理论分析框架。其次，借鉴 DeAngelo 等（2016）纵向数据的研究方法，选取2003—2015年公司的历史数据，将杠杆率由历史最低值向最高值的调整过程视为去杠杆化，利用纵向时间数据观察这些异质性公司去杠杆化的典型事实以及长期变化趋势、变量之间的因果关系，避免了计量模型设置的偏差。再次，研究充分考虑了公司去杠杆的异质性特征，并将公司资产区分为经营资产和金融资产，讨论资产结构金融化趋势对公司去杠杆化的影响。最后，针对现有计量模型中选择偏差与内生性问题，利用 PSM 模型实证检验了主动清偿债务与增加留存收益等去杠杆方式对公司财务绩效的影响。

第二节　文献综述

一、国外研究现状

国外关于研究公司资本结构的文献较多，啄食理论认为市场信息不对称导致企业选择项目融资首选内部资金，然后选择公司债务，最后才利用所有者权益融资（Myers，1984）。权衡理论认为公司资本结构是由企业债务中的税收减免与可能导致的破产成本权衡的结果（Kraus，1973；Rubinmstein，1973）。此外，学者 Flannery 等（2006）关于资本结构目标调整模型的经验证据支持了动态权衡理论，表明在长期内公司存在目标资本结构，这些理论也得到了大量实证研究的支持。

（一）公司是否存在最优资本结构

"杠杆率"处于何种水平为适度，迄今并无定论，Fama 等（2002）、

Chang 等（2009）、Hovakimian 等（2011）研究认为公司杠杆率在长期内存在均值回归现象。Huang 等（2009）、Oztekin 等（2012）等研究共同回答了公司是否存在目标的资本结构，如果存在的话，什么条件下公司会朝着目标水平调整以及影响资本结构调整速度的因素有哪些。Frank 等（2009）提出影响资本决定结构的6个核心因素，即行业中位数负债率、有形资产比率、盈利能力、公司规模、市净率和预期通货膨胀率等。Denis 等（2012）研究发现90%的债务发行是为了满足企业经营的需要，而投资机会变化是导致的杠杆增加的驱动因素，因此，公司可能不存在目标资本结构，其杠杆率变动主要取决于公司是否产生财务柔性。上述研究并没有直接表明资本结构的稳定特性，而学者 Lemmon 等（2008）通过对1956—2003年美国上市公司资本结构的考察，得出上市公司的资本结构在长期来看是稳定的重要结论，揭示了资本结构在时序上的特征，即上市公司的资本结构是"天生的"。此外，Cook 等（2010）在实证研究中使用 GDP 增长率、期限利差和信贷利差衡量宏观经济状况，发现样本公司在宏观经济周期环境较好时向目标资本结构调整的速度明显加快。

（二）去杠杆与公司财务绩效

文献中大多认为去杠杆会带来实体经济严重下降，这一规律背后的作用机制为债务 – 通缩恶性循环。（Bernanke，1983；Minsky，1986）。Reinhart 等（2010）、Cecchetti 等（2011）基于不同国家数据研究认为杠杆率对经济增长的影响存在阈值效应，当政府部门或企业债务/GDP 指数超过90%之后，债务的继续累积将阻碍经济增长。Schularick 等（2012）、Tam（2014）实证研究发现杠杆率攀升是发生金融危机的预警信号。Valencia（2012）研究表明杠杆率升高将拉动资产价格高于均衡水平，在去杠杆时则容易造成大范围违约。

微观公司层面，公司杠杆率变动对财务绩效的影响通常有三种代表性的观点，即积极的，消极的和不相关。一方面，Margaritis 等（2010）基于法国制造业公司数据发现杠杆对公司绩效有积极影响。而 Cai 等（2011）表明，公司杠杆率的变化会对股票收益率产生负面影响，同样的，Giroud 等（2012）研究表明降低公司杠杆率会带来更好的绩效。此外，Connelly 等（2012）研究发现杠杆的变化与以 Tobin Q 来衡量的公司绩效无关。也有研究表明，公司杠杆率与企业绩效之间的关系是非单调的，如 Coricelli 等（2012）发现杠杆与总生产率增长在临界阈值内是正相关关系，超出临界点，杠杆与总生产率增长二者之间变为负相关关系。

（三）去杠杆的主要方式

关于如何去杠杆，大多数学者还是支持政府逆周期的需求管理政策（Palley，2010；Eggertsson et al.，2012），但这些文献都是考察危机发生后的被动去杠杆过程，而 DeAngelo 等（2016）将公司偿还债务、保留盈利和发行股票视为公司管理层根据企业自身财务状况主动选择的结果，认为公司去杠杆过程中会有强烈的储备现金获取财务柔性动机。从微观去杠杆方式来看，Edison 等（2000）认为资产冻结、注资和兼并重组是资产价格泡沫破裂后缓解金融动荡的有效措施。Adrian 等（2012），Olivier 等（2015）从金融机构的角度认为"好的"去杠杆方式包括提高股权资本、降低股息支付、提高留存收益率等方式，而"坏的"去杠杆则主要是以收缩总资产或者通过监管套利的方式去杠杆。Andrés 等（2017）评估了结构性改革对经济去杠杆化的影响，提出通过快速恢复投资和抵押品价值来推动去杠杆进程的结束。

文献通常将股票融资、债务偿还决策作为管理者用来改变资本结构的唯一选择变量。如 Welch（2004）将股票收益率视为公司市值杠杆率最重要的决定因素，其变化能解释40%的杠杆率动态变动，考虑到股票回报因素后，文献中使用的许多其他代理变量如税收成本、盈利能力、市场时机等在解释资本结构调整中的作用要小得多。DeAngelo 等（2006）的研究表明在控制公司规模、盈利能力、成长性等因素之后，留存收益增量从分母角度可以解释去杠杆化的79%，因此，在市场有摩擦的条件下，留存收益的增加意味着更高的股权总市值和更低的杠杆率。Faulkender 等（2012）的实证研究表明，用现金调节资本结构的边际成本相对较低，现金持有水平较高的公司会做出更大的资本结构调整。

二、国内研究现状

国内涌现了大量关于经济去杠杆的研究文献，但主要是关注宏观杠杆率或微观企业杠杆率的特征事实、形成原因与财务效应的定性分析（任泽平 等，2016；钟宁桦 等，2016；张晓晶 等，2017）。如中国人民银行杠杆率课题组（2014）、李扬等（2015）、马建堂等（2016）主要运用宏观杠杆指标（M2/GDP 或信贷/GDP 等）对我国总杠杆和分部门杠杆水平和增速进行测算，认为我国企业杠杆率在国际横向比较中水平较高且近年来增速较快。周茜（2020）认为通过偿还债务减少负债总额的方式是更为"积极"的去杠杆方式，通过增发新股、增加留存收益或其他增权方式增加所有者权益总额的方式，通常被认为是"不积极的"去杠杆方式。过度负债程度越高和成长性越好的企业，越多地采用了更为"积极"的"增权"方式去杠杆，表明我国上市公司在去杠方式的选择上总体呈现出较为合理的趋势。而公司治理水平越差的公司，越多地采用了更不稳妥的"其他增权"和"减短债"方式去杠杆。沈昊旻（2021）利用2013—2017年A股上市公司数据做出的相关实证发现，企业会通过偿还负债（消极方式）、调整合并报表范围的方式降低杠杆率。同时非国有企业中，通常会选择更为积极的方式，例如增发股票、减少股利支付的方式等，国企由于发行股票会受到更多限制，一般都不会选择积极的去杠杆方式。

周开国等（2012）研究认为公司初始负债率对未来资本结构有显著影响的结论。中国上市公司资本结构具有稳定性，引起公司间资本结构差异的因素在长期也是稳定的。马勇等（2016）认为去杠杆与经济增长具有显著的负向关系，伴随着去杠杆化进程的推进，金融危机的发生概率会明显增加。金鹏辉等（2017）对比不同金融摩擦下，民营企业和国有企业投资、产出和杠杆率的变动，认为减少政府隐性担保、提高直接融资便利及稳定间接融资便利是实现稳增长和降杠杆双重目标的有效工具组合。此外，中国是一个新兴的转型经济国家，某种程度上我国公司杠杆率受到外部环境、金融制度的影响更大，因此去杠杆进程中公司表现出的结构性差异更加明显，如钟宁桦等（2016）认为金融危机之后我国大部分的工业企业已经是显著地"去杠杆化"的，而显著"加杠杆"的是少数的大型、国有、上市的公司。纪敏等（2017）认为地方政府和国有企业成为资金配置的主体，并主要进入基建、重化工业和房地产等中长期投资领域。此外，陆岷峰等（2016）全面剖析了我国企业高杠杆的成因并从债务重组、企业资产证券化、直接减债、债转股等方面探讨了去杠杆的主要方式。

总之，尽管以美国、欧洲等国家为背景的关于杠杆率与宏观经济关系的实证研究已经相当深入，大量的理论和实证文献突出了外部宏观环境、行业特征及公司异质性等对公司资本结构的影响。由于中国去杠杆进程与美国和欧元区国家处于金融周期的不同阶段。我国的金融周期在顶部，风险比较高，而美国和欧元区都经历了国际金融危机后的向下调整，文献难有实质性借鉴价值。此外，传统去杠杆思路通常是以降低总体杠杆率为目标，各部门应该如何精准推进结构性去杠杆的研究还不够深入。最后，去杠杆化既要涉及分子债务因素又要考虑分母的资产因素，现有实证研究将杠杆率的分子和分母割裂开来，忽视二者之间的动态联动机制。鉴于此，研究以既有成果为起点，从结构性视角揭示公司去杠杆调整的微观机理与有效路径。

第三节　模型设置与研究假设

本章借鉴 Welch（2004）、DeAngelo（2016）等研究方法将公司市场杠杆率（ML）从峰值降至谷底的过程视为公司去杠杆唯一的变量。理论上公司 t 期市场杠杆率可以表示为如下等式：

$$\mathrm{ML}_t = \frac{D_t}{E_t + D_t} \quad (4.1)$$

式中，D 为公司的债务账面价值，E 表示公司所有者权益的市场价值，因此，公司去杠杆化无非就是从分子维度降低债务总额，或总分母维度上提高所有者权益的市场价值。进一步假定 ML_t 和 ML_{t+k} 表示公司去杠杆进程开始（峰值）和结束（谷值）所对应的实际市场杠杆率。如果公司去杠杆时间为 k 期，那么 $t+k$ 期的杠杆率 ML_{t+k} 与 t 期杠杆率 ML_t 可以建立如下联系：

$$\mathrm{ML}_{t+k} = \alpha_0 + \alpha_1 \cdot \mathrm{ML}_t + \alpha_2 \mathrm{IML}_{t,t+k} + \varepsilon_t \quad (4.2)$$

式中，截距项 α_0 代表公司恒定的目标杠杆比率。ε_t 为随机扰动项，而 $\mathrm{IML}_{t,t+k}$ 代表公司 $t+k$ 期的隐含（理论）杠杆率。隐含杠杆率可以理解为公司不采取任何调整策略（如不降低债务也不增发股票等）情况下 $t+k$ 期的实际杠杆率。$\mathrm{IML}_{t,t+k}$ 可以表示成：

$$\mathrm{IML}_{t,t+k} = \frac{D_t}{E_t(1 + r_{t,t+k}) + D_t} \quad (4.3)$$

式中，$r_{t,t+k}$ 表示公司 $t+k$ 期在资本市场的股权回报率（ROE），假设上市公司存在两种完全相反的杠杆调整方式，第一种完全调整假设：$\alpha_1=1$，$\alpha_2=0$，第二种完全不调整假设：$\alpha_1=0$，$\alpha_2=1$。如果公司不对杠杆率进行任何调整，那么 $t+k$ 期的杠杆率仅仅与公司股权回报率 $r_{t,t+k}$ 相关。

进一步假定，分子的债务变动主要包括债务到期（债务偿还），债务利息支付和债务公允价值变化等因素，因此债务部分可以表述为：$D_{t+k}=D_t+\Delta D_{t,t+k}$，其中 $\Delta D_{t,t+k}$ 可以理解为公司去杠杆进程中实际降低的债务净额。同样的，分母变化主要包括三部分，其一是分子中的净债务 $\Delta D_{t,t+k}$ 变动，这一部分与分子变化相同，其二是来自公司新发行股票或股票回购等引起的市场价值增加部分 $\Delta E_{t,t+k}$，第三部分主是来自公司内部留存收益 $\Delta \mathrm{RE}_t$ 的变化。留存收益来自公司历年实现的利润中提取或留存于企业的内部积累，包括企业的盈余公积和未分配利润两个部分。相对于所有者权益的其他部分来说，企业对留存收益的使用有较大的自主权，对于上市公司来说，留存收益不仅能够直接转增公司股本，同样在信号机制的作用下也会间接提升股权的总市值,因此管理者当期对留存收益比率的选择实际上内生地影响了公司股权市场价值。

进一步参考 Penman 等(2001;2009)、宋军等(2015)等财务分析框架,将资产分为金融资产 F 和经营资产 B,相对应的,假定金融资产收益率为 r_F,经营资产收益率 r_B。按照这一划分,利润额 π_t 又等于金融利润 π_F 和经营利润 π_B 二者之和[①],即:

$$\pi_t = \pi_{F,t} + \pi_{B,t} = r_{F,t} F_t + r_{B,t} B_t \tag{4.4}$$

同样,公司资产收益率 ROA_t 按照加权原则满足:

$$\text{ROA}_t = \frac{\pi_F}{\pi_t} r_F + \frac{\pi_B}{\pi_t} r_B \tag{4.5}$$

为使问题简化,假设公司留存收益全部转增为股本。那么所有者权益市场价值满足:

$$E_{t+k} = E_t(1 + r_{t,t+k}) + \Delta E_{t,t+k} + \Delta \text{RE}_t(1 + r_{t,t+k}) \tag{4.6}$$

式(4.6)表明 $t+k$ 期权益市场价值的增加来自股权收益率的增加 $E_t(1+r_{t,t+k})$、新增股权融资净额 $\Delta E_{t,t+k}$ 以及公司留存收益转增股本带来的价值增值 $\Delta \text{RE}_t(1+r_{t,t+k})$。进一步令公司留存收益满足:$\Delta \text{RE}_t = \pi_t g_t$,其中 g_t 为公司留存收益与其利润的比率。

有了上述定义,公司去杠杆化的动态特征可以表示为:

$$\text{ML}_{t+k} = \frac{D_{t+k}}{E_{t+k} + D_{t+k}}$$

$$= \frac{D_t + \Delta D_{t,t+k}}{D_t + \Delta D_{t,t+k} + E_t(1 + r_{t,t+k}) + \Delta E_{t,t+k} + (r_{F,t} \times F_t + r_{B,t} \times B_t) g_t (1 + r_{t,t+k})} \tag{4.7}$$

(1)假设杠杆率完全朝公司目标杠杆率调整情况,则 $\alpha_1 = 1$,$\alpha_2 = 0$,带入式(4.2)后有:$\text{ML}_{t+k} = \alpha_0 + \alpha_1 \cdot \text{ML}_t + \varepsilon_t$,将已知条件代入整理如下:

$$\frac{D_t}{E_t + D_t} = \frac{D_{t+k}}{E_{t+k} + D_{t+k}}$$

$$= \frac{D_t + \Delta D_{t,t+k}}{D_t + \Delta D_{t,t+k} + E_t \cdot (1 + r_{t,t+k}) + \Delta E_{t,t+k} + (r_{F,t} \times F_t + r_{B,t} \times B_t) g_t (1 + r_{t,t+k})} \tag{4.8}$$

最终杠杆率调整的动态特征为:

[①] 宋军,陆旸. 非货币金融资产和经营收益率的 U 形关系:来自我国上市非金融公司的金融化证据 [J]. 金融研究,2015(06):111-127.

$$\frac{\Delta E_{t,t+k}+\left(r_{F,t}\times F_{t}+r_{B,t}\times B_{t}\right)g_{t}\left(1+r_{t,t+k}\right)}{E_{t}}+r_{t,t+k}=\frac{\Delta D_{t,t+k}}{D_{t}} \qquad (4.9)$$

式（4.9）表明，去杠杆进程（k）越长，公司自身杠杆率调整的空间越大。通常情况下 $r_{t,t+k}>0$，因此公司去杠杆过程中所有者权益变动幅度要小于净债务的调整幅度，公司去杠杆进程中理论上会首选主动降低债务。

（2）假设公司对其杠杆率完全不做调整，则有 $a_1=0$，$a_2=1$，带入式（4.2）后有：

$$\frac{D_t}{E_t(1+r_{t,t+k})+D_t}=\frac{D_t+\Delta D_{t,t+k}}{D_t+\Delta D_{t,t+k}+E_t\cdot(1+r_{t,t+k})+\Delta E_{t,t+k}+\left(r_{F,t}F_t+r_{B,t}B_t\right)g_t\left(1+r_{t,t+k}\right)},$$

整理后得到：

$$\frac{\Delta E_{t,t+k}+\left(r_{F,t}F_t+r_{B,t}B_t\right)g_t\left(1+r_{t,t+k}\right)}{E_t}=\frac{\Delta D_{t,t+k}}{D_t}+r_{t,t+k}\frac{\Delta D_{t,t+k}}{D_t} \qquad (4.10)$$

式（4.10）表明公司如果 $t+k$ 期从权益变动收益（新发行的股权收益与留存收益转增的资本）与债务变动和债权部分在资本市场的增值（ROE×净债务发行率）二者之和相等，那么公司不会主动进行去杠杆调整。

基于理论模型分析结果，研究提出如下假设：

假设1：公司去杠杆是一个长期调整过程，去杠杆时间越长，杠杆率下降幅度也越大。公司去杠杆方式中仍然以偿还债务作为主要手段，其次利用内部留存收益去杠杆，由于我国资本市场股票增发受到严格的管制，股票增发对公司去杠杆的贡献相对较小。

由假设1，我们得到以下推论。

推论1：公司去杠杆具有路径依赖，那些初始杠杆率较低的公司也越有可能大幅降低杠杆率，短期内也越有可能进行财务柔性储备。

假设2：短期内公司通过配置更多的金融资产可实现杠杆率下降，但是当公司持有过多的金融资产会降低主动去杠杆动机。

进一步假设 $K=1$，则短期内公司杠杆率变动有如下关系：$D_{t+1}=D_t+\Delta D_t$，$E_{t+1}=E_t(1+r)+\Delta E_t+\Delta RE_t(1+r)$，其中 $\Delta RE_t=(r_{F,t}F_t+r_{B,t}B_t)g_t$，同时令公司市场总价值为 $MV_t=D_t+E_t$，短期内杠杆率调整满足：

$$\frac{\mathrm{ML}_{t+1}}{\mathrm{ML}_t}=\frac{\dfrac{D_{t+1}}{D_{t+1}+E_{t+1}}}{\dfrac{D_t}{D_t+E_t}}=\frac{D_{t+1}}{D_t}\times\frac{D_t+E_t}{D_{t+1}+E_{t+1}},$$ 将已知条件代入整理后得到：

$$\frac{ML_{t+1}}{ML_t} = \frac{\left(1+\frac{\Delta D_t}{D_t}\right)}{\left[1+\frac{\Delta E_t+\Delta D_t+E_t r}{MV_t}+\left(\frac{F_t}{MV_t}r_F+\left(1-\frac{F_t}{MV_t}\right)r_B\right)g_t(1+r)\right]} \quad (4.11)$$

式（4.11）说明，短期内杠杆率的变动受到债务融资变动净额 ΔD_t、新增股权融资规模 ΔE_t、公司股权收益率以及公司留存收益比率 g 等多因素共同影响，且公司持有的金融资产收益率 r_F 与金融资产配置比例 F_t/MV_t 都会影响到公司杠杆率调整。

企业持有必要的金融资产是为了更好地进行实体经济投资，是一种未雨绸缪的行为，如缓解财务困境（胡奕明等，2017）、对冲价格风险和汇率风险等。但另一些研究认为，面对实体经济投资与金融投资的收益率差异，企业选择金融投资就是为了最大化盈利，是一种投机取巧的行为（张成思和张步昙，2016）。总之，上市公司会根据市场要求合理配置资产负债结构，由于金融资产收益率总体上要大于经营资产收益率，理性的公司管理者通过将经营资产向金融资产转换来实现其去杠杆化目的，因此分母中金融资产占比（F_t/MV_t）越高，公司短期内去杠杆的调整幅度越大。同样，在均值回复的作用机制下，持有金融资产过多也将弱化公司主动去杠杆调整。特别是企业所持有的金融类资产通常是以股票和债券为基础的资产，相较于一般类型的资本投资，其波动性和风险更高，更有可能在企业面临财务困境的情况下，恶化企业的经营状况，进而增加其股价崩盘风险（张成思和张步昙，2016）。

假设3：公司去杠杆对财务风险的影响呈"U"形变化趋势，短期内增加公司财务风险，但长期内则会逐渐降低公司财务风险。

假设4：中国上市公司去杠杆化表现出结构特征，从其产权结构来看，国有产权杠杆率更高，且去杠杆幅度也越大，非国有企业去杠杆调整时间更为短暂。从地区结构来看，东部相对发达地区上市公司去杠杆对财务绩效与风险的作用机制更为敏感。

第四节 公司去杠杆：长期化典型事实

一、公司去杠杆的长期化趋势

我国上市公司在2003—2017年内资本结构经历了两次比较明显的去杠杆过程。其中在2005—2007年之前杠杆率呈下降趋势，当时由于经济发展过热，公司投资增长较快，国家实施的逆周期调节政策造成杠杆率普遍下降。但2008年金融危机之后，宏观经济经济下行，企业盈利能力恶化，在国家"四万亿"大规模经济政策刺激下导致这一阶段杠杆率逐渐攀升，2015年10月，我国开启了"强制性"的去杠杆工作，2016年之后在国家宏观政策干预下杠杆率呈现明显的整体下降过程。

（二）样本构建与数据选取

上市公司数据源自国泰安数据库2003—2017年公开披露的财务数据，并相应的：（1）剔除金融类上市公司；（2）鉴于公司资本结构的调整需要一定的时间跨度，样本中删除公司上市时间不足4年的公司；（3）为更好地衡量公司去杠杆的长期趋势，将公司杠杆率峰值之后不足3年的缺失样本剔除，即删除事件窗口观察值不足3年的公司。（4）剔除样本中异常值数据以及数据严重缺失的数据。整理后共计2 386家上市公司15年的28 099笔数据。总体上样本数据以非平衡面板形式呈现。

为了保证研究结果的稳健性，再选择账面杠杆率（BLEV）、净债务比率（NDR）和现金比率（Cash）作为替代指标来考察公司杠杆率变化趋势。其中的账面杠杆率是总债务的账面价值（短期负债和长期负债之和）与总资产账面价值的比率；净债务比率是总债务中减去现金和现金等价物之后除以总资产的比率，它是在综合考虑企业的各项负债构成的基础上衡量财务杠杆使用效率的指标，该比率越低，说明公司偿债能力越强，资金压力越低；现金比率指标是货币资金与交易性金融资产之和除以总资产的比率。通过观察表4.1可以得到如下规律。

（1）表4.1分析了2 386家样本公司去杠杆的时间变化趋势，以去杠杆时间为2年的公司为例，共有113家样本公司在2年内将杠杆率峰值（44.32）调整到谷值（10.26），约占全部样本的4.74%。从统计数据可以看出，总体上公司去杠杆化通常会是一个长期资本结构重新平衡过程，其中有将近40%的企业在峰值之后5年内完成去杠杆的调整（下降到谷值），公司去杠杆时间持续越长，杠杆率峰值也越高，去杠杆幅度也越大。对比产权结构，其中国有公司杠杆率峰值普遍高于非国有公司的数值，而在短期内（4年）完成去杠杆进程的非国有上市公司数量要明显高于国有公司数量，而一旦去杠杆时间超过5年，国有公司数量又开始明显超过非国有公司，结果说明非国有公司的去杠杆时间更为短暂。其次，从长期趋势来看，去杠杆进程为10年的国有公司杠杆率峰值中位数最大值为（75.89），且对应的账面杠杆率中位数也是最大值（58.40），这一结果也表明我国国有上市公司去杠杆进程相比国外公司 [Denis et al.（2012）、DeAngelo et al.（2016）] 的调

表4.1 公司去杠杆长期化趋势

去杠杆化时间	2	3	4	5	6	7	8	9	10	11	12	13	总
1. ML 峰值	44.32	59.95	41.31	53.26	54.05	63.79	63.80	66.09	70.72	70.96	71.85	71.85	64.23
1.1 国有 ML 峰值	65.82	73.09	71.44	67.63	67.15	72.99	72.68	69.72	75.89	72.89	71.92	71.37	72.05
1.2 非国有 ML 峰值	32.73	40.27	34.31	45.23	42.11	46.80	56.55	60.14	65.36	69.15	71.14	73.12	51.97
2. ML 谷值	10.26	14.28	7.23	8.39	7.18	6.67	7.44	5.21	6.34	7.23	6.00	6.45	7.96
2.1 国有 ML 谷值	22.29	20.79	15.31	14.58	9.59	7.54	9.22	8.64	9.06	9.93	8.84	7.63	11.7
2.2 非国有 ML 谷值	6.97	9.22	6.18	6.65	6.13	5.08	6.30	4.93	4.72	3.39	3.49	4.62	5.99
3. 去杠杆幅度	29.41	38.80	30.16	40.76	38.21	49.88	49.37	55.61	57.63	58.80	61.60	60.38	46.41
4. ML 峰值对应的 BLEV	45.10	50.36	32.65	40.59	41.14	48.60	49.20	57.99	58.40	55.35	56.52	57.33	51.51
5. ML 谷值对应的 BLEV	35.65	41.16	27.59	28.77	29.87	20.21	28.66	21.91	23.34	29.40	22.33	17.30	26.94
6. ML 峰值对应的 Cash	15.86	13.91	21.05	24.25	24.88	14.88	14.53	9.73	12.74	10.05	3.99	2.02	13.81
7. ML 谷值对应的 Cash	14.85	12.38	12.09	12.76	15.36	15.76	7.85	9.54	9.73	9.82	12.14	15.46	12.31
8. ML 峰值对应的 NDR	16.40	29.86	3.34	5.23	8.87	32.77	35.11	40.99	46.47	42.25	39.75	43.93	29.74
9. ML 谷值对应的 NDR	16.49	29.55	13.50	18.33	15.78	12.12	20.38	7.34	9.91	18.73	15.70	13.64	16.47
10. 谷值：零杠杆／去杠杆公司	0.83	2.06	2.42	2.29	2.22	4.65	4.80	8.23	12.33	14.09	17.33	37.04	9.02
11. 谷值：NDR<0／去杠杆公司	15.25	14.24	12.80	11.55	10.74	13.95	12.97	16.77	18.41	12.08	12.67	14.81	13.85
12. 国有去杠杆公司数量占比	43.55	44.07	48.73	53.07	55.80	56.97	58.75	60.33	63.00	64.77	68.67	77.78	59.27
14. 非国有去杠杆公司数量占比	56.45	55.93	51.27	46.93	44.20	43.03	41.25	39.67	37.00	35.23	31.33	22.22	40.73
15. 样本数量	884	2143	2 600	3 139	2 001	1 309	2 035	1419	2 006	3 441	2 206	1 837	28 099
16. 公司数量	113	206	316	310	187	109	154	103	141	229	148	123	2 386
17. 公司数量占比（%）	4.74	8.63	13.24	12.99	7.84	4.57	6.45	4.32	5.91	9.60	6.20	5.16	100

注：考虑到离群值的影响，表中统计数据均为中位数。其中零杠杆公司（%）含义为零杠杆／去杠杆公司（%）含义为杠杆率至1%以内且去杠杆进程为 i 年的公司数量／去杠杆时间为 i 年的公司数量。NDR<0公司数量／去杠杆公司（%）为去杠杆时间为 i 年且净负债比率小于0且去杠杆时间为 i 年的公司数量除以去杠杆时间为 i 年的公司数量。由于去杠杆时间1年及14年以后存在数据缺失，表中均未列出缺失年份相应的数据。

整时间要更长①。

（2）再观察去杠杆进程现金比率与净负债比率的长期变化趋势，现金比率最能反映企业直接偿付流动负债的能力，比值越高说明变现能力越强。总体上去杠杆降低了公司的现金比率，尤其是在短期（6年）内现金比率下降趋势比较明显、公司偿债压力较大，但随着去杠杆时间的增加（6年以上），公司现金比率开始出现明显的增加，说明长期内公司有更多的机会调整来储备现金。再以净债务比率的变动趋势为例，整体上去杠杆公司净债务比率（NDR）从峰值的29.74下降到谷值的16.47，同样一旦去杠杆时间超过6年，公司净债务比率也开始明显下降，说明长期来看公司偿债压力也大大降低。由于储存现金作为资金来源存在税收，代理成本和流动性变现等方面的优势，现金余额是财务柔性的替代来源。结果表明主动偿还债务并储备现金是公司管理决策者针对公司运营现状主动的调整过程，也是公司去杠杆化的战略决策之一。

简而言之，公司去杠杆结束后通常会呈现出较低的市场杠杆率（ML）以及较高的现金比率（Cash）以及大幅度的提高财务灵活性等特征。

二、去杠杆方式的异质性

由于杠杆率变化涉及分子和分母两方面的变化，这给实证带来一定的难度，因为杠杆率下降可能是由于主观支付债务的结果也可能由于股票市场价值的上升造成。为此，研究将做如下讨论。

（1）首先对上市公司进行子样本分类，其中第1列为全部样本公司，显示共计2 386家公司，杠杆率峰值均值为59.44。第2列为降至零杠杆的上市公司（考虑到数据的有限性，以杠杆率小于1%作为零杠杆的替代），共有256家上市公司杠杆率下降到1%以内，占全部样本的10.37%，零杠杆公司分组内最显著的特征是初始杠杆率（峰值均值为56.11）都低于其他分组内的杠杆率峰值，且去杠杆的下降幅度最大。第3列中有2 166家公司在2003—2017年间进行了去杠杆调整，占全部样本的90.78%，这些公司杠杆率平均下降了48.12。第4列中是利用权益增加方式去杠杆公司，这些公司杠杆率总体上是下降的，但是从其结构来看，分子净债务额增加（即峰值债务减去谷底债务大于零），而分母中的权益市场价值扩张，由此可以判断这一类公司去杠杆过程主要通过分母中权益价值的扩张实现的，通过这

---

① DeAngelo et al.（2016）基于美国公司数据的得出去杠杆化时间为6年左右，而Denis 和 Mekeon（2012）认为去杠杆化时间约为7年左右。

表4.2 市场杠杆率零中位数统计

项目	全样本(1)	零杠杆(2)	去杠杆(3)	权益去杠杆(4)	加杠杆(5)	国企去杠杆(6)	非国企去杠杆(7)
1. ML峰值(均值)	59.44	56.11	59.49	53.84	59.59	67.67	50.86
2. ML谷值(均值)	11.97	0.29	11.37	15.55	19.97	15.10	8.70
3. 去杠杆化幅度(均值)	39.85	54.33	48.12	38.29	-39.62	42.30	37.29
4. ML峰值对应的Cash	13.34	10.58	13.62	17.21	11.46	11.57	15.74
5. ML谷底对应的Cash	9.87	6.48	9.37	11.46	16.99	9.78	9.95
6. ML峰值对应的NDR	29.93	27.35	25.56	8.87	46.27	41.75	13.63
7. ML谷底对应的NDR	14.41	-5.01	15.81	25.01	12.36	19.53	10.91
8. 去杠杆的进程中：							
8.1 债值：($\Delta D/D$)	19.33	97.57	8.20	-67.47	79.76	29.35	9.29
8.2 峰值：$\Delta RE/(TD+MVE)$	23.51	85.17	25.58	-15.02	13.76	27.66	25.57
8.3 股票增发：($\Delta Stock/TD+MVE$)	16.95	28.06	21.39	24.67	15.49	15.99	28.35
8.4 股票增发公司占比(%)	56.88	23.83	55.22	28.07	37.27	53.19	59.63
8.5 股利增加公司占比(%)	62.84	72.62	72.32	61.39	68.09	65.60	60.59
8.6 股利减少公司占比(%)	5.85	3.80	6.02	9.40	8.09	6.57	5.26
9. 去杠杆的主要方式：							
9.1 债务去杠杆 ΔD(%)	35.76	95.38	33.91	0.00	-89.95	39.11	43.66
9.2 ($\Delta D+\Delta RE$)去杠杆(%)	46.97	96.58	44.37	11.10	-97.54	44.15	49.71
9.3 ($\Delta D+\Delta RE+\Delta E$)去杠杆(%)	48.99	97.19	46.97	21.09	-99.06	46.47	51.67
10. 公司数量	2386	256	2166	979	220	929	1241
11. 公司数量占比(%)	100%	10.73	90.78	41.13	9.22	43.63	56.37

注：表中3.2行数据假设企业去杠杆只通过偿还债务方式降低杠杆率，去杠杆过程中用名义去杠杆除以理论去杠杆得衡量未衡量未变动因素只有债务，因此公司去杠杆化理论上变成了峰值对应的债务减合值的ML(peak)表示杠杆率的峰值，ML(trough)为杠杆率的谷值。HML为杠杆率的理论谷值合，如果用HD=min[Debt(trough),Debt(peak)]表示去杠杆过程中债务数据的最低点，那么去杠杆过程中理论上杠杆率谷值则为：HML(trough)=HD/[HD+MVE(peak)]，其中MVE(peak)为杠杆率峰值年份对应的权益市场价值。总体上该比率处于0%~100%之间。表中9.1~9.3行数据计算过程具体详见[DeAngelo(2016)]附录部分。除注明外，所有数据均为中位数。

一分组将分子债务与分母权益价值对公司去杠杆的影响分离出来。数据表明有979家公司通过权益市场价值扩张来达到去杠杆调整，占到全部样本的41.13%。第5列为加杠杆的上市公司，表中显示共有220家，占全部样本公司的9.22%，其杠杆率向上调整了39.62。最后，按照所有权结构分类，国有企业去杠杆公司共有929家，占全部样本公司的38.94%，非国有企业1 241家，占比为52.01%。统计分组表明样本间去杠杆幅度方面相当大的异质性，但是总体上公司去杠杆的差异性是"天生的"，初始杠杆率较低的公司其未来杠杆率下调的概率也越高。

（2）数据显示去杠杆进程中现金比率与净债务比率都呈现下降的趋势，其中全样本公司去杠杆对应的现金比率（Cash）中位数从13.34下降到9.87，特别是零杠杆公司债务总额变动了97.57%，且该样本组内净负债比率降为负值（−5.01），结果表明零杠杆公司清偿全部债务，储备现金柔性的动机也最为强烈。公司财务柔性是企业灵活调配财务资源以应对环境不确定的综合能力，作为转轨经济国家，我国上市公司面临的融资约束和市场风险相对较高，财务柔性对公司正常经营活动更具有重要意义。公司通过保持低于预期水平的负债来获得财务柔性，统计结论为公司去杠杆获取柔性提供了直接证据，同时也表明公司偿还债务和储备现金余额的决策不是随机的外生冲击而是公司主动决策的结果。

（3）表4.2列出了上市公司去杠杆进程偿还债务、增加内部留存收益与增发股票等三种方式的变化率。①从全样本来看，去杠杆过程中公司债务总额下降了19.33%（峰值总债务减去谷值总债务再除以峰值的总债务，$\Delta D/D$），留存收益增加值（ΔRE）与公司峰值年份市场总价值（公司债务+权益市场价值）之比为23.51%，公司股票增发与公司峰值市场价值之比（$\Delta E/(E+MVE)$）为16.95%。②由于第4列权益去杠杆公司债务总额是增加的，因此样本公司实际上债务变化率为−67.47%，且留存收益增加值与峰值年份市场价值之比为−15.02%，说明这类公司去杠杆化主要是由于增加的留存收益贡献的。统计结果为留存收益与公司去杠杆化之间建立了经验联系：企业增加内部留存收益通常意味着更高的总股本价值，进而内生的降低了公司杠杆率。

（4）借鉴 DeAngelo 和 Roll（2016）的研究方法测算我国上市公司三种方式对公司去杠杆化贡献，这三种主动式去杠杆能够更准确地反映出去杠杆化的性质。①全样本公司通过债务下降原因导致公司去杠杆占到了35.76%，这也是造成杠杆率下降的最大原因。通过债务偿还、留存收益两种方式对去杠杆进程贡献了46.97%。而债务偿还、留存收益与公司股票增发三种方式合计解释了48.99%的公司去杠杆。②第4列为通过扩张权益价值去杠杆的公司分组，其中清偿债务方式对公司去杠杆的贡献率为0%。而通过增加留存收益方式解释了11.10%的公司去杠杆，而留存收益与股票增发方式合计解释21.09%的公司去杠杆。根据我国上市公司再融资监督管理办法，企业的股权再融资资格、时间、数量等都受到证监会的严格管制。此外，外部投资者通常都会把新股票的发行看作是企业质量恶化的信号，相应的低估它们的市场价值，因此上市公司选择增发股票这种主动去杠杆方式的规模较小。③第4列利用权益去杠杆的公司中有61.39%的公司选择增发股利，明显低于其他去杠杆分组公司的派发股利占比，同样的，该分组公司选择减少股利的比例为9.40%，也明显高于其他分组数值。结果对比表明，去杠杆化的速度和规模会受到管理决策的影响，股利支付政策也正是公司管理者主动去杠杆的重要考虑因素，管理者通过股利分配政策决策来干预留存收益比率和时间，进而再影响去杠杆化的速度和规模。

三、去杠杆进程中的资产负债结构转换

参考Penman等（2001）、Penman（2009）等研究思路，根据上市公司报表科目，金融资产选择范围主要包括交易性金融资产、衍生金融资产、短期投资净额、应收利息净额、可供出售金融资产净额、持有至到期投资净额、投资房地产净额、买入返售金融资产净额和长期股权投资净额等9项。金融资产收益包括利息收入、扣除对联营企业和合营企业的投资净收益、公允价值变动损益（3项）。经营资产收益率则利用企业净利润扣除相关的金融资产收益再与经营资产（总资产中扣除金融资产）的比值进行测算。通过观察表4.3中数据可以得到如下结论。

（1）公司峰值对应的金融资产与总资产占比的中位数基本在20%以上，而杠杆率谷值相应的金融资产份额在50%左右（加杠杆公司除外），去杠杆化导致金融资产份额增加的趋势非常明显。相对的，公司经营资产份额却在去杠杆进程中显著下降（全部样本下降了30%左右），由此可判断，去杠杆进程导致了公司资产结构转换，基于金融渠道的利润累积逐渐成为企业盈利的主导模式。其次，从负债端来看，去杠杆进程中峰值对应的银行贷款与总负债占比为44.86%，谷值这一占比降至38.91%，其余子样本分组内（零杠杆公司除外）这一占比也基本上都在38%左右。此外，总负债结构中商业信用占比由峰值的31.87%略有下降到30.75%，总体上变化趋势不大。再来对比产权，其中非国有公司组内资产端的金融资产占比要普遍高于国有企业，且非国有上市公司资金收益率也都明显高于国有公

司收益率，而负债端却是国有公司银行贷款占比明显高于非国有公司占比，商业信用占比又低于非国有公司占比。当前转轨经济背景下，我国商业银行发放贷款时仍然普遍存在所有权歧视，国有上市公司可获得更多的银行贷款，而非国有公司则可能面临更多的融资约束，不得不采用商业信用渠道来获得外部融资。

（2）利润是上市公司抵御市场风险的第一道经济机制，因此影响公司去杠杆调整重要因素就是资产收益率。数据表明，全样本组内去杠杆导致公司金融资产收益率由峰值的4.0%增加至谷值的7.3%，对应的经营资产收益率则由峰值3.82%降至谷值对应的2.06%。考虑到金融资产投资的周期性特征，企业管理者通过配置金融资产来实现短期的利润最大化，但实际上公司杠杆率下降普遍增加了金融资产与经营资产收益率的波动性（谷值收益率标准差都相应的大于峰值对应的数据），而且经营资产收益率的标准差变动相对幅度更大。当企业预期未来可能存在较多投资机会和面临财务困境时，理性的公司投资者会主动通过配置变现能力强的金融资产缓解融资约束不足，尤其是当非国有公司面临较大的融资约束限制时，通过持有更多的金融资产来预防风险的动机更为强烈。撇开资产处置本身或新投资的价值变化，公司资产出售或资产结构转换并不一定导致杠杆率变化，但出售资产这部分资金却可视为公司偿还债务、获取现金的来源。进一步的，如果公司通过资产结构转换产生不同的收益率水平，进而会影响到公司留存收益，最终在转增资本之后也会带来更多的权益市场价值。

总之，追逐金融投资的高回报率可能是我国公司去杠杆进程中脱实向虚的主要动机，而缓解融资困境是相对次要的动机。虽然金融资产持有份额增加降低了企业杠杆率，但在结构性"去杠杆"进程中，需要特别关注企业对金融渠道获利的过度依赖，企业过度金融化的路径依赖将不利于宏观层面的去杠杆。

表4.3 结构性去杠杆与资产负债结构变化

资产负债结构	全样本（1）	零杠杆（2）	去杠杆（3）	加杠杆（4）	国企去杠杆（5）	非国企去杠杆（6）
1. 资产结构变化						
1.1 峰值金融资产占比	23.69	25.07	23.09	28.0	21.35	26.61
1.2 谷值金融资产占比	52.06	72.25	53.15	35.67	50.17	54.13
1.3 去杠杆金融资产变动幅度	-129.9	-239.9	-161.4	40.56	-141.3	-117.4
1.4 峰值经营资产占比	80.50	81.0	80.83	79.12	82.76	77.83
1.5 谷值经营资产占比	48.96	18.84	47.75	68.51	51.41	47.7

续表

资产负债结构	全样本（1）	零杠杆（2）	去杠杆（3）	加杠杆（4）	国企去杠杆（5）	非国企去杠杆（6）
1.6 去杠杆经营资产变动幅度	13.87	78.35	0.16	68.67	24.9	−1.06
2. 负债结构变化						
2.1 峰值银行贷款/负债占比	44.86	44.96	44.96	43.42	46.74	40.77
2.2 谷值银行贷款/负债占比	38.91	51.03	38.81	37.89	39.85	37.51
2.3 去杠杆银行贷款变动幅度	60.74	99.77	58.7	65.26	54.24	67.91
2.4 峰值商业信用/负债占比	31.87	28.79	32.71	23.88	28.0	34.98
2.5 谷值商业信用/负债占比	30.35	8.05	30.45	31.95	27.71	34.30
2.6 去杠杆商业信用变动幅度	49.70	99.98	37.49	77.59	49.29	51.71
3. 资产收益率变化						
3.1 峰值金融资产收益率均值	4.00	10.79	3.66	2.96	1.69	8.73
3.2 谷值金融资产收益率均值	7.32	11.58	7.41	4.48	4.85	9.66
3.3 峰值经营资产收益率均值	3.82	1.90	3.77	4.66	2.86	5.53
3.4 谷值经营资产收益率均值	2.06	−0.42	1.35	9.99	1.93	2.36
4. 收益率波动性						
4.1 峰值金融资产收益率标准差	1.72	1.97	1.64	2.20	1.80	1.57
4.2 谷值金融资产收益率标准差	2.36	2.86	2.48	1.46	2.34	2.36
4.3 峰值经营资产收益率标准差	2.71	9.16	2.59	3.01	2.21	3.47
4.4 谷值经营资产收益率标准差	5.70	26.31	5.91	3.65	4.97	7.00
5. 资产/负债比						
5.1 峰值金融资产/总负债	0.41	0.36	0.41	0.40	0.32	0.56
5.2 谷值金融资产/总负债	1.78	88.70	1.7	1.24	1.46	2.20
5.3 峰值经营资产/总负债	1.46	1.38	1.48	1.26	1.38	1.60
5.4 谷值经营资产/总负债	1.78	16.41	1.72	2.03	1.61	2.05

注：金融资产变动幅度计算公式为：（峰值金融资产－谷值金融资产）/谷值对应的总资产；负债方变动幅度为（峰值银行贷款－谷值银行贷款）/谷值对应的总债务。商业信用来自公司年度财务数据，其值等于公司应付账款、应付票据与预收账款三项之和。收益率标准差计算方法为上市公司前三年收益率的滚动标准差。

四、去杠杆与上市公司财务绩效

结构性去杠杆是化解我国宏观金融风险的重要手段之一，这也是改善公司经营环境的必然选择，但是去杠杆在给上市企业带来财务绩效改善的同时，也会带来一些潜在的风险。公司财务绩效定量评价是一个比较宽泛的概念，它可由反映企业盈利能力、资产质量状况、债务风险状况等多方面的基本指标构成。研究拟从两方面分析公司去杠杆带来的财务效应：公司盈利能力与财务抗风险能力。其中盈利能力主要包括资产收益率（ROA）与股权收益率（ROE），企业财务风险选择包括Altman Z指数、公司ST数量占比等指标。具体统计结果如表4.4所示。

表4.4 去杠杆时间与公司财务绩效变动趋势

ML 峰值之后	1年	2年	3年	4年	5年	6年	7年	8年	9年	10年
ML	37.44	25.34	23.99	19.60	20.50	22.44	18.30	17.32	13.04	8.87
ROA	3.44	3.90	3.31	3.07	3.39	2.99	2.50	2.83	2.17	2.31
ROE	6.21	6.72	5.86	5.50	6.13	5.91	4.86	4.73	3.88	3.63
兼并重组公司数量	7	39	35	33	28	33	29	37	24	26
兼并公司占比（%）	0.32	1.90	1.89	2.16	2.29	3.19	3.14	4.80	3.59	4.93
ST 公司数量	30	44	29	22	30	26	18	11	7	10
ST 公司占比（%）	2.72	4.18	3.03	2.74	4.74	4.82	3.67	2.59	1.79	3.40
公司亏损占比	13.08	12.09	17.83	15.26	12.17	15.82	17.80	20.20	22.00	27.98
Z 指数	3.17	4.09	3.69	3.80	3.70	3.19	3.28	3.38	3.76	4.19

注：Altman Z 指数来自 wind 数据库。通常 Z 指数低于1.81则说明公司处于财务困境状态，发生破产的可能性很高，Z 值大于2.99一般表明公司财务状况良好，而当 Z 值介于1.81和2.675之间时说明企业的财务状况不稳定。表中以年度总资产增长率超过150%的公司代表兼并重组公司。

（1）表4.4中数据显示了公司杠杆率峰值之后相关绩效指标变化趋势，其中短期（5年）内收益率ROA与ROE都普遍高于长期收益率（5年以上），杠杆率峰值之后的第10年ROA也降至2.31，说明去杠杆对公司盈利能力短期内更具有明显提升效果，但随着去杠杆时间的增加，这种效果逐渐衰减。再来观察去杠杆对应的财务风险变化，总体上公司发生ST的数量占比在去杠杆进程呈倒U形变化，短期内（杠杆率峰值之后6年内）去杠杆导致公司发生财务困境的数量逐渐增加，第6年ST公司数量占比达到最高值4.82%，之后开始逐渐下降。再以Z指数为例，Z指数通常用来衡量公司的破产概率，Z得分越高，企业发生财务危机的概率越低。统计表明，去杠杆进程中公司财务风险Z指数呈现U形变化趋势，杠杆率峰值之后第2年Z指数取值为4.09，之后开始逐渐下降到第6年的3.19，然后Z值又升至第10年的4.19。综合来看，二者在去杠杆进程中表现出来的财务风险变动趋势基本一致。

（2）表4.5中分组考察了去杠杆进程在1~4年、5年以上以及全部去杠杆公司的财务绩效变化。其中全样本公司杠杆率峰值对应的股权收益率（ROE）中位数为4.54，谷值对应的ROE升至4.71。从去杠杆时间对比来看，短期内（1~4年）去杠杆公司的ROE中位数要高于去杠杆5年以上的公司ROE，这一规律在以ROA为指标的分组统计结果依然成立，说明公司去杠杆明显提升公司盈利能力，而且短期内的影响尤为显著。其次，公司去杠杆导致公司兼并重组数量、财务困境（ST）公司数量都明显下降，公司破产风险Z指数也显著上升。再从产权对比来看，去杠杆化的非国有公司盈利能力（ROE与ROA）普遍都高于国有企业，并且非国有上市公司杠杆率谷值对应的Z值、财务困境ST数量以及兼并重组数量都要明显优于国有公司相应的数据。最后，数据也表明经济危机期间（2008—2010年）杠杆率峰值出现的比率为54.99%，而国有上市公司这一数值要明显高于全部样本均值，可见国有上市公司去杠杆仍是政策关注的重点部门。

表4.5　去杠杆化对上市公司财务绩效

项目	全样本公司	去杠杆>5年	去杠杆(1~4年)	国企去杠杆	非国企去杠杆
1. 公司杠杆率变化					
1.1 ML 峰值	64.59	70.04	49.36	71.96	52.51
1.2 ML 谷值	7.01	5.92	9.17	9.54	5.55
2.1 加杠杆公司谷值 ROE	12.58	14.93	9.05	13.44	10.46
2.2 ML 峰值之前 1 年 ROE	5.37	6.08	7.38	4.50	6.88
2.3 ML 峰值 ROE	4.54	4.22	5.24	3.98	6.11
2.4 ML 峰值之后 1 年 ROE	5.94	5.70	6.70	5.73	6.45
2.5 ML 谷值 ROE	4.71	4.12	8.67	5.15	4.58
3.1 加杠杆公司 ML 谷值 ROA	6.91	6.41	7.21	6.57	7.60
3.2 ML 峰值对应的 ROA	2.19	1.48	3.36	1.80	2.69
3.3 ML 谷值对应的 ROA	3.77	3.22	4.42	3.84	3.79
4.1 ML 峰值亏损公司占比（%）	22.41	26.30	15.38	19.93	24.53
4.2 ML 谷值亏损公司占比（%）	18.49	20.19	13.38	13.41	22.36
4.3 加杠杆公司谷值亏损占比	4.65	—	8.11	3.03	8.70
5.1 ML 峰值对应的 Altman Z	2.01	1.70	2.02	1.71	2.79
5.2 ML 谷值对应的 Altman Z	5.69	5.31	5.68	4.10	7.41
6.1 ML 峰值发生 ST 公司占比	5.36	6.03	4.90	4.06	7.17

续表

项目	全样本公司	去杠杆>5年	去杠杆(1~4年)	国企去杠杆	非国企去杠杆
6.2 ML谷值发生ST公司占比	0.34	0.48	—	0.36	0.31
7.1 ML峰值发生兼并重组占比	3.07	2.19	6.99	3.69	3.40
7.2 ML谷底发生兼并重组占比	0.34	0.48	—	0.36	0.31
8.1 金融危机期间杠杆率峰值	54.79	55.23	41.21	61.48	47.77
8.2 金融危机期间峰值公司占比	17.68	19.90	17.02	13.87	23.10
9. 公司数量	2 057	1 037	946	929	1 241
10. 公司数量占比（%）	86.03	43.37	39.57	38.85	51.90

注：表中数据均为中位数。其中发生ST占比含义为i年内发生ST的公司数量除以去杠杆i年以内的全部上市公司。ML峰值亏损公司占比表示去杠杆化进程i年内发生ST公司且亏损的公司占全部ST公司的比重。其他计算类同。

（3）国内外学者对于财务困境一般以破产为标准进行研究，由于当前我国的破产机制仍存在不规范现象，绝大多数国内学者以ST公司作为财务困境的研究对象。借鉴这一思路，表4.6中发生ST公司去杠杆表现出来的财务绩效变化与表4.5统计结论基本上相似，但也出现一些新的特征：①去杠杆化提高了发生ST公司的股权收益率，但是这一规律只在短期内有明显的改善效果，而且主要来自国有上市公司分组内ROE的提升，长期内（大于5年）的ST公司杠杆率谷值ROE都为负数。我国上市公司管理制度规定如果公司经营连续二年亏损则要ST处理，上市资格对企业来讲是一种稀缺资源，一旦公司被特别处理短期内唯有通过改善公司业绩或资产重组等手段保住"壳"资源，因此，"退市"压力下去杠杆对ST公司绩效影响在短期内更有效。但是对于非国有的ST公司，由于缺少政府隐性担保，公司将面临更加严格的融资约束问题，自身也很难通过有效方式来改变公司业绩。②再以公司破产概率Z指数为例发现，短期内ST公司杠杆率谷值对应的Z指数具有明显的增加趋势，而长期内（超过5年以上）公司无明显的改善现象。此外，统计数据还发现，发生财务困境的公司去杠杆会储备更高现金比率，这一点在国有上市公司分组内体现得更明显。

2015年12月国务院常务委员会会议上提出对持续亏损3年以上且不符合结构调整方向的僵尸企业采取资产重组、产权转让、关闭破产等方式"出清"。表中数据说明，一方面公司资本结构对财务绩效影响长期具有稳定性，那些发生ST的公司，长期内公司财务绩效多数也为亏损状态。另一方面，短期内只有国有的ST公司可以快速地提升公司盈利，国有企业最大的特征在于可获得政府补助，而这又和国企承担着政治和社会功能，公司治理结构不完善等深层次问题挂钩。由于预算软约束，地方政府要维持本地较差业绩国有上市公司的上市地位，长期内则导致僵尸企业数量呈现逐年累加趋势。因此，要从根本上改变现状还需要加快完善国企的公司治理结构、消除国企预算软约束等制度性问题入手。

表4.6 财务困境公司去杠杆与公司财务绩效

公司财务绩效	ST公司 去杠杆（1~4年）	ST公司 去杠杆（≥5年）	国有ST公司 去杠杆（1~4年）	国有ST公司 去杠杆（≥5年）	非国有ST公司 去杠杆（1~4年）	非国有ST公司 去杠杆（≥5年）
1. ML峰值	77.49	74.28	74.02	76.08	78.61	73.7
2. ML谷值	7.94	2.74	8.65	3.31	2.18	2.48
3. 加杠杆ML谷值	3.97	19.02	25.28	19.02	3.24	13.61
4. ML峰值Cash/TA	3.72	3.4	3.04	2.93	12.11	3.4
5. ML谷值的Cash/TA	13.8	22.4	13.8	23.83	10.76	7.71
6. ML峰值的ROE	2.95	2.63	0.72	0.59	12.53	4.05
7. ML峰值后1年ROE	3.44	2.09	7.88	−1.71	−13.55	2.91
8. ML谷值ROE	6.51	−0.04	17.0	−0.65	−7.89	−0.04
9. 去杠杆进程中						
9.1 债务变动率	81.22	76.05	75.51	76.86	82.28	75.04
9.2 留存收益/市场价值比	23.74	37.62	14.58	42.45	23.94	35.29
10. 峰值亏损公司占比	12.50	10.84	6.90	7.04	18.52	14.58
11. 谷值亏损公司占比	—	2.10	—	1.41	—	2.78
12. 峰值Altman Z	−2.76	−0.15	−1.9	0.50	−3.59	−1.13
13. 谷值Altman Z	11.03	0.36	13.43	0.23	10.12	0.52
14. 发生ST公司数量	56	286	29	142	27	144
15. 发生ST公司占比	5.92	23.37	10.43	21.81	4.04	25.13

注：表中发生ST占比含义为 i 年内发生ST的公司数量除以去杠杆 i 年以内的全部上市公司。ML峰值亏损公司占比表示去杠杆化进程 i 年内发生ST公司且亏损的公司占全部ST公司的比重。其他计算类同。

第五节 主动去杠杆与公司财务绩效的PSM检验

上市公司自身是否进行去杠杆调整具有非随机性，如2018年中央财经工作会议强调去杠杆的重点为地方政府和国企部门。所以针对非随机的样本直接进行估计将产生样本选择性偏差与内生性问题,通过传统计量模型估计就有可能低估公司去杠杆对财务绩效影响。

一、PSM 计量模型设定

研究利用倾向得分匹配法解决样本选择偏误与模型内生性问题,该方法的具体思路是通过 PSM 匹配模型就创造了一个随机实验条件,使两组样本的结果变量可以看作是同一个体的两次不同实验(主动去杠杆和不主动去杠杆)结果,其结果变量差值即为公司去主动杠杆的净效应。该方法的具体步骤是:首先,将研究对象分为两组,主动去杠杆公司(处理组)与未进行去杠杆调整公司(控制组),并选取影响公司去杠杆的关键变量 X,建立 Logit 模型计算出各个公司去杠杆化的概率,即倾向得分值。其次,针对样本的倾向性得分,选择与发生去杠杆公司倾向得分最为接近的样本作为控制组样本进行匹配。最后,以匹配成功后(即综合特征最相近)的控制组公司的结果作为处理组公司的反事实结果。

本书研究的去杠杆为公司主动对资本结构的调整,因而就排除经济周期等外部宏观环境的随机冲击。基于这一思路,研究首先借鉴 Denis 等(2012)所设定的主动负债筛选办法来对主动去杠杆化进行定义。通过设置变量 $\Delta ATD_{i,t}$ 与 $\Delta TD_{i,t}$ 两个变量进行辅助筛选,其中 $\Delta TD_{i,t}$ 视为公司实际债务变化量,$\Delta ATD_{i,t}$ 为用总资产校正后的理论债务变化量。公司 i 在 t 年时的总负债为 $TD_{i,t}$,总资产记为 $TA_{i,t}$。通过总资产的变化对总负债的变化进行校正,于是有:

$$\Delta TD_{i,t} = TD_{i,t} - TD_{i,t-1} \quad (4.12)$$

$$\Delta ATD_{i,t} = TD_{i,t} - TD_{i,t-1}(TA_{i,t}/TA_{i,t-1}) \quad (4.13)$$

为了分离出主动去杠杆的公司,再补充如下条件:①要求实际债务变化的绝对值要超过经总资产校正理论值的90%,即:$|\Delta TD_{i,t}| > |0.9\Delta ATD_{i,t-1}|$,且要求公司债务总额呈下降趋势,$\Delta TD_{i,t}$ 和 $\Delta ATD_{i,t}$ 均小于零(条件1)。②由于公司债务额的变动可能来自于公司兼并、重组等行为,所以为了分离出兼并重组的影响,实证研究要求资产负债表上总负债的减少额至少有80%可以在现金流量表上识别,即现金流量表中筹资活动产生的现金流入大于$0.8\Delta TD_{i,t}$(条件2)。③筛选变量时还要求在公司市场杠杆率(ML)必须存在三年连续下降的情况(条件3)。④公司去杠杆进程中均无 ST、*ST 和 PT 等出现。(条件4)。按照这一标准筛选出来的公司视为主动债务去杠杆(Del_TD),并将其杠杆率峰值降至谷值的所有年份数值标记为1,其余年份或不符合上述条件的其他公司标记为0。经过筛选后

符合条件的主动债务去杠杆公司共有500家，3 798笔数据。

按照同样规则再定义主动留存收益去杠杆公司（Del_RT），具体包括：①公司去杠杆进程有留存收益增加额大于经总资产校正理论值的90%，即按照式（4.12）、式（4.13）得到 $|\Delta RT_{i,t}| > |0.9\Delta ART_{i,t-1}|$，且要求留存收益增量为正，即增量 $\Delta RT_{i,t}$ 与 $\Delta ART_{i,t-1}$ 均大于0（条件1）。②公司去杠杆进程中总债务增加（即峰值对应的债务额小于谷值对应的债务额），且所有者权益市场价值（MVE）三年内持续增加（条件2）；③实证研究将年度总资产增长率超过100%的公司作为兼并重组公司，并且要求去杠杆进程中无兼并重组等发生（条件3）。④公司去杠杆进程中均无ST、*ST和PT等出现（条件4）。经过上述标准筛选之后的公司视为主动留存收益方式去杠杆公司，并将该类公司去杠杆进程全部标记为1，其余年度以及不符合条件的其他公司取值为0。经过筛选后共有573家、3 228笔数据主动留存收益去杠杆公司。

1. 匹配变量筛选与Logit模型设置

参考Frank等（2009）、Denis等（2012）提出影响资本结构主要变量为基础，统筹选取比较有代表性的8个变量作为公司主动去杠杆的解释变量：行业平均杠杆率、金融资产占比（资产有形性）、公司盈利能力、公司总体规模、公司流动性、公司非债务税盾效应以及公司去杠杆时间，具体指标选取规则为：①行业杠杆率中位数（MedML），即按照证券公司行业分类标准，用本年度行业内所有上市公司杠杆率的中位数作为控制变量。②上市公司规模（LNTA），其数值为上市公司总资产的自然对数。③金融资产占比（Finratio），基于前面的分析，实证研究以金融资产与总资产的占比来衡量公司资产有形性。④盈利性（ROATR），为了考察公司去杠杆特征，盈利性指标选择去杠杆公司谷值对应的总资产收益率作为盈利指标。⑤公司流动性（Liq），用上市公司流动资产除以流动负债来表示。⑥成长性（Grow），成长性用主营业务收入的增长率来表示。⑦非债务税盾（Ndts），折旧和投资税减免等可作为债务税盾的替代，计算方法上用公司的年折旧额除以总资产。⑧去杠杆时间（Adjyear），利用公司杠杆率的峰值年份减去谷值所在年份表示去杠杆时间。倾向得分匹配的Logit模型设置如下：

$$P_{i,t} = P(Y_{i,t}=1|X_{i,t}) = \alpha + \beta_1 MedML_{i,t} + \beta_2 LNTA_{i,t} + \beta_3 Finratio_{i,t} + \beta_4 Grow_{i,t} + \beta_5 ROATR_{i,t} + \beta_6 Ndts_{i,t} + \beta_7 Liq_{i,t} + \beta_8 Adjyear_{i,t} + \varepsilon \quad (4.14)$$

式中，$P_{i,t}=P(Y_{i,t}=1|X_{i,t})$ 为 i 家上市公司 t 年主动去杠杆调整的条件概率，

利用上文得到的主动去杠杆虚拟变量作为被解释变量，通过比较不同分组公司的条件概率（或倾向得分）来进行匹配。依据样本公司的倾向得分值，采用"被处理单位的平均处理效应"（ATT）来估计公司去杠杆对财务绩效的影响。

$$ATT = E(Y_1|D=1) - E(Y_0|D=1) = E(Y_1 - Y_0|D=1) \quad (4.15)$$

式中，Y_1 为去杠杆公司相应的财务绩效指标，D 为政策干预变量（或处理变量），$D=1$ 表示政策干预状态。ATT 估计的难点在于，对于没有受到政策影响的控制组，无法观测其受到政策冲击时的结果，这实际上是一种"反事实"估计。进一步选择以 Tobin Q 代表公司绩效指标，该指标不仅能够反映公司预期的未来利润，而且也包括对风险的调整，可以多方面反映公司综合财务特征。此外，利用 Z 指数用来衡量公司财务风险。模型中处理组绩效指标可以直接观察到，Y_0 为控制组中（没有主动去杠杆公司）的相应指标，式（4.15）表明，可以通过测算上市公司在主动去杠杆和不去杠杆调整情况下公司绩效差值（ATT）来衡量去杠杆对公司绩效提升的净影响。

为剔除数据异常值影响，针对所选变量进行1%的数值缩尾处理。变量描述性统计结果如表4.7所示：

表4.7 匹配变量的描述性统计

变量	经济含义	计算方法	均值	标准差	极小值	极大值	数量
Q	公司绩效	（流通股市值＋负债）/总资产账面价值	2.32	2.19	0.26	13.82	27 264
Z	Z 指数	Altman Z 指数	5.93	8.29	−1.88	52.99	27 046
MedML	行业中位数	行业中位数 (ML)	30.49	17.60	6.13	72.50	28 162
LN TA	谷值资产规模	杠杆率谷底的资产规模对数	21.71	1.19	18.73	25.36	28 099
Finratio	金融资产占比	金融资产/总资产	37.25	23.67	−15.64	169.10	28 049
Liq	流动性	流动负债/流动资产	2.67	4.71	0.10	36.50	28 128
ROATR	盈利能力	谷底的总资产收益率	5.300	7.14	−26.97	26.34	27 773
Grow	成长性	主营业务收入增长率	12.13	109.40	−473.5	513.8	25 474
Ntds	税盾效应	年折旧额除以总资产	2.410	2.060	0.00	11.02	28 069
Adjustyear	去杠杆时间	峰值年份 - 谷值年份	−5.79	4.58	−14.00	10.00	28 162

资料来源：Z 指数来自 Wind 数据，其余指标来自国泰安数据库

二、实证结果分析

1. Logit 模型实证结果分析

通过样本公司主动去杠杆作为虚拟变量以 Logit 模型为基础估计倾向得分值，以此反映处理组和控制组样本的多元化匹配程度。通过估计结果可以看出表4.8（1）至（3）的 R^2 分别为0.12~0.13之间，（4）至（6）的 R^2 在0.09~0.11之间。此外，研究引入了 AUC 值作为模型判定标准，AUC 数值越高代表模型拟合效果越好。表4.8结果表明主动债务去杠杆模型 AUC 值分别为0.76左右，主动留存收益去杠杆模型 AUC 为0.73左右，说明 Logit 回归模型适用于估计样本的倾向得分值。具体估计结果如表4.8所示。

表4.8 匹配 Logit 回归结果

变量	主动债务去杠杆			主动留存收益去杠杆		
	（1）	（2）	（3）	（4）	（5）	（6）
ML_ind_med	−0.01***	−0.02***	−0.02***	−0.02***	−0.03***	−0.03***
	(−10.00)	(−12.47)	(−12.06)	(−15.75)	(−17.66)	(−16.05)
LN TA	−0.22***	−0.22***	−0.23***	0.41***	0.45***	0.48***
	(−11.94)	(−10.14)	(−10.22)	(25.12)	(23.71)	(24.07)
ROATR	0.00	−0.01**	−0.01**	0.00	−0.01**	−0.01**
	(−1.59)	(−2.34)	(−2.41)	(−1.02)	(−2.29)	(−2.24)
Grow	−0.00***	0.00	0.00	−0.00**	0.00***	0.00***
	(−4.31)	(−0.60)	(−0.70)	(−2.20)	(3.73)	(3.53)
Finratio	−0.01***	−0.00***	−0.00**	−0.01***	−0.01***	−0.01***
	(−5.03)	(−2.16)	(−2.32)	(−12.70)	(−7.81)	(−7.28)
Liq	0.01***	0.01**	0.01**	−0.05***	−0.05***	−0.05***
	−3.42	−2.24	−2.17	(−7.50)	(−5.75)	(−5.65)
Ntds	0.01	0.01	0.01	−0.10***	−0.09***	−0.07***
	−0.7	−0.58	−0.49	(−10.04)	(−7.80)	(−6.17)
Adjyear	−0.26***	−0.25***	−0.22***	−0.14***	−0.14***	−0.11***
	(−36.45)	(−30.30)	(−18.40)	(−28.09)	(−23.08)	(−10.62)
State		−0.06	−0.04		−0.46***	−0.42***
		(−1.16)	(−0.81)		(−10.26)	(−9.33)
Delyear			−0.00***			−0.00***
			(−3.94)			(−3.12)
Cons	1.29***	1.58***	2.29***	−10.03***	−10.90***	−10.73***
	−3.19	−3.41	−4.61	(−27.18)	(−23.83)	(−21.49)
地区效应	—	控制	控制	—	控制	控制
行业效应			控制			控制

续表

变量	主动债务去杠杆			主动留存收益去杠杆		
	（1）	（2）	（3）	（4）	（5）	（6）
R^2	0.12	0.12	0.13	0.09	0.10	0.11
Auc	0.76	0.75	0.76	0.72	0.72	0.73
N	25 160	17 167	17 145	25 160	17 167	17 127

注：***、**、*分别表示在1%、5%、10%水平下显著。Delyear表示去杠杆政策虚拟变量，由于我国基本在2015年国家实施去杠杆政策，Delyear虚拟变量赋值规则为2015年及以后年份数据标记为1，其余为0。

表4.8中数据表明：（1）行业杠杆率中位数与去杠杆虚拟变量估计系数在1%水平显著为负，说明公司所在行业的杠杆率越高，公司杠杆率增加的概率越大。（2）公司资产规模越大，反而越不愿意主动降低债务方式而偏好主动利用留存盈余去杠杆。（3）Finratio估计系数在1%水平显著为负数，说明上市公司金融资产占比越高，公司加杠杆的概率越大，因此资产金融化的结果实际上弱化了主动去杠杆的动机。（4）盈利性强的公司偏好主动加杠杆。（5）公司流动性强的公司主动利用降低债务方式去杠杆，而不会选择主动利用留存收益方式。（6）去杠杆进程持续时间越长，公司越有可能开始加杠杆调整。（7）是否是国有上市公司虚拟变量在留存收益去杠杆分组内1%置信水平显著为负，而去杠杆实施政策（Delyear）对主动去杠杆公司的回归系数在1%置信水平显著为负，说明尽管国家宏观经济政策2015年之后开始引导公司实施去杠杆调整，但是上市公司并没有动机主动进行杠杆率调整。

2. 平衡性与共同支撑检验

采用倾向得分匹配法需要满足两个基本条件：共同支撑假定和平行假设。如表4.9所示，在采用倾向得分值进行匹配前，通过比较各变量的均值可以发现除了主动负债去杠杆分组内金融资产占比（Finratio）不明显之外，其他各变量的均值存在显著性差异，而经过匹配后处理组和控制组变量均值的差异并不显著。此外，匹配后各变量的标准化偏差均低于5%，表明平行性假设得到有效满足，匹配具有一定效果。最后，基于匹配后样本估计的Pseudo R^2在1%水平拒绝解释变量的联合显著性，此时匹配变量对于公司是否主动去杠杆化的解释力很弱，即公司去杠杆对公司绩效提升而言是条件随机的。

表4.9 模型 PSM 平衡性检验结果

变量名称		均值		标准偏差（%）	标准偏差减少幅度（%）	T 统计量	显著性
		处理组	对照组				
Panel A：主动债务去杠杆							
ML_med	匹配前	27.72	29.35	-10.00	95.20	-4.55	0.00
	匹配后	27.72	27.64	0.50		0.18	0.86
LN TA	匹配前	21.46	21.76	-25.00	95.70	-12.11	0.00
	匹配后	21.46	21.48	-1.10		-0.40	0.69
ROATR	匹配前	4.21	5.45	-18.40	98.30	-8.48	0.00
	匹配后	4.21	4.19	0.5		0.11	0.91
Grow	匹配前	0.62	13.72	0.30	95.80	-5.69	0.00
	匹配后	0.62	0.07	0.50		0.17	0.87
Finratio	匹配前	37.09	37.87	-3.20	95.60	-1.56	0.12
	匹配后	37.09	37.13	-0.10		-0.05	0.96
Liq	匹配前	2.97	2.61	7.00	47.30	3.63	0.00
	匹配后	2.97	3.15	-3.70		-1.16	0.25
Ntds	匹配前	2.55	2.44	5.10	95.30	2.55	0.01
	匹配后	2.55	2.56	-0.20		-0.09	0.93
Adjyear	匹配前	-9.07	-5.65	-91.00	99.70	-38.02	0.00
	匹配后	-9.07	-9.06	-0.30		-0.13	0.89
Pseudo R^2	匹配前			0.125			
	匹配后			0.000			
Panel B：主动留存收益去杠杆							
ML_med	匹配前	26.53	29.58	-18.50	85.00	-9.32	0.00
	匹配后	26.53	26.07	2.80		1.20	0.23
LNTA	匹配前	22.21	21.65	50.50	92.80	25.55	0.00
	匹配后	22.21	22.17	3.60		1.47	0.14
ROATR	匹配前	4.93	5.38	-7.10	84.30	-3.37	0.00
	匹配后	4.93	4.86	1.10		0.47	0.64
Grow	匹配前	16.72	11.63	5.20	99.20	2.42	0.02
	匹配后	16.72	16.68	0.00		0.02	0.99
Finratio	匹配前	34.10	38.35	-19.00	94.40	-9.39	0.00
	匹配后	34.10	33.86	1.10		0.45	0.65

续表

变量名称		均值		标准偏差（%）	标准偏差减少幅度(%)	T统计量	显著性
		处理组	对照组				
Liq	匹配前	1.72	2.79	−28.10	98.20	−11.83	0.00
	匹配后	1.72	1.70	0.50		0.41	0.68
Ntds	匹配前	2.37	2.46	−4.70	97.70	−2.33	0.02
	匹配后	2.37	2.37	−0.10		−0.04	0.97
Adjyear	匹配前	−6.45	−5.96	−12.30	91.30	−5.79	0.00
	匹配后	−6.45	−6.40	−1.10		−0.45	0.65
Pseudo R^2	匹配前	\multicolumn{6}{c}{0.097}
	匹配后	\multicolumn{6}{c}{0.000}

为了比较匹配前后处理组和控制组倾向得分值的差异性，研究也绘制了相应的核密度函数图，与图4.1、图4.3相比，图4.2与图4.4中处理组和对照组样本的倾向得分区间具有相当大范围的重叠（共同支撑域），表明大多数观察值在共同取值范围内，进而验证了各匹配变量选取的合理性。

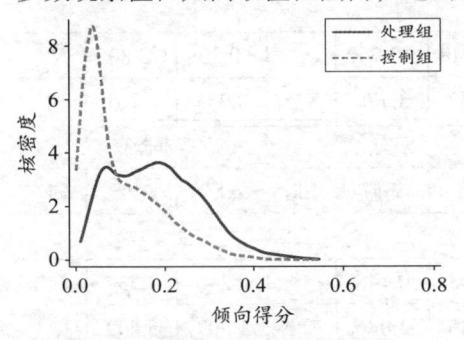

图4.1　主动债务去杠杆样本匹配前

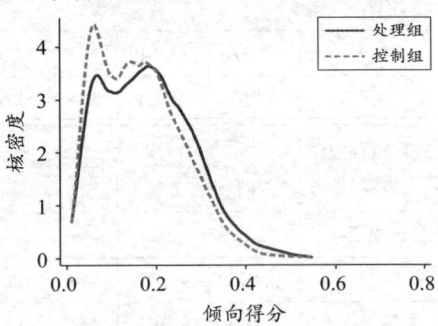

图4.2　主动债务去杠杆样本匹配后

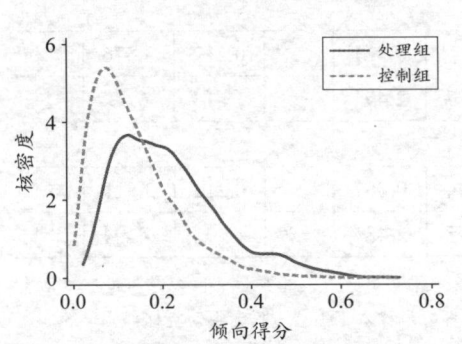

图4.3　主动留存收益去杠杆样本匹配前

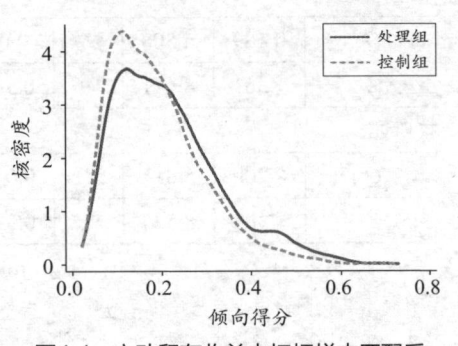

图4.4　主动留存收益去杠杆样本匹配后

3. PSM 匹配结果对比

在确保匹配样本较好地满足了条件独立分布和共同支撑条件后，本章依据式（4.15）估计出结构性去杠杆对公司绩效与破产概率等平均处置效应。为保证结果的稳健性，以最近邻匹配、半径匹配、核匹配三种方法对处理组和控制组样本进行配对分析，并核算各匹配方法的 ATT 值。具体结果见表4.10。

表4.10 主动去杠杆公司的 PSM 匹配结果

主动债务去杠杆		全样本			国有			非国有		
		ATT	T值	Sig	ATT	T值	Sig	ATT	T值	Sig
最近邻匹配										
	Q	−0.289	−5.112	***	−0.066	−1.084		−0.397	−4.03	***
	Z	0.458	2.162	**	0.582	2.953	***	0.806	2.077	**
半径匹配										
	Q	−0.29	−6.39	***	−0.075	−1.503		−0.409	−5.201	***
	Z	0.613	3.36	***	0.591	3.348	***	0.719	2.157	**
核匹配										
	Q	−0.228	−4.949	***	−0.048	−0.962		−0.308	−3.805	***
	Z	0.763	4.161	***	0.662	3.779	***	0.933	2.761	***
主动留存收益去杠杆		全样本			国有			非国有		
		ATT	T值	Sig	ATT	T值	Sig	ATT	T值	Sig
最近邻匹配										
	Q	0.196	4.297	***	0.008	0.148		0.245	3.737	***
	Z	1.397	8.065	***	0.485	3.086	***	1.503	5.642	***
半径匹配										
	Q	0.189	4.508	***	0.05	0.961		0.217	3.576	***
	Z	1.361	8.441	***	0.382	2.491	**	1.614	6.53	***
核匹配										
	Q	0.209	5.017	***	0.044	0.867		0.212	3.511	***
	Z	1.363	8.525	***	0.375	2.481	**	1.591	6.494	***

注：***、**、* 分别表示在1%、5%、10%水平下显著。其中最近邻匹配是为每个主动去杠杆样本寻找倾向得分与之最接近的 5 个非去杠杆公司样本，该样本作为主动去杠杆公司的匹配样本；半径匹配需要设定半径值 r，通过将控制组内所有样本的倾向得分值与去杠杆公司的倾向得分值进行比较，挑选出匹配程度低于半径0.01的匹配对象；③核匹配则通过对所有控制组样本进行加权平均的方法构造与控制组样本倾向得分值最为接近的虚拟样本进行匹配。

实证结果表明：(1)无论是国有上市公司还是非国有公司，通过主动清偿债务去杠杆方式至少在5%置信水平提高了Z指数，即降低了公司破产概率。此外，主动债务去杠杆方式也在1%置信水平显著降低了上市公司的财务绩效（Q），但是这种影响主要来自非国有上市公司组内，国有公司主动债务去杠杆对公司Tobin Q的影响则不显著。(2)全样本估计结果表明公司主动留存收益去杠杆的平均处理效应都在1%置信水平显著增加了公司绩效（Tobin Q）以及公司经营稳定性（Z指数），但对比产权因素后发现，只有在非国有上市公司分组内的平均处理效应在1%置信水平显著，同样的，国有公司主动利用留存收益去杠杆并不能影响公司的财务绩效（Q），二者没有必然的因果联系。

三、稳健性分析

为深入研究公司主动去杠杆对其财务绩效的影响是否存在时间与空间方面的异质性，研究还进一步将上市公司按照所属地区、去杠杆时间进行分组检验，表4.11、表4.12给出了不同分组内公司主动去杠杆对财务绩效的影响。

（1）分地区估计结果表明，东部与中部等经济相对发达地区的上市公司主动债务去杠杆方式会明显提高公司的经营稳健性（即破产风险Z指数ATT值在1%置信水平显著为正）。核匹配结果表明东部与中部地区的公司主动债务去杠杆可以提高Tobin Q值（但系数仅在10%置信水平显著）。对比来看，西部地区公司主动利用债务去杠杆对财务绩效的影响均不显著。(2)不同地区分组内公司留存收益去杠杆带来的财务绩效不同，经过样本最近邻匹配、半径匹配与核匹配之后，仅在东部地区组内发现上市公司留存收益去杠杆方式能明显改善公司运营绩效，降低公司财务破产风险。对比来看，中部与西部所在地区的上市公司留存收益去杠杆却导致公司财务绩效Tobin Q显著下降，尤其是西部地区留存收益去杠杆对公司破产风险Z指数的平均处理效应在1%置信水平显著为负，说明这一地区内的公司留存收益去杠杆实际上明显带来公司财务风险的上升。

我国幅员辽阔，地区之间表现出较大的差距，其中东部地区凭借技术、管理以及市场方面的优势，获取了国内大部分金融机构信贷资金投放；而西部地区则由于中央政府的政策倾斜及其东部地区产业的转移，其政府债务更多的属于被动的加杠杆过程。总体上，由于西部省份大多数财政收入相对有限，一旦受到外部冲击，在抵押物价值变动规律的作用下，债务风险的"顺周期"效应在这些地区体现得更明显。同样当政府对长期投资、信贷投放的行政干预一定程度替代了市场决策，必然会伤害市场利益主体，损害经济发展效率，从而助长了信贷风险的扩张。

表4.11 分地区稳健性检验

主动债务去杠杆		东部			中部			西部	
		ATT	T值	Sig	ATT	T值	Sig	ATT	T值	Sig
最近邻匹配	Q	0.06	0.963		0.044	0.671		0.006	0.061	
	Z	0.575	2.75	***	0.864	3.944	***	0.205	0.571	
半径匹配	Q	0.013	0.241		0.036	0.625		−0.065	−0.702	
	Z	0.549	2.859	***	0.788	4.014	***	0.147	0.449	
核匹配	Q	0.095	1.703	*	0.099	1.708	*	0.046	0.49	
	Z	0.793	4.109	***	0.838	4.188	***	0.508	1.553	
主动留存收益去杠杆		东部			中部			西部		
		ATT	T值	Sig	ATT	T值	Sig	ATT	T值	Sig
最近邻匹配	Q	0.162	2.612	***	−0.227	−2.017	**	−0.617	−4.444	***
	Z	0.43	2.151	**	−0.048	−0.144		−0.303	−1.166	
半径匹配	Q	0.155	2.737	***	−0.241	−2.407	**	−0.635	−5.542	***
	Z	0.294	1.542		−0.131	−0.428		−0.863	−3.227	***
核匹配	Q	0.146	2.587	***	−0.241	−2.446	**	−0.62	−5.547	***
	Z	0.192	1.016		−0.189	−0.63		−0.905	−3.564	***

注：***、**、*分别表示在1%、5%、10%水平下显著。

（2）从时间分组对比来看，首先，最近邻匹配估计表明短期（4年）内主动债务去杠杆的公司 Tobin Q 值在5%置信水平显著为负，说明短期内债务去杠杆方式会造成公司绩效下降，而长期内三组匹配估计结果都显示主动债务去杠杆提升了公司绩效与降低了破产风险。由于去杠杆初期会发生大量的债务减记、债务重组与债务核销等行为，推动坏账率骤然上升并且引发恐慌，进而引发资产集体抛售和资产价格大幅下跌的后果，再加上大量企业和金融机构破产，因而去杠杆初期难免会出现经济增长的下滑。其次，从主动留存收益去杠杆的估计结果来看，短期内公司主动利用留存收益去杠杆在5%置信水平提升公司绩效、降低了公司财务风险，而长期内去杠杆只明显降低了公司破产概率，而对公司价值的影响不显著。

表4.12 分时间稳健性检验

主动债务去杠杆	去杠杆≤4年 ATT	T值	Sig	去杠杆>4年 ATT	T值	Sig
最近邻匹配						
Q	−0.181	−2.389	**	0.209	2.114	**
Z	−0.024	−0.086		1.246	3.935	***
半径匹配						
Q	−0.119	−1.755	*	0.176	1.984	**
Z	−0.217	−0.85		1.178	3.98	***
核匹配						
Q	−0.10	−1.483		0.221	2.501	**
Z	−0.28	−1.109		1.261	4.29	***
主动留存收益去杠杆	去杠杆≤4年 ATT	T值	Sig	去杠杆>4年 ATT	T值	Sig
最近邻匹配						
Q	0.213	2.669	***	−0.041	−0.73	
Z	0.657	2.253	**	0.438	2.351	**
半径匹配						
Q	0.22	2.97	***	−0.059	−1.155	
Z	0.597	2.201	**	0.418	2.339	**
核匹配						
Q	0.275	3.732	***	−0.064	−1.281	
Z	0.684	2.54	**	0.366	2.082	**

注：***、**、* 分别表示在1%、5%、10% 水平下显著。

四、机制检验

前文证明了公司主动去杠杆与企业绩效的相关关系，那么是什么原因导致这一现象的产生？换言之，公司主动去杠杆是怎样影响企业财务绩效变动，这其中的传导机制是什么？研究认为主动式去杠杆目的在于获取财务柔性，特别在经济不确定环境下，企业通过储备财务柔性可以有效避免外部环境的冲击，把握未来有利的投资机会。研究选择从公司财务柔性视角验证这一影响机制，描绘财务柔性在很多，研究按照公司融资渠道，考虑到相关变量应具备代表性特征后选取：（1）公司现金柔性（FL1）为现金与总资产之比，即利用公司现金流量表中经营活动产生的净现金流除以总资产表示现金持有所具备的柔性价值。(2)外部融资中选择将企业应收账款与销售收入占比(FL2)作为财务柔性的指标,该指标本质上能够反映企业在与供应商的讨价还价中所处的地位,某种程度上代表现金管理效率与企业经营状况。(3)利息支出与公司净利润之比(FL3)作为外部财务柔性的代理变量,该项指标反映的是公司外部融资成本。分别采用上述3种指标来度量企业的财务柔性,实证结果如表4.13所示。

表4.13 作用机制检验

主动债务去杠杆	全样本			国有			非国有		
	ATT	T值	Sig	ATT	T值	Sig	ATT	T值	Sig
最近邻匹配									
FL1	0.866	2.504	**	0.538	1.201		0.391	0.739	
FL2	−2.661	−2.688	***	−4.076	−3.272	***	−2.249	−1.511	
FL3	−1.009	−4.711	***	−1.048	−3.56	***	−1.184	−3.852	***
半径匹配									
FL1	0.784	2.509	**	0.648	1.614		0.677	1.425	
FL2	−3.116	−3.876	***	−4.39	−4.192	***	−2.225	−1.809	*
FL3	−1.232	−7.421	***	−0.975	−4.009	***	−1.296	−5.804	***
核匹配									
FL1	0.657	2.126	**	0.555	1.415		0.436	0.924	
FL2	−3.265	−4.048	***	−3.801	−3.678	***	−2.086	−1.694	*
FL3	−1.237	−7.413	***	−1.003	−4.195	***	−1.274	−5.7	***
留存收益去杠杆	全样本			国有			非国有		
	ATT	T值	Sig	ATT	T值	Sig	ATT	T值	Sig
最近邻匹配									
FL1	3.199	8.456	***	2.79	5.549	***	3.582	6.392	***
FL2	−1.301	−1.703	*	−4.063	−4.039	***	1.627	1.496	
FL3	−1.355	−10.066	***	−0.625	−3.601	***	−1.793	−9.367	***
半径匹配									
FL1	3.181	8.898	***	2.734	5.721	***	3.514	6.654	***
FL2	−0.944	−1.414		−4.607	−5.217	***	0.831	0.831	
FL3	−1.313	−10.577	***	−0.752	−3.967	***	−1.824	−11.023	***
核匹配									
FL1	3.116	8.807	***	2.622	5.571	***	3.478	6.665	***
FL2	−1.179	−1.797	*	−4.599	−5.36	***	0.591	0.602	
FL3	−1.41	−11.77	***	−0.96	−4.846	***	−1.844	−11.605	***

（1）表4.13中全样本匹配结果表明主动债务去杠杆方式会明显提高公司财务柔性，但基于产权分组后发现，无论是国有还是非国有公司组内都没有表现出明显的现金柔性（FL1），说明主动降低债务会影响公司的自由现金流量。此外，从FL2指标来看，主动债务去杠杆在1%置信水平降低了公司应收账款与销售收入占比，但是这种影响只在国有公司组内成立，而以5%置信水平为标准则在非国有公司组内去杠杆无法明显降低公司应收账款之比，说明非国有企业面临的融资约束更明显。

（2）主动增加留存收益去杠杆方式在全样本公司内1%置信水平显著地提升了公司现金财务柔性（FL1）、降低了公司融资成本（FL3）。但基于产权分组后表明，非国有公司去杠杆没有明显导致应收账款之比为代表的财务柔性。非国有企业因普遍面临银行信贷歧视而加剧了其环境不确定性和融资约束，从而非国有企业转向与供应商之间的商业信用作为银行信贷的替代融资方式，但是样本期间我国宏观经济不确定性上升，企业所有可利用的信用资源有限，因此，对于非国有企业而言，通过商业信用融资比通过银行借款融资更为困难，非国有公司通过商业信用渠道储备财务柔性的动机也很难实现。

总之，储备一定的财务柔性有利于企业应对环境风险，同时保持一定的融资能力来应对有利的投资机会，最终达到提升企业价值的目的。同样，在最大化股东价值的目标驱动下将使管理者更加关注短期利益，并倾向于持有短期内有利可图的金融资产而非投资实体。

第六节 进一步讨论：金融发展与公司去杠杆

金融发展的实质是金融中介和金融市场发育程度以及二者结构变化的结果。改革开放之后，我国商业银行体系经历了引资上市、放宽准入，鼓励市场化竞争等变革，资本市场20多年间也取得了长足进步，特别是2015年3月我国推出存款保险制度以及同年10月份放开金融机构存款利率上限的管制，标志着利率市场化改革取得实质性进展。与此同时还应该看到，我国金融体系具有典型的"银行主导型"特征，商业银行系统信贷额度占社会全部融资规模的70%以上，因此，金融发展在公司去杠杆过程中仍然发挥着重要作用。现有文献针对我国公司去杠杆的研究目前多集中在去杠杆的宏观调控政策评价，研究视角更偏重宏观和金融领域，对微观企业去杠杆的研究则不够深入。基于此，在供给侧结构性改革的大背景下，金融发展影响实体经济去杠杆的微观机制是什么？不同产权性质的上市公司去杠杆过程是否具有异质性？随着金融发展水平的提高，上市公司选择何种方式主动去杠杆才是最优选择？针对这些问题的研究更具理论与现实意义。

金融发展对公司去杠杆调整的影响机理至少有两个方面：首先，Holmström 等（1997）、Rajan 等（1998）研究认为金融发展降低了公司的代理成本，缓解了企业的融资约束。其次，伴随金融中介体系的发展，商业银行等将会加强信息收集和监控技术，随之带来公司资本结构调整成本的降低，这对小企业尤为显著。Faulkender 等（2006）的研究结果表明，获得信用评级的公司其杠杆率会有所提高。除此之外，随着法与金融研究领域的兴起，文献中开始关注法律制度等因素对公司融资方式的影响。Kunt 等（1999）认为在金融体系发展较好的国家，司法体系能够很好地保护债权人权利，债权人更倾向于为企业提供更多长期债务融资。Denis 等（2012）研究发现90%的债务发行是为了满足企业经营的需要，而投资机会变化是导致的杠杆增加的驱动因素，因此，公司可能不存在目标资本结构，其杠杆率变动主要取决于公司是否产生财务柔性。

中国是一个新兴的转型经济国家，某种程度上我国公司的资本结构受到外部环境、金融制度的影响更大。首先，所有权类型影响中国上市公司资本结构选择。我国绝大多数的银行是国有的，国有银行的信贷决策无法避免地受到政府指令的影响，使其信贷投放偏离利润最大化目标（方军雄，2007）。其次，商业银行在发放贷款时普遍存在所有权歧视，并由此导致了国有银行对企业尤其是国有企业普遍的预算软约束（林毅夫 等，2004）。盛明泉等（2012）检验了国有企业的预算软约束对其资本结构的影响，认为国有上市公司的预算软约束越严重，企业的资本结构调整速度也越慢。

总而言之，大量的理论和实证文献突出了外部宏观环境、行业特征及公司异质性等对公司资本结构的影响。由于采用的研究方法、实证数据不同，我国学者研究也并未就金融发展如何影响上市公司去杠杆得出一致的结论。据此，本章提出假说。

假设1：金融发展可以加速公司去杠杆化。金融发展水平越高，去杠杆幅度也越大。

假设2：提高金融发展程度，公司会选择主动增加留存收益去杠杆的方式。

假设3：产权方式不同，金融发展对上市公司去杠杆方式存在区别。国有上市公司更多的利用降低债务去杠杆，而非国有上市公司则更多的选择增加内部留存收益主动去杠杆。

一、典型事实分析

关于金融发展指标相关文献主要采用金融相关比率 M2/GDP、银行贷款总额/GDP、股票市值/GDP 等指标来衡量，这些指标选取基本上都基于宏观财务数据，但大量证据显示法律、管制及制度等都对金融发展产生明显的影响，特别是考虑到我国信贷市场普遍存在的所有权歧视以及企业预算软约束等问题，上述选择可能并不适合我国实际情况。鉴于此，本章采用王小鲁等（2017）报告提出的中国各地区金融业市场化指数来衡量金融发展差异，报告中构建的金融发展市场化指数分别涵盖了政府与市场的关系、非国有经济的发展、要素市场的发育程度、产品市场的发育程度、市场中介组织的发育和法律制度环境等五方面指标，因此该指数具有很好的综合性，可有效衡量各上市公司所属地区的金融发展水平。

1. 金融发展与公司去杠杆

表4.14将金融发展按百分位数排序分成10组，对比不同分组杠杆率的变动趋势可以发现：（1）随着金融发展水平增加，上市公司获得可贷资金增加，公司杠杆率峰值逐渐提高。另一方面，金融发展也降低了公司外部融资约束，有效缓解公司投资资金不足，随着公司预防性动机减弱，公司杠杆率谷值也逐渐降低，杠杆率下降幅度呈扩大趋势。（2）观察现金比率变动特征，金融发展在较低区间（10%~50%分组内）内公司杠杆率峰值对应的现金比率小于谷值年份数值，而当金融发展水平处于50%以上的区间内，峰值年的现金比率要大于谷值的比率，数据对比表明金融发展降低了公司现金持有比重。在金融发展水平较低的地区，信息不对称程度加深，现金流不确定性造成公司预防性动机更加强烈，这种现金积累增加了财务上的灵活性。（3）随着金融发展提高，公司对应的账面杠杆率与净债务比率也都呈现扩大的趋势，统计数据也与市值杠杆率变化趋势一致。

2. 金融发展与公司主动式去杠杆

表4.15中将金融发展指标进行排序后按20%、40%、60%和80%位置上分成五组，检验不同金融发展水平下公司去杠杆方式的异质性。其中CR（%）表示现金变动率，数据来自现金流量表中的现金及现金等价物期末余额。Debt(%)代表杠杆率从峰值降到谷底过程中债务总额的变动幅度，计算公式为公司杠杆率峰值的债务总额减去谷底的债务再除以峰值年份的市场价值。Retent（%）代表公司留存收益变动率，其中留存收益等于未分配利润与盈余公积金之和。

表4.14 金融发展分组与公司杠杆率中位数变化

分组	ML峰值	ML谷值	去杠杆幅度	ML峰值年LEV	ML谷值年LEV	ML峰值年ash	ML谷值年ash	ML峰值年DR	ML谷值年DR	数量
0%~10%	70.89	9.13	53.82	58.06	28.2	10.58	9.12	49.97	15.98	330
10%~20%	69.97	10.02	52.63	57.46	31.12	7.63	9.46	49.06	17.05	417
20%~30%	71.41	11.06	52.94	58.32	32.94	7.52	9.44	52.59	20.60	462
30%~40%	71.65	10.82	53.06	57.73	31.95	7.87	9.48	49.97	20.39	572
40%~50%	71.36	10.99	52.91	57.98	32.24	9.37	9.86	49.97	20.04	545
50%~60%	71.92	9.96	54.24	58.19	31.94	10.91	8.69	46.27	22.20	685
60%~70%	72.43	10.18	55.35	58.31	31.92	11.09	8.91	48.49	22.17	659
70%~80%	72.54	8.99	55.41	58.18	30.72	11.79	8.78	45.67	21.71	523
80%~90%	72.08	8.04	56.85	57.81	29.83	12.53	8.58	45.67	20.18	404
90%~100%	73.5	9.06	57.34	58.48	31.74	12.31	8.76	49.73	23.65	429

表4.15 金融发展对公司主动去杠杆方式的影响

分组	全样本				国有企业				非国有企业			
	CR/%	Debt/%	Retent/%	ML峰值	CR/%	Debt/%	Retent/%	ML峰值	CR/%	Debt/%	Retent/%	ML峰值
0%~20%	-2.21	20.81	-44.14	70.89	-3.15	12.04	-63.61	71.02	0.13	31.41	-35.76	68.84
20%~40%	0.01	16.67	-65.65	69.97	-1.81	14.12	-82.67	73.90	2.10	21.24	-50.89	68.93
40%~60%	0.17	19.97	-55.79	71.41	-0.99	17.89	-55.73	72.98	3.51	23.02	-57.70	69.69
60%~80%	1.04	21.56	-52.48	71.65	0.76	18.74	-54.45	72.95	2.83	25.37	-48.97	71.92
80%~100%	2.01	21.27	-62.15	73.5	0.89	18.92	-65.44	73.21	3.24	24.34	-57.70	72.03

注：变量计算公式为：CR(%) = (峰值 cash-谷值 cash)/(TD+峰值_MVE)×100；Debt(%) = (峰值 debt-谷值 debt)/(TD+峰值_MVE)×100；Retent(%) = (峰值 retent-谷值 retent)/(TD+峰值_MVE)×100。TD为总负债，峰值_MVE代表峰值年份公司股票的市场流通价值。表中报告数值均为中位数。

·第四章　结构性去杠杆推进路径——基于上市公司视角·

（1）数据显示，金融发展处于最低分组内（0%~20%组）公司去杠杆过程中现金期末余额的变化率为负，其余组内该变化率都为正数，这一变化意味着金融发展较低时公司去杠杆过程中现金余额增长较快，而超过一定阈值后，金融发展反而会降低公司持有现金的比例。对比产权因素后发现，国有公司现金余额变化率在前三组（<60%）内都为负，而非国有公司高分组内去杠杆过程中现金余额变化率则都为正值，二者区别非常明显，说明地区金融发展较低时，所有权歧视现象更加严重，现金资源更多流向了国有上市公司。

（2）数据表明，公司去杠杆过程中债务总额变化率在金融发展分组区间内都为正，留存收益变化率则都为负，且二者总体上都呈逐渐增加的趋势，说明金融发展水平提高，去杠杆公司的债务总额下降，内部留存收益则主动增加。再观察三种去杠杆方式之间的比例变化，其中最低分组内（0%~20%）现金、债务与留存收益变动率分别为-2.2%、21%与-44%，最高分组内（80%~100%）三者变化幅度变为2%、21%与-62%。由此可见，提高金融发展程度有利于资本配置的效率，可以促进信贷资金流向资产质量高、盈利能力强的公司，而这些公司也普遍内部留存收益较为充裕。因此，金融发展提高了公司利用留存收益去杠杆的比率。公司去杠杆不仅在于降低负债，从分母视角提高的自身盈利状况同样重要，如果公司整体的盈利没有实质性改善，去杠杆实际上也很难达到最终目的。

（3）以产权特征分组来看，国有上市公司杠杆率峰值普遍高于非国有企业峰值，且国有公司债务总额下降程度更大，非国有公司留存收益增长幅度更加明显。金融发展差异性会直接影响企业获得外源资金的来源和渠道，在金融市场发展程度较低的地区，信贷所有制歧视更加严重，民营等非国有企业通过信贷市场筹集资金变得更为困难，在外部融资来源不足的情况下，企业只能通过内部留存收益来融资。由于国有企业享受政府的隐形担保、行政补贴和政策扶持等优惠，即使未来遇到债务失控的情况，在预算软约束下国有企业也往往通过借新债还旧债的方式加以补救，结果就导致杠杆率峰值的持续提高。相比较国有企业，非国有上市公司受到了更加严格的银行贷款限制，外部市场淘汰机制也更为残酷。特别是在2008年金融危机影响下，国家为刺激经济而实施的一系列宽松的货币政策，而这其中央企、地方国有企业等成为获得信贷资金的主体，非国有公司不仅没有加到这种杠杆，反而在预算硬约束下，自身的杠杆率有所下降，这就造成了国有和非国有上市企业杠杆率的进一步分化。

二、计量模型设定

将公司去杠杆作为被解释变量,金融发展为解释变量,同时控制上市公司异质性特征与宏观外部环境,进行计量模型检验。根据研究目的,选择如下计量模型:

$$\Delta \text{Lev}_{y,t} = a_y + \delta \text{FD}_{y,t-1} + \sum_i r_i \times \text{corp}_{yi,t} + \sum_j \rho_j \times \text{macro}_{yj,t}$$
$$+ \sum_m k_m \times \text{FD}_{m,t-1} \times \text{interact}_{ym,t} + \varepsilon_{y,t} \quad (4.16)$$

式中,$\Delta \text{lev}_{y,t} = \text{lev}_{y,t} - \text{lev}_{y,\text{though}}$ 为公司去杠杆代理变量,表示为公司当年市值杠杆率减去样本期间内杠杆率的谷值。其中下标 y 表示所考察的样本公司,t 代表样本时间。$\text{lev}_{y,\text{though}}$ 表示公司去杠杆的目标值,基于本章研究目的,被解释变量的经济含义为上市公司朝着自身最低值的调整过程。模型中 $\varepsilon_{y,t}$ 为随机扰动项,a_y 代表个体效应,FD 为所要考察的金融发展变量,考虑到模型的内生性问题,解释变量采用滞后一期的金融市场化指数来衡量当年的金融发展程度,模型中 corp 为上市公司异质性特征变量,分别选取上市公司资产规模、资产特征、盈利能力、成长性等影响公司杠杆率的变量。macro 为宏观层面经济指标,分别选取名义 GDP 增长率、资产价格增长率及利率市场化等指标作为代理变量。

式(4.16)中 FD × Interact 是所要考察的控制变量与金融发展变量的交互项,将反映资产规模、盈利性、预算软约束等公司异质性变量相乘引入计量模型,对式(4.16)中控制变量求偏导得到 $\partial \Delta \text{LEV}/\partial \text{Interact} = r + k \times \text{FD}$,如果交互项系数 k 显著不为零,可观测控制变量作用下金融发展对公司去杠杆影响的非线性特征,这种影响被称作调节效应(或交互效应)。

三、变量选取

1. 公司微观层面的控制变量

Frank 等(2009)、Rajan 等(1995)认为影响公司资本结构的变量包括公司规模、盈利能力、有形资产比率、行业中位数负债率以及宏观经济变量等。Chang 等(2014)基于中国上市公司数据认为影响杠杆率的基本因素包括盈利能力、行业影响力、资产增长、最后控制人特征、最大股东等因素。综合已有研究成果,我们选择公司微观控制变量包括:(1)上市公司规模(TA),其数值为上市公司总资产的自然对数。(2)资产结构(Tang),资产结构用有形资产占总资产比例来表示。(3)盈利性(ROA),盈利性以公司年度资产收益率来表示。(4)成长性(Growth),成长性用主营业务收入的增长率来表示。(5)非债务税盾(Ndts),折旧和投资税减免等可作为非债务税盾的替代，计算方法上用公司的年折旧额除以总资产。（6）公司股权结构（Top10），选择上市公司前10大股东持股比例之和作为代理变量。（7）行业账面杠杆率的中位数（MedML）。

2. 宏观控制变量

（1）公司的杠杆率与经济周期变化显著相关，经济周期变量（Cyc_gdp）利用HP滤波处理方法得到GDP增长的时间序列的趋势值，再以实际GDP增长率减去趋势值。当经济实际增长率的当前值高于趋势水平，此时经济周期是扩张的，否则便认为经济周期处于下行周期。（2）选用上海沪指的增长率（Stock）来反映外部金融市场资产价格波动性和投资者避险情绪。（3）以银行净息差（Igap）作为反映我国银行业利率市场化代理变量，该指标也可以作为金融发展的宏观指标之一。（4）选择房地产销售价格增长率（Realty）代表资产价格波动。（5）控制行业虚拟变量（共10个），这些虚拟变量基本上控制了企业不变特征对于杠杆率的影响。

3. 交乘项选择

（1）已有研究认为小规模公司存在信息不对称问题以及较高的交易成本，所以更有可能面临融资约束。另外，由于上市公司中国有企业资产规模普遍要大于民营上市公司，因此，资产规模指标也可被认为是产权特征的替代变量。（2）预算软约束（Sbc）的存在会改变金融发展对公司杠杆率调整的影响，借鉴林毅夫等（2005）预算软约束计算办法，用行业内所有样本企业当年的利息支出占年初负债总额的平均值减去该企业的实际数值来衡量预算软约束。（3）肖泽忠和邹宏（2008）发现，上市公司的盈利能力与负债率之间的负相关性是因为我国盈利的公司更容易通过发行股票来筹集资金，模型也加入盈利性与解释变量的交乘项。（4）产权类型（State）与金融发展的交乘项，当最终控制人为国有控股与地方国有控股时，产区特征虚拟变量取值为1，其他情况下取值为0。变量统计性描述如表4.16所示。

表4.16 统计性描述

变量	变量含义	样本数	均值	标准差	最小值	中位数	最大值
FD	金融发展指数	12 111	8.82	2.55	0.29	8.71	14.94
TA	资产规模	12 127	21.69	1.21	18.55	21.62	25.12
Tang	资产有形化	12 147	26.69	18.73	0.14	23.45	76.52
Grow	成长性	11 169	11.14	40.25	−139.6	10.04	202.4
ROA	盈利性	11 068	3.17	6.42	−26.42	2.75	23.74

续表

变量	变量含义	样本数	均值	标准差	最小值	中位数	最大值
Ndts	税盾效应	11 980	2.39	2.06	0	1.94	11.16
Top10	10 大股东持股比例	12 150	54.12	15.85	0	54.74	99.48
Sbc	预算软约束	11 074	−0.00	4.33	−30.11	0.44	14.39
MedML	杠杆率行业中位数	12 150	52.66	7.84	30.39	53.07	75.23
Profit	盈利性	11 068	3.17	7.72	−99.83	2.76	158.1
Igap	净息差	12 150	3.69	0.34	3.27	3.60	4.54
Cycgdp	经济周期	12 150	19.05	52.45	−65.39	3.170	130.40
Stock	上证综指增长率	12 150	−3.26	5.21	−11.35	−3.21	3.22
Realty	房地产价格增长率	12 150	9.03	6.46	−1.65	7.50	23.18

四、实证结果分析

采用面板数据模型对模型6.1进行估计，同时为确保估计结果的稳健性，按照产权特征以及储备财务柔性公司进行分组检验。其中财务柔性（FL）公司是指同时满足现金柔性与债务柔性条件的公司。

（1）考虑到可能存在的多重共线性问题，对模型交乘项中的变量做了"中心化"处理，并进行了多重共线性检验。表4.17中（1）列为最小二乘法（OLS）估计结果，其中模型检验的方差膨胀因子（VIF）小于2，说明模型不存在严重的共线性问题。其余（2）至（12）列为面板数据固定效应模型估计结果，面板数据回归结果表明提高金融发展水平至少在5%置信水平显著影响了公司去杠杆调整。

（2）观察模型交乘项的调节作用。首先，表中第（1）列OLS回归中金融发展与公司产权特征系数（FD×State）估计在1%置信水平显著为负，说明产权特征强化了金融发展对公司杠杆率的作用效果，金融发展对国有公司去杠杆的作用更加明显。其次，第（2）列中金融发展与资产规模交乘项（FD×TA）回归结果在5%置信水平显著为正，说明金融发展对公司去杠杆的边际影响随着资产规模的增加而递减。通常来说上市公司资产规模越大，其杠杆率调整速度也相对较慢，因此公司规模调节效应弱化了金融发展对其去杠杆的作用效果，但这一效应在非国有上市公司子样本内（表中（7）列）体现的不明显。再次，第（3）列估计结果表明公司盈利性的调节效应（FD×ROA）同样弱化了金融发展对公司去杠杆的影响，盈利性越强的公司去杠杆的动机越弱。最后，表中第（4）列中预算软约束调节效应（FD×Sbc）弱化了金融发展对公司杠杆率的影响，预算软约束越强的

表4.17 金融发展与公司去杠杆面板数据回归

Panel 1	OLS(1)	全样本(2)	全样本(3)	全样本(4)	国有(5)	国有(6)	非国有(7)	非国有(8)	FL(9)	FL(10)	非FL(11)	非FL(12)
FD	−0.04 (−0.52)	−1.58*** (−12.24)	−1.59*** (−12.35)	−1.63*** (−12.58)	−1.71*** (−9.31)	−1.71*** (−9.44)	−1.44*** (−7.85)	−1.46*** (−7.92)	−0.22** (−2.55)	−0.22** (−2.55)	−1.55*** (−11.69)	−1.57*** (−11.83)
FD×State	−0.75*** (−3.34)	—	—	—	—	—	—	—	—	—	—	—
FD×TA	—	0.66*** (2.72)	—	—	1.66*** (4.88)	—	−0.19 (−0.55)	—	0.84*** (2.84)	—	0.56** (2.24)	—
FD×ROA	—	—	0.12*** (6.39)	—	—	0.19*** (6.32)	—	0.07*** (2.65)	—	0.02* (1.72)	—	0.11*** (5.30)
FD×Sbc	—	—	—	0.13*** (3.72)	—	0.14*** (3.03)	—	0.08 (1.44)	—	0.02 (0.65)	—	0.08** (2.17)
Sbc	−0.49*** (−12.83)	−0.24*** (−6.87)	−0.23*** (−6.76)	−0.26*** (−7.42)	−0.30*** (−6.28)	−0.32*** (−6.53)	−0.15*** (−2.93)	−0.16*** (−3.12)	0.08** (2.28)	0.05 (1.32)	−0.24*** (−6.59)	−0.25*** (−6.79)
行业效应	控制	控制	控制	控制	控制	控制	控制	控制	控制	控制	控制	控制
VIF	1.52	—	—	—	—	—	—	—	—	—	—	—
R^2	0.51	0.63	0.63	0.63	0.61	0.61	0.65	0.65	0.52	0.52	0.63	0.63
N	8 530	8 530	8 530	8 530	4 695	4 695	3 835	3 835	636	636	7 894	7 894

注：表中 *、** 和 *** 分别代表 T 统计量在10%、5%和1%的置信水平下显著。受篇幅所限，其他控制变量未列入表中。

公司，金融发展对公司去杠杆的影响效果越小，但是这一调节效应在第（8）列中非国有公司以及第（10）列中的储备财务柔性公司子样本内体现的都不明显，这也意味着，非国有企业以及储备财务柔性的公司较少受到预算软约束的影响。（限于篇幅，其他控制变量本章不再报告）。

第七节 本章小结

采用上市公司2003年到2015年的财务数据，本章重点研究了公司去杠杆的长期化趋势、微观实现路径以及由此导致公司绩效的变化。研究结论主要有：

（1）大规模的去杠杆化通常需要一个缓慢的过程，通过主动降低债务方式解释公司去杠杆的41.23%。通过债务偿还、增加留存收益两种方式对去杠杆进程贡献了53.25%，由于现阶段股票增发受到资本市场严格监管，因此，在去杠杆进程中发挥作用的空间最小。去杠杆在短期和长期有不同的阶段性特征，其中短期内（4年内）公司去杠杆导致公司兼并重组数量与发生财务困境（ST）的公司占比与亏损公司数量都显著增加，长期来看去杠杆可以提高公司稳健性。

（2）公司去杠杆具有路径依赖，峰值比率相对较低的企业表现出特别强烈的清偿所有债务和积累大量现金余额的倾向，去杠杆进程有10.38%的公司中具有强烈的现金储备财务柔性动机。而随着公司资产金融化的加剧，去杠杆公司更多是将现金配置到金融资产，但过多的金融资产占比弱化了公司主动去杠杆的动机。研究结果强调了留存收益对市场杠杆来时间序列影响的重要性。

（3）从去杠杆过程中结构特征来看，在消除选择性偏差及异质性后，PSM匹配模型表明，主动债务去杠杆在国有公司内部更加显著地提升了公司绩效，而利用留存收益主动去杠杆则只在非国有上市公司分组内才能显著的降低破产风险，而国有公司实施主动留存收益去杠杆并不能影响公司的财务绩效，二者没有必然的因果联系。从空间异质性特征上来看，中部与西部地区（或经济发达地区）公司主动债务去杠杆对其自身破产风险的影响更加敏感，而中部与西部所在地区的上市公司留存收益主动去杠杆却导致公司财务绩效显著下降。

（4）金融发展可以显著影响公司去杠杆下降幅度。地区金融发展程度越低以及去杠杆过程中初始杠杆率（峰值）越低，公司也越有动机进行现金储备来获取财务柔性。其次，上市公司去杠杆过程存在明显的异质性，随着金融发展水平提高，国有上市公司选择清偿债务降低杠杆率，而非国有公司则利用内部留存收益主动去杠杆。最后，模型调节效应表明，产权特征强化了公司去杠杆调整，预算软约束弱化了金融发展对上市公司对其去杠杆的影响，但这种影响在非国有公司及储备财务柔性公司子样本内不明显。

　　研究丰富了资本结构以及国有产权领域的文献，研究结果具有的政策含义在于：一是要澄清实体经济杠杆率的形成机制，预判公司去杠杆的大致时间以及去杠杆对宏观经济、资产价格稳定性的影响，减少公司去杠杆中的急功近利行为。二是要实行差异化去杠杆策略，根据不同企业的规模、所有权、行业及地区金融发展特征来完善差别化调控政策。优化信贷资源的配置，去掉那些技术落后、产能过剩且长期经营亏损的"僵尸企业"的杠杆率，及时满足技术领先、盈利较高的实体企业借款需求。三是降低国有企业杠杆率的关键是需要增强企业的自生能力，去杠杆最终要从分母视角提高公司的盈利能力，以持续的盈利增长来化解公司债务负担，这也是最具有活力的方式。为此，最根本的政策在于持续的推动供给侧改革、破除市场和计划双轨制，减少制度层面的障碍。同时，营造健康的金融发展环境，优化企业融资结构，大力发展资本市场，提高直接金融比重。

第五章　地方政府去杠杆与宏观金融稳定研究

第一节　问题的提出

根据财政部数据，截止到2017年末，我国政府债务余额为29.95万亿元，其中中央财政国债余额13.48万亿元，地方政府债务余额16.47万亿元（Wind数据）。政府债务的负债率是36.2%，比2016年36.7%有所下降，按照这个比例计算，我国政府债务仍然低于国际市场通用的60%的"警戒线"。马建唐等（2016）研究认为中国的总债务水平低于大多数发达经济体，仍属于比较适中的水平，尚处于温和可控的阶段，但是我国政府部门的杠杆率增长偏快，隐性债务过重且偿还压力大，值得高度警惕。

目前较多文献关注到我国地方政府债务风险的存在及严重性，主要表现为大量隐性政府债务以及对土地财政依赖严重等（杨灿明 等，2013），而地方政府债务的持续性扩张，还会带来债务的期限错配风险及其他不可预见的后果（王国刚 等，2014；陈志勇 等，2015），加上审计署公布债务数据还有可能低估债务规模，如融资平台公司数量的遗漏和养老金隐性债务等尚未考虑，这样地方政府债务风险可能更加严重。值得警惕的是，一旦地方政府债务风险爆发将通过金融系统传导，引发系统性财政风险甚至金融经济危机（缪小林 等，2015）。因此，我国地方政府债务风险不容忽视，这对我国财政安全和系统性金融风险将产生巨大威胁。

随着全球经济一体化、多元化和自由化程度的不断发展以及互联网技术和计算机技术的飞速发展，各地区之间的关联越来越紧密。特别是金融发展与金融产品不断创新，越来越多的新型筹资途径让我国地方政府的债务风险呈现出金融化的趋势，金融系统性风险发生的可能性提高。另外，资本在逐利性的驱使下形成资本要素流动，各变量空间相关性也随之越来越显著，这在很大程度上增加了金融风险在融市场和实体经济间的空间溢出效应。尽管我国在2015年就开始在政策导向上明确要"去杠杆"，但杠杆率上升的趋势尚难扭转，未来这种模式还将导致风险的集聚和释放。

如何科学界定杠杆率定义和合理评估政府债务风险？现有文献中多

以债务率（债务/GDP）作为中国杠杆率水平的度量指标（中国人民银行杠杆率研究课题组（2014）、中国社会科学院李扬等（2015）），但是纪敏等（2017）认为债务率指标忽略了与偿债能力相关的资产情况。作为发展中国家，中国经济的高速增长除了源于全要素生产率的提高，还主要依赖资本等生产要素的持续快速积累。中国的资本产出比的上升变动特征（白重恩 等，2014、2015；陆明涛 等，2016；王维 等，2017）也是中国经济发展不可避免的结果，并不必然反映债务风险的持续累积，这种情况下显然不宜于直接利用债务率指标变化来判断中国经济的债务风险。遗憾的是，由于文献将研究重心限定于金融行业自身相关变量的空间效应，无法将地方政府竞争及其金融干预行为因素纳入分析框架。大部分也仅是采用Moran's I 指数对相关金融变量的空间效应进行存在性描述，且在计量技术层面，实证方法中大多基于线性模型，而空间竞争过程中外部因素如金融发展状况、所处省份的 GDP 增长幅度等因素都会明显影响政府决策行为。

总之，在当前背景下对金融风险如何在空间上进行有效监控、跟踪与防范，成为当前紧迫需要研究的课题，因此，研究旨在风险隐患期内为宏观审慎政策监管提供政策借鉴，进而针对中国政府债务去杠杆提出化解潜在金融风险的对策。

第二节 制度背景与理论假说

一、制度背景

中国政府债务有两个方面的特点：第一，我国地方政府债务存在权责的时空分离。从时间上看，体现在本届和下届政府间，本届地方政府具有举借债务的权力，而实际具有偿还债务责任的却是下届地方政府；从空间上看，体现在本级和上级政府间，本级政府具有举借债务的权力，但最终为地方政府"兜底"的却是上级政府。与发达经济体不同，我国地方政府并不存在因负债过重而破产的法理基础，中央政府最终负责系统性金融风险的防范和化解与救助，因此，地方政府在保证本区域金融机构资源的基础上，争夺国家金融资源。

第二，地方政府债务与金融部门风险紧密联系的直接表现是地方政府债务以各种形式存在于金融部门的资产负债表中。特别是隐性债务在很大程度上与影子银行活动挂钩。Chen 等（2017）认为2012年后，地方政府旺盛的融资需求与影子银行部门的扩张之间有着紧密的联系，其研究也显示有着更多地方政府债券发行的省份，其影子银行规模也更大。一方面地方政府通过参股控制地方性金融机构的资金运营，或者地方政府直接对某些种类的金融机构进行行政许可，即使是全国性银行和市场具有集权性的金融结构，地方政府任对国有银行和股份制银行仍具有显著的干预力，原因在于各银行分支机构为了更便于在各地经营业务而满足地方政府的资金需要。在越算软约束作用下，中国地方政府举债融资，金融机构也"敢于"向地方政府借贷。另一方面，债务的偿还则是以地方政府行使城市国有土地产权这一特殊的制度安排为基础。在地方财政收入比重降低和支出比重增加的背景下，地方政府相继介入金融发展，通过对金融业的纵向切割和横向扩张，导致金融在一定程度上形成了对财政功能的替代。

从地理距离来寻找政府杠杆率扩张原因。中国渐进体制转型背景下存在地方保护主义和市场分割，资金、金融资源的流动、供给、集聚会停留在一个封闭区域空间里自我循环。在"以邻为壑"的"GDP竞争锦标赛"过程中，金融资源成为地方政府促进经济增长的重要工具。不同地区经济增速、发展路径、金融资源禀赋与发展程度的差异性，也导致资金"脱实向虚"在结构上的非平衡性。我国资本市场发展不足，银行业的行政进入壁垒、利率管制和信贷管制等金融抑制政策，使得政府过度干预信贷市场，政府对金融资源的控制权力超越市场的合理边界，导致相对过剩的资金余额与过剩储蓄追逐相对短缺的金融资产，资产短缺引起金融资产价格上涨。

关于政府行为导致金融风险在空间生成与传染机制方面，外溢性和模仿性在中国地方政府竞争中的存在得到了诸多研究支持（踪家峰 等，2009；龙小宁 等，2014）。中国官员委任权由上级政府掌握，地方政府官员为了晋升也会展开政绩竞争，张晏等（2010）称之为自上而下的标尺竞争。陆长平等（2015）认为来自于地方政府内部的政绩考核机制产生的激励作用使政府官员具有不断增加投融资的偏好，从而使得地方政府债务处于不断扩张的境地。如果一个省份发现作为竞争对象的其他地区加强金融干预，那么该省份就会在争夺经济发展资源与政治晋升机会的双重压力下相应地做出同样行为。何德旭等（2016）认为金融显性集权隐性分权条件下，财政分权导致各地竞争金融资源，省际金融变量也具有一定的空间效应。另一方面，在我国地方政府没有税收立法权，但受到政治晋升和地方经济利益的激励，难免会产生强烈的动机，通过违规运用优惠政策吸引金融资源，这种行为长期会导致财政风险金融化的消极结果。

二、理论假说

金融资源是地方政府促进经济增长的重要手段，在晋升激励机制影响下，地区间围绕经济增长的竞争，会导致金融扩张在地区间存在竞争效应，从而同属一个省区的不同地市金融扩张存在正相关关系。在市场机制作用下，部分金融机构可以开展异地业务，从而使得地区金融扩张也具有溢出效应，地理邻近地区金融扩张存在相关关系。

命题1：政府杠杆率对金融宏观金融风险的影响存在空间外溢效应，直接效应表现为本地政府杠杆率越高，则本地的金融风险也越高，金融波动性也越强。同样的，其他区域的政府杠杆率也通过间接效应影响本地政府的金融风险水平。

命题2：地方政府杠杆率金融风险的影响取决于两方面的权衡，即分子债务率（债务规模）和分母资本形成率（资本效率）。通常债务规模越大，地方政府遭受宏观金融风险也越大，而资本产出效率越高，则金融风险水平越低。

将微观杠杆率公式进行简单变换，即：资产负债率=总债务/总资产=(总债务/GDP)/(总资产/GDP)，分子部分总债务/GDP就是宏观债务率指标，衡量政府总体负债情况。分母总资产/GDP为资本产出比，该比率反映的是总资产所创造的产品和劳务价值，较低的资本产出比意味着可以用相对少的资本获得相对多的产出，其他保持不变情况下，资本产出比与生产技术水平具有一定的对应关系，被视作衡量债务投资效率的重要指标。当投资和负债的增加，新增负债中有很多为偿还利息而引发的借新还旧债务，这部分债务虽然扩大了名义债务数量，但并未带来新的投资，新增负债所形成的新增投资下降。因次，当分母中资本产出比增加，说明投资效率在下降，随之而来是金融风险逐渐上升。

中国金融论坛课题组（2017）将宏观杠杆率的上升归结为微观去杠杆幅度不如资产收益率下跌幅度快这一时滞效应。当前我国在人口红利消失以及外需疲软的大背景下，工业企业的资产回报率确实出现了大幅下滑，这与当前的现实吻合。根据陈昌兵（2014）的估算，我国资本产出比从2007年的2.63快速攀升至2012年的3.27。其他一些权威估算也反映了相同的趋势，且估算的数值及增速更高。资本产出比的快速提升，意味着为保持GDP的较快增长，资本存量以及企业的投资须以更快的速度增长，为了满足这种高速增长的投资需求，企业的融资需求必然也要快速膨胀，而这与相关行业盲目扩大生产规模造成产能过剩的大背景有关。此外，资本产出比提高也往往会带来更高的存货和更低的资产周转率，以及更加低效的运营效率。由于较低的资产收益率，企业高杠杆融入的资金没有投资去向，于是投向金融资产和银行理财，银行理财再投入资本市场，进而推高了包括房地产、股市、债市在内的资本泡沫，造成了宏观与微观杠杆率的背离。

命题3：地方政府杠杆率对宏观金融风险的影响受到当地金融发展状况、GDP增速和房地产投资强度等调节因素的影响，政府杠杆率对宏观金融风险的影响存在空间非线性效应。

熊琛等（2018）认为地方政府债务风险与金融部门风险存在相互强化，且风险的依存关于不同经济状态呈现出非线性特征。特别是当前随着中国经济增长方式转变带来的经济下行压力不断加大，政绩考核下的政治激励使得地方政府更加偏好"借钱"，作为政绩考核的量化指标GDP对地方政府债务规模具有强烈的扩张效应。其次，金融发展不仅可以便利本地资金的跨时流动与结算，而且影响了不同区域之间资金的转移，提高区域资源配置效率。在金融资源的集聚的过程中大量金融机构的地理接近、行业接近及相关企业的邻近，便利了金融机构之间的协作、共享基础设施、信息沟通、知识和技术的创新，降低融资成本，提高市场流动性，给实体经济带来额外收益。但是也应该看到，随着金融发展的深入，风险的空间溢出与传染效应也更加明显，一旦局部爆发金融风险，则在溢出效应的作用下对区域经济稳定产生严重的冲击。

从房地产和金融市场看，杠杆率上升推动房地产和金融资产价格上涨，而资产价格上涨改善了微观主体的资产负债表状况，促使企业部门在"Tobin Q效应"下增加投资需求，进一步促进实体经济的增长。但是随着实体经济投资回报率的下降，资金"脱实向虚"趋势显现，微观主体的资产负债表状况、杠杆的可持续性越来越依赖于资产价格的上涨，金融风险在房地产和金融市场累积。此外，地方政府可用财力对土地财政依赖度高，融资平台举债多以土地抵押并依赖于地方政府隐性担保下的借新还旧，如果融资政策收紧，或房地产市场成交下降、价格下跌，风险就会骤然增大，因此，房地产和地方融资平台的潜在风险具有共生性。

第三节　数据选取与空间自相关检验

一、指标构建与数据来源

1. 指标选取

（1）被解释变量，不良贷款规模反映了经济转型过程中各地区所面临的困难程度，其增速越高其结构调整过程中暴露的风险越多，因此这就从客观上要求金融监管部门的决策行为要重视区域差异性。随着供给侧改革步入深水区，去杠杆化进程带来的结构性调整促使企业转型发展，由此产生的风险或导致银行不良贷款规模不断膨胀，银行业各地区之间不良贷款率也呈现出很大的差别，如2017年北京、上海不良贷款率仅为0.55%、0.68%，低于全国不良贷款率水平，而内蒙古、云南、山西的不良贷款率已经达到3.57%、3.07%、2.72%，远高于全国水平。考虑到近年来银行不良贷款进入新一轮扩张期，成为金融风险主要隐患，防控商业银行不良风险对于打好防范化解重大风险攻坚战具有重要意义。研究采用各省份当前的银行不良贷款余额作为金融稳定的代理变量，计算方法上对不良贷款余额取对数后得到（LNnpl），模型估计系数经济学的含义为弹性。

（2）解释变量。文献中宏观"杠杆率"计算方法通常有两种：一种是用负债总额与GDP的比值（李扬等，2014），另一种是用M2与GDP的比值。如果按照上述方法计算政府杠杆率至少在以下两个方面存在问题：首先，GDP并不能完全体现对债务的偿付能力。现实中采用GDP进行计算，更多的是将GDP作为一个标准，以便于与其他变量进行比较，以及简化研究过程中的计算。其次，债务杠杆率虽然能够反映出债务的总体情况，但却无法进一步反映债务的深层原因，因而也无法在未来降低杠杆率方面形成有益的指导。若单纯通过GDP的增加或债务总额的减少作为降低杠杆率的手段，则其内在逻辑不具备较强的说服力。

纪敏等（2017）、刘晓光等（2018）等研究都将资产负债率指标作为衡量宏观层面杠杆率的补充指标，该指标能够在很大程度上体现出债务利用效率的差异，但他们的研究主要采用我国宏观整体数据或基于国别的数据。借鉴已有研究，利用中国31个省区市的宏观资产负债率作为政府杠杆率的代理变量所有的变量统一为N+小写字母，下表中变量保持一致。由于地方政府债务2010年之前没有相关数据披露，研究参照吕健（2014）的估算方法，地方政府对市政领域的固定资产投资，减去地方政府的可用收入，其差额就是地方债务。具体估算公式如下：

地方政府债务＝市政领域的固定资产投资－地方政府财政支出投资额－土地出让金净收入－投资项目的盈利收入

指标具体说明如下：

①市政领域的固定资产投资：对于地方政府主动性投资色彩较浓行业的选择，参考"中央与地方政府财政支出项目"以及审计署"地方政府债务投向表"情况，选择7个主要个行业：电力、燃气及供水行业；交通运输、仓储和邮政行业；科技和地质勘探行业；水利、环保基础设施行业；教育

行业；卫生福利行业；公共管理和社会组织行业。把这7个行业作为市政领域，然后计算出固定资产投资总额。

②地方政府财政支出投资额：地方政府财政支出投资额近似等于地方政府资本性支出，研究通过计算地方财政主要支出项目获得相应数据。2007年之前，地方财政主要支出项目分为11项，包括：基本建设支出；企业挖潜改造支出；地质勘探费；流动资金；科技三项费用；支援农村生产；农业综合开发；城市维护费；支援不发达地区支出；土地和海域开发建设支出；专项支出。2007年之后，地方财政主要支出项目发生变化，选取一般公共服务、农林水事务、交通运输以及工业商业金融等作为主要支出项目。

③土地出让金净收入：土地出让金在众多地方政府作为市政领域固定投资的资金来源，有些地方甚至出现"土地财政"乱象。从使用范围来看，除了成本开支外，其余部分基本应用到政府投资中。因此，我们把土地出让收入减去补偿性成本支出的余额作为地方政府可用资金。由于财政部从2009年才开始公布全国土地出让收入及成本开支数据，所以在计算其他年份的土地出让金收入时，实证研究采用全国平均值进行推算。

④投资项目的盈利收入：地方政府在市政领域的投资以非营利项目为主，因此，地方政府投资项目的盈利收入主要来源于固定资产消耗。借鉴文献中的做法，以行业的固定资产折旧率与上一年度的行业固定资产投资额相乘，得到投资项目的盈利现金流入。

（3）控制变量。参考国内外文献的做法，从中国国情出发，主要选取人均基础设施、对外开放度、房地产投资额、固定资产投资额、工业化水平等作为控制变量。具体来看：①利用人均道路面积（LN infra）来度量人均基础设施水平；②房地产开发投资额取对数（LN real），用房地产开发投资额来度量城市房地产投资活跃程度；③考虑到市场分割主要是限制外地商品流入对本地产业的冲击，对外开放度采用进口总额来进行衡量（LN export）；④投资规模用固定资产投资额对数值来表示各省份的投资规模（LN invest）；⑤工业化程度，用第二产业增加值的对数值来表示工业水平（LN indust）。同样需要说明的是，以上控制变量均为对数值，模型估计系数的经济含义为弹性。

2. 数据来源

基于上述指标，采用2005—2016年全国31个省（自治区、市）的相关年度数据进行估计，指标及指标测算数据分别来源于 EPS 全球统计数据/分析平台数据库，政府债务数据来自 Wind 数据库。为了消除价格对经济指标的干扰，实证研究以2004年各地价格为基准，对地区生产总值、全社会固定资产投资、进出口总额等宏观经济指标采用定基物价指数进行处理。总体上数据以平衡面板呈现。具体数据特征如表5.1所示。

表5.1　变量描述性统计

变量	变量含义	均值	标准差	最小值	中位数	最大值
LN npl	LN 金融风险：LN(不良贷款余额)	23.83	1.13	19.74	23.97	26.28
LN Lev1	LN 杠杆率1：政府债务/资产形成率	3.28	0.57	0.89	3.25	4.97
LN Lev2	LN 杠杆率2：贷款总额/GDP	2.93	0.45	0.83	2.97	3.9
LN indust	LN 第二产业增加值	3.83	0.21	2.95	3.89	4.12
LN infra	LN 人均拥有的道路面积	2.53	0.35	1.4	2.56	3.25
LN export	LN 进出口总额	5.65	1.84	0.72	5.47	11.11
LN invest	LN 固定资产投资	8.76	1.09	5.28	8.93	10.87
LN real	LN 房地产销售价格	2.79	0.35	1.17	2.81	3.73

在进行系数估计之前，对解释变量两两之间的相关性进行了检验，系数矩阵显示变量之间最大的相关系数均在-0.3到+0.3之间，说明各自变量间不存在明显的多重共线性问题（如表5.2所示）。

表5.2　相关系数矩阵

	LN npl	LN Lev1	LN Lev2	LN indust	LN infra	LN export	LN invest
LN npl	1.000						
LN Lev1	0.114	1.000					
LN Lev2	0.183	0.135	1.000				
LN indust	-0.176	0.030	-0.054	1.000			
LN infra	-0.052	-0.031	-0.042	0.050	1.000		
LN export	0.488	0.161	0.325	-0.131	-0.085	1.000	
LN invest	0.109	-0.128	-0.244	-0.012	0.080	-0.043	1.000

二、变量空间探索性分析

1. 空间自相关检验指标

在进行空间计量分析之前，需要考察变量数据的空间依赖性，以判断是否适合建立空间计量模型。空间自相关可以理解为位置相邻或相近的地区具有相似的变量取值，也可视为观测值与其空间滞后（Spatial Lag）的相关系数，一般可以通过全局莫兰指数（Global Moran's I）来度量。全局 Moran 指数 I 的取值介于-1和1之间，对于本研究来说，当 Moran's I 指数＞0时，说明金融风险在地区间呈现空间正相关性，表现为金融风险的集聚效应。Moran's I 指数<0时，表明金融风险在地区间呈现空间负相关性，表现为金融风险的差异程度。当 Moran's I 指数等于0时，则表示空间分布是随机的，意味着金融风险在地区间随机分布无空间相关性。

通常 Moran 计算公式为：

$$\text{Moran's } I = \frac{n}{\sum_i \sum_j w_{i,j}} = \frac{\sum_i \sum_j w_{i,j}(x_i - \bar{x})(x_j - \bar{x})}{\sum_i (x_i - \bar{x})^2} \quad (5.1)$$

式中，$w_{i,j}$ 为空间权重矩阵中的元素。Anselin（1995）指出整体的评价可能忽略了局部地区的非典型特性。局部地区的相关性具体如何，是否出现显著的集聚现象，探讨这一问题需要引入局域相关性指标（LISA）来考察，一般采用局域 Morans'I 指数进行测度，其计算公式为：

$$I_i = \frac{n}{\sum_i \sum_j w_{i,j}} = \frac{(x_i - \bar{x})\sum_{i \neq j} w_{i,j}(x_j - \bar{x})}{\sum_i (x_i - \bar{x})^2} \quad (5.2)$$

2. 空间自相关实证结果分析

（1）全局 Moran 统计。表5.3中报告的是基于省域空间数据计算的全局 Moran 指数。结果表明中国宏观金融稳定（不良贷款率）和政府杠杆率的 Moran 指数都明显的大于零，说明二者在空间上呈明显的全局相关性。从时间变化上来分析，其中宏观金融稳定指标在样本区间（2005—2016年）内完全正相关（P 值至少在10% 置信水平显著为正），政府杠杆率指标除了在2005—2007年间全局 Moran 无法拒绝空间相关性原假设之外，其余年份也表现出显著的空间自相关特征。

表5.3　中国31个省份主要经济变量全局 Morans'I 统计指标

时间	Npls	P 值	LN Lev	P 值	时间	Npls	P 值	LN Lev	P 值
2005	0.152	0.058	0.065	0.169	2011	0.183	0.040	0.163	0.043
2006	0.151	0.046	0.061	0.178	2012	0.273	0.005	0.188	0.031
2007	0.150	0.060	0.095	0.120	2013	0.378	0.001	0.213	0.021
2008	0.124	0.086	0.133	0.068	2014	0.313	0.001	0.211	0.022
2009	0.144	0.062	0.139	0.060	2015	0.243	0.007	0.243	0.015
2010	0.168	0.050	0.155	0.049	2016	0.158	0.047	0.216	0.023

注：表中 P 值为其伴随概率，由蒙特卡洛模拟99999次得到。

（2）空间局部聚集效应。图5.1分别给出了被解释变量在不同年份绝对额（不良贷款规模）及相对数（不良贷款率）两种局部 Moran's 指数聚集散点图，在第1象限为 H-H（High-High）型地区，第2象限为 L-H（Low-

High）型地区，第3象限为L-L(Low-Low)型地区，第4象限为H-L(High-Low)型地区。结果显示，我国宏观金融稳定在各省市之间存在明显的局部空间聚集特征。其中东北老工业基础如吉林、辽宁、黑龙江等地区以及经济发展相对落后的西部地区，如新疆、青海、宁夏等位于第一象限（高－高区域），而金融业相对发达的东部地区（如北京、上海、广州等）其不良贷款率的局部Moran指数大多处于第三象限（低－低区域）。

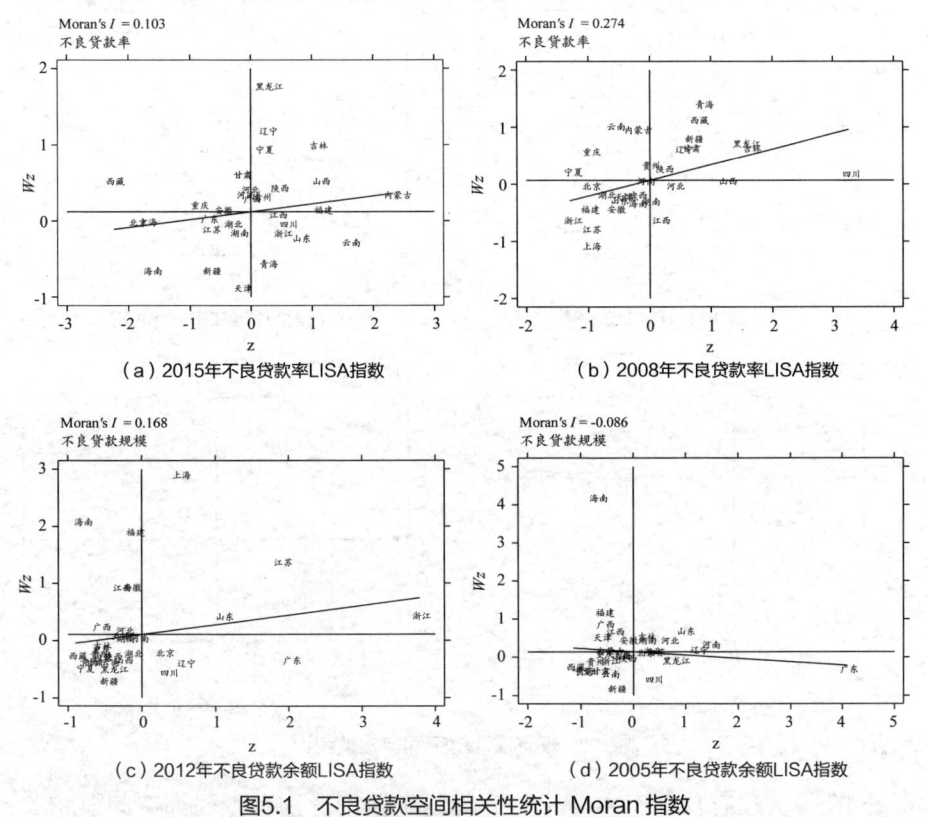

图5.1 不良贷款空间相关性统计Moran指数

注：不良贷款率＝不良贷款余额／贷款总额。

具体到我国实际发展情况，由于东部地区凭借技术、制度和市场优势，获取了国内大部分信贷资金投放；而西部地区其信贷资源则是由中央政府政策倾斜的结果及其承接东部产业转移被动加杠杆的结果。由于西部省市大多数财政收入相对有限，一旦受到外部冲击，对于抵押物价值变动较大的地区，债务风险的"顺周期"效应在西部地区体现得更明显。在市场机制的作用下，资源要素从中西部区域向东部区域流动体现为净流入，造成区域间经济发展呈现明显的非均衡特征。

图5.2中解释变量（政府杠杆率）在西部地区出现了更多聚集现象，

即落入高－高区间内都是云南、四川、贵州等西部省份，而北京、上海等经济发达的省市的LISA绝大多数是"低－低"相关的空间特征。说明地方政府杠杆率在空间上表现出相似的集聚特征，杠杆率较高的地区邻近的省份通常政府杠杆率也较高，而低政府杠杆率集聚的地区被临近的低杠杆率省份所包围。

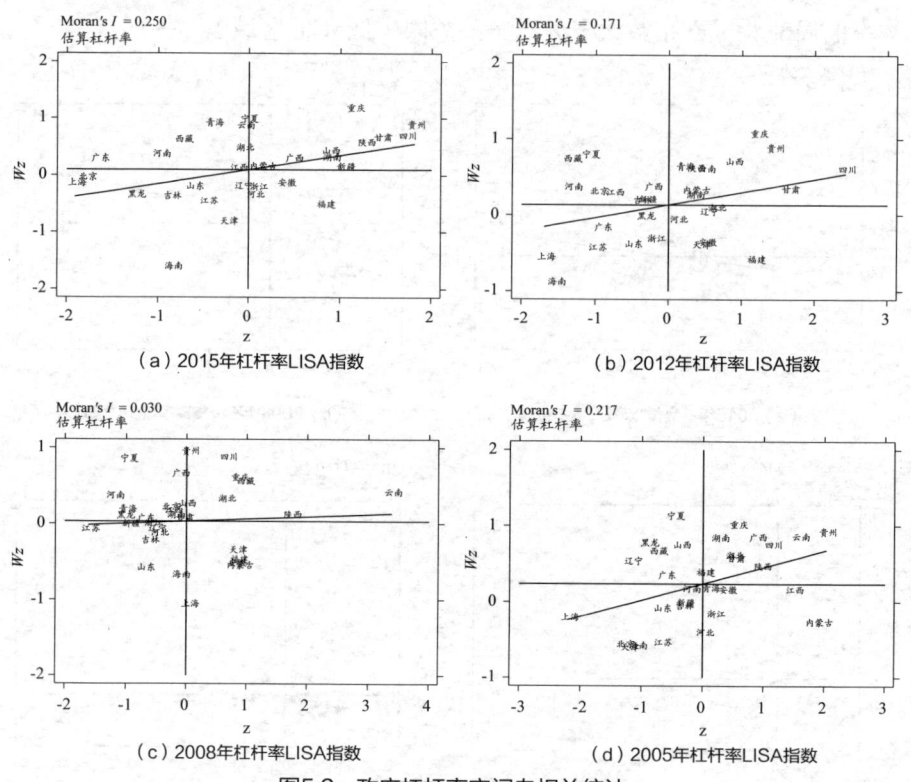

（a）2015年杠杆率LISA指数

（b）2012年杠杆率LISA指数

（c）2008年杠杆率LISA指数

（d）2005年杠杆率LISA指数

图5.2　政府杠杆率空间自相关统计

图5.3从政府杠杆率中分子与分母两个角度分别进行局部空间自相关统计，LISA表明我国省域内总债务率与资本产出率整体上也呈现西部地区高度自相关，经济发达省份大多落入低－低区域的特征。区域经济溢出效应主要通过集聚效应机制，使得东部地区生产率水平明显高于其他地区，资本总是更加愿意流向资本收益率高的地区，进而导致产能过剩集聚于中西部和东北地区，而这些地区工业产能利用率存在较为严重产能过剩问题，图中结果也符合当前现实的情况。

总体上来说，2009年西部地区金融风险空间聚集比较明显，而这一趋势在2015年没有发生明显变化。尽管2008—2010年实施的经济刺激政策在应对危机冲击、稳定中国和世界经济方面起到了关键作用，但政府对长期投资、信贷投放的行政干预一定程度替代了市场决策，从而形成大量低效投资和不良贷款。此外，宏观经济政策的收放加剧了经济和信用的周期波动，助长了不良贷款形成，结果客观上表明金融监管部门的决策行为要重视区域差异性。

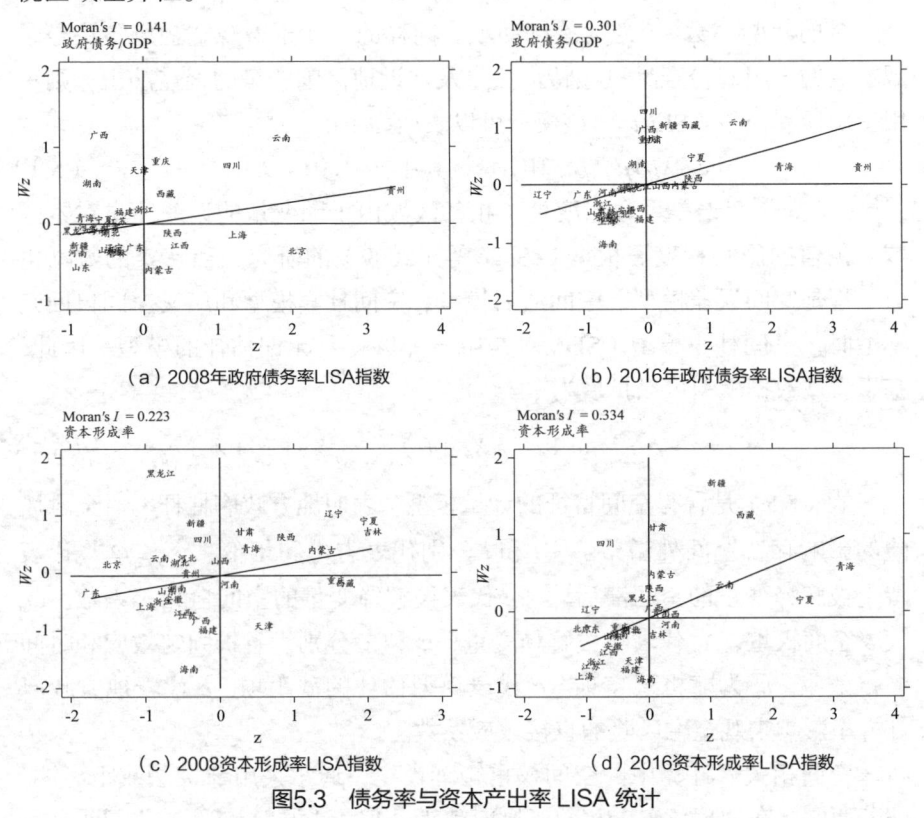

(a) 2008年政府债务率LISA指数

(b) 2016年政府债务率LISA指数

(c) 2008资本形成率LISA指数

(d) 2016资本形成率LISA指数

图5.3 债务率与资本产出率 LISA 统计

第四节 计量模型及实证结果分析

一、空间计量模型设定

空间相关性模型通常体现在因变量的滞后项和误差项相关，当变量之间的空间作用对模型显得非常关键而导致了空间相关时，采用空间滞后模型（SLM）；当模型的误差项在空间上相关时，采用空间误差模型（SEM）。如果一个空间计量模型满足 SLM 和 SEM 之中任意一个或同时满足两者时，需要进一步构建和考察更加广义的空间计量模型，即空间杜宾模型（SDM）。当空间计量与面板数据的有机结合，便产生了空间面板模型。根据随机误差项分解的不同，可以进一步区分为固定效应和随机效应。简单地，空间滞后模型（SLM）的表达式为：

$$y = \rho W y + X\beta + \varepsilon, \text{ 其中 } \varepsilon \sim N(0, \sigma^2 I_n) \quad (5.3)$$

式中，ρ 度量了相邻区域观测值对本区域观测值的影响程度，W 为经过行标准化处理后的空间权重矩阵识的矩阵元素。X 为外生解释变量，β 为解释变量的回归系数，ε 为残差扰动项。同样的，如果宏观金融风险决定于观察到的一组省份金融风险特征变量及邻近地区因变量的误差冲击，则采用空间误差模型（SEM），该模型可以表达为：

$$y = X\beta + \mu, \mu = \lambda W\mu + \varepsilon, \text{ 其中 } \varepsilon \sim N(0, \sigma^2 I_n) \quad (5.4)$$

式中，λ 为空间误差系数，度量了相邻区域由于因变量的误差冲击对本区域观测值的影响程度。根据 LeSage 等（2009）的研究，当真实的数据生成过程是空间误差模型、空间滞后模型、空间杜宾模型和广义空间自回归模型时，空间杜宾模型（SDM）是唯一能够得到无偏估计的模型。因此，基于省域数据模型可以扩展为：

$$Y_{it} = a + \rho \sum_{j=1}^{31} \omega_{ij} Y_{jt} + \beta X_{it} + \theta \sum_{j=1}^{31} \omega_{ij} X_{it} + \mu_i + \lambda_t + \varepsilon_{it} \quad (5.5)$$

式（5.5）是含有空间特征的计量模型，表明地方政府杠杆率对金融风险的影响存在空间外溢效应。i 和 t 分别代表省份和年份，$\sum_{j=1}^{31} \omega_{ij} Y_{jt}$ 代表特定被解释变量的空间滞后项，ρ 代表被解释变量的空间自相关系数。ω_{ij} 代表空间权重，X_{it} 代表相关解释变量，μ_i 和 λ_t 分别为省份固定效应和时间固定效应，ε_{it} 为随机误差项。α 代表模型估计的截距项，β 代表地方政府杠杆率影响宏观金融风险的直接效应系数。

空间相关性计算中的空间权重矩阵设定，通常采用邻接法或距离法。即若两区域在地理位置上相邻，则赋值为"1"；否则赋值为"0"。即

$$w_{i,j} = \begin{cases} 1, \text{省市} i \text{与省市} j \text{同一区域内相邻} \\ 0, \text{其他} \end{cases}$$

或距离权重，即

$$w_{i,j} = \begin{cases} 1/D_{i,j}, i \neq j \\ 0, \text{其他} \end{cases}$$

其中，$D_{i,j}$ 为省域 i 与省域 j 的省会城市所在地的地表距离，利用地理信息系统（GIS）获得全国省份之间的经纬度地理坐标，以经度为 X 轴、维度为 Y 轴，采用欧氏距离（euclidean distance）来计算两点（两个地区的质心）之间的距离，从而生成地理空间权重矩阵。所有的空间权重矩阵 W 中的矩阵元素都要经过行标准化处理后得到。

在上述模型构建中，采用的是线性空间模型。然而在实际生活中，由于区域经济发展阶段不同或区位优势差异等因素，不同地理区位下政府与

市场行为可能并非一致。在此，假定同属某一区域内相邻的省份与虽相邻但分属不同区域的金融风险滞后系数不相同，为此引入两区制的空间杜宾模型（Elhorst et al., 2009）。通过构建空间异质性的指示变量，将不同性质空间关系纳入同一模型来估计。参考 Elhorst 等（2009）、张文彬等（2010）、龙小宁等（2014）关于空间竞争的建模策略，构建"两区制"空间杜宾模型如下：

$$Y_{it} = \rho_1 d_{it} \sum_{j=1}^{31} \omega_{ij} Y_{jt} + \rho_2 (1-d_{it}) \sum_{j=1}^{31} \omega_{ij} Y_{jt} + \beta X_{it} + \\ \theta \sum_{j=1}^{31} \omega_{ij} X_{jt} + \alpha + \mu_i + \lambda_t + \varepsilon_{it}$$ （5.6）

$$d_{it}^1 = \begin{cases} 1, & \text{如果 } Y_{it} > \sum_{j=1}^{31} \omega_{ij} Y_{jt} \text{ 其中 } i \neq j \\ 0, & \text{其他} \end{cases}$$

基于前文假设，选择三类指示变量，分别是省域的金融发展水平，各省市的 GDP 增速以及房地产投资强度，其赋值规则为：当 $\sum_{j=1}^{31} \omega_{ij} Y_{jt} < \sum_{j=1}^{31} \omega_{ij} Y_{jt}$ 时，$d_{it}^1 = 1$，否则 $d_{it}^1 = 0$；为了后文中理解方便，以金融发展水平为例，当指示变量 d_{it}^1 取值为1时表示第 i 省的金融发展程度大于其他地区的金融发展加权均值。同样的，第 i 省的 GDP 增速大于其他地区 GDP 增速加权平均值，那么 d_{it}^2 也赋值为1，否则为0；当第 i 省房地产投资份额高于其余省份平均值，则指示性变量 d_{it}^3 为1，否则为0。

针对空间自相关模型中可能存在的内生性问题，采用极大似然法对空间计量模型进行估计。借鉴 Elhorst 和 Freret（2009）提出的 Dubin 固定效应模型的估计方法，具体似然函数为：

$$\log L = -\frac{31T}{2} LNLN(2\pi\sigma^2) + \sum_{t=1}^{T} \ln |I_N - \rho_1 D_t W - \rho_2 (I_N - D_t) W| \\ -\frac{1}{2\sigma^2} \sum_{i=1}^{31} \sum_{t=1}^{T} \{E_{it} - \rho_1 (d_{it} \sum_{j=1}^{31} \omega_{ij} E_{jt}) - \rho_2 [(1-d_{it}) \sum_{j=1}^{30} \omega_{ij} E_{jt}] \\ -X_{it}^* \beta - \sum_{j=1}^{31} \omega_{ij} X_{it}^* \theta \}$$ (4-7)

二、空间计量模型实证结果分析

1. 空间溢出机制分析

表5.4中加入相关控制变量后，分别针对空间滞后 SLM 模型、空间 Dubin 模型与双向固定效应的空间杜宾模型 SDM 进行空间相关性诊断，并采用空间相邻与地理距离两种空间权重来进行实证检验。

表5.4 空间杜宾模型估计结果

解释变量	面板固定效应(FE)(1)	无效应空间滞后模型(SEM)空间相邻(2)	无效应空间滞后模型(SEM)地理距离(3)	无效应空间杜宾模型(SDM)空间相邻(4)	无效应空间杜宾模型(SDM)地理距离(5)	双固定效应的空间杜宾模型(SDMFE)空间相邻(6)	双固定效应的空间杜宾模型(SDMFE)地理距离(7)
P	—	0.43*** (9.395)	0.50*** (13.43)	0.70*** (19.27)	0.66*** (21.83)	0.45*** (8.10)	0.45*** (8.09)
LN Lev	0.57*** (6.02)	0.46*** (4.761)	0.44*** (4.89)	0.05 (−0.76)	0.03 (0.43)	0.17** (2.23)	0.17** (2.23)
LN invest	−2.42*** (−7.21)	0.17*** (2.64)	0.14** (2.31)	0.82*** (13.65)	0.75*** (12.69)	−0.33*** (−2.59)	−0.32*** (−2.59)
export	−0.12 (−1.33)	0.26*** (6.93)	0.26*** (7.46)	0.16*** (5.68)	0.15*** (5.20)	−0.08* (−0.17)	−0.08* (1.72)
LN infra	0.002 (0.08)	−0.73*** (−5.90)	−0.59*** (−5.11)	−0.49*** (−5.80)	−0.47*** (−5.81)	0.27* (1.83)	0.27* (1.82)
LN indust	−0.39*** (−8.91)	1.16*** (5.734)	0.93*** (4.99)	0.29* (1.95)	0.37*** (2.60)	−0.07 (−0.26)	−0.07 (−0.58)
LN real	−0.27** (−2.43)	0.07 (0.64)	0.18* (1.67)	0.11 (1.37)	0.149* (1.884)	0.04 (0.60)	0.04 (0.59)
LN Lev	—	—	—	0.46*** (3.65)	0.43*** (4.08)	−0.10 (−0.55)	−0.09 (−0.55)
$W \times$ LN invest	—	—	—	−1.06*** (−11.33)	−1.01*** (−12.40)	0.12 (0.46)	0.11 (0.47)
$W \times$ LN export	—	—	—	0.06 (1.24)	0.13*** (2.80)	0.06 (0.68)	0.06 (0.69)
$W \times$ LN infra	—	—	—	0.35 (1.58)	0.21 (1.16)	−0.94*** (−2.91)	−0.94*** (−2.91)
$W \times$ LN indust	—	—	—	−0.02 (−0.07)	−0.01 (−0.06)	−0.51 (−0.77)	−0.50 (−0.77)
$W \times$ LN real	—	—	—	−0.41** (−2.54)	−0.61*** (−4.59)	−0.10 (−0.53)	−0.10 (−0.53)
常数项	35.93*** (23.65)	−4.22*** (−4.61)	−4.04*** (−4.81)	1.44 (0.99)	1.65 (1.44)		
直接效应							
LN Lev	—	0.49*** (4.87)	0.49*** (4.98)	0.06 (0.75)	0.20** (2.38)	0.17** (2.04)	0.17* (1.89)
LN invest	—	0.18*** (2.64)	0.16** (2.33)	0.69*** (11.31)	0.56*** (9.04)	−0.33** (−2.39)	−0.34** (−2.29)
LN export	—	0.27*** (6.77)	0.29*** (7.66)	0.21*** (6.95)	0.24*** (7.05)	−0.08 (−1.53)	−0.08 (−1.40)
LN infra	—	−0.78*** (−5.75)	−0.66*** (−5.07)	−0.48*** (−4.05)	−0.51*** (−4.33)	0.17 (1.07)	0.11 (0.66)

续表

解释变量	面板固定效应 (FE) (1)	无效应空间滞后模型 (SEM) 空间相邻 (2)	无效应空间滞后模型 (SEM) 地理距离 (3)	无效应空间杜宾模型 (SDM) 空间相邻 (4)	无效应空间杜宾模型 (SDM) 地理距离 (5)	双固定效应的空间杜宾模型 (SDMFE) 空间相邻 (6)	双固定效应的空间杜宾模型 (SDMFE) 地理距离 (7)
LN indust	—	1.22*** (5.98)	1.05*** (4.84)	0.34* (1.84)	0.47** (2.36)	−0.13 (−0.41)	−0.16 (−0.47)
LN real	—	0.08 (0.65)	0.20 (1.65)	0.02 (0.23)	−0.04 (−0.45)	0.04 (0.42)	0.02 (0.25)
间接效应							
LN Lev	—	0.33*** (3.45)	0.40*** (3.96)	1.30*** (3.51)	1.18 (4.48)	−0.03 (−0.09)	−0.02 (−0.06)
LN invest	—	0.12** (2.44)	0.13** (2.24)	−1.48*** (−5.95)	−1.34*** (−7.65)	−0.06 (−0.15)	−0.05 (−0.11)
LN export	—	0.18*** (4.43)	0.23*** (5.23)	0.53*** (4.27)	0.62*** (6.08)	0.04 (0.27)	0.05 (0.30)
LN infra	—	−0.53*** (−3.82)	−0.53*** (−3.99)	0.02 (0.03)	−0.26*** (−0.54)	−1.41** (−2.47)	−1.34** (−2.43)
LN indust	—	0.83*** (3.69)	0.85*** (3.77)	0.55 (0.62)	0.63 (1.07)	−0.87 (−0.74)	−0.92 (−0.79)
LN real	—	0.054 (0.63)	0.16 (1.58)	−1.01* (−1.88)	−1.37*** (−3.74)	−0.13 (−0.39)	−0.13 (−0.40)
总效应							
LN Lev	—	0.83*** (4.39)	0.90*** (4.64)	1.37*** (3.28)	1.39*** (4.31)	0.14 (0.39)	0.15 (0.42)
LN invest	—	0.31** (2.62)	0.29** (2.32)	−0.80** (−2.95)	−0.78*** (−3.83)	−0.40 (−0.77)	−0.38 (−0.73)
LN export	—	0.46*** (6.16)	0.53*** (6.83)	0.75*** (5.39)	0.87*** (7.03)	−0.04 (−0.22)	−0.03 (−0.15)
LN infra	—	−1.31*** (−5.08)	−1.20*** (−4.71)	−0.45 (−0.55)	−0.78 (−1.35)	−1.24** (−1.92)	−1.23* (−1.85)
LN indust	—	2.06*** (5.05)	1.91*** (4.44)	0.90 (0.87)	1.11 (1.47)	−1.09 (−0.76)	−1.09 (−0.76)
LN real	—	0.13 (0.64)	0.37 (1.63)	−0.98 (−1.60)	−1.42*** (−3.16)	−0.10 (−0.25)	−0.11 (−0.27)
空间效应	控制	—	—	—	—	控制	控制
时间效应	控制	—	—	—	—	控制	控制
R^2	0.57	0.57	0.63	0.82	0.83	0.92	0.93
log likelihood		−422.57	−406.25	−277.05	−278.77	−100.61	−100.53

注：表中括号内 *、**、***，分别表示结果在10%、5%和1%的置信水平下显著，下同。

第一、表5.4中被解释变量的空间滞后项系数 ρ 六组空间计量模型均在1%置信水平上显著为正数，该系数反映了空间滞后项对被解释变量的影响程度和作用方向，说明金融风险在区域之间均存在较强的正向空间溢出效应，即"以邻为壑"的政府竞争现象在我国仍长期存在。以模型（2）中滞后项系数为例，当周围省份金融风险每增加1%，会引起本地区宏观金融风险增加0.43%，显然结果也意味着利用空间面板模型来研究地方政府杠杆率对宏观金融风险影响更为合理。

第二、解释变量 LN Lev 回归结果除了空间杜宾模型（4）和（5）两项系数不显著之外，其余估计系数都至少在5%置信水平显著为正，说明提高本地区政府杠杆率对当地宏观金融风险的影响系数正。空间权重矩阵与解释变量相乘项（$W \times$ LN Lev）前系数 β 为杠杆率的空间滞后变量空间溢出效应，无效应的空间杜宾模型（4）和（5）回归系数在5%置信水平为0.43%和0.46%。说明各省份宏观金融风险也受到其他临近省份政府杠杆率的影响。

第三、为了进一步探讨空间计量模型回归系数所包含的交互信息，表中给出了直接效应、间接效应及总效应估计值。LeSage 和 Pace（2010）提出了一种简洁方法（平均指标法）：①平均直接效应，由偏导数矩阵所有对角线上元素的计算平均值得出；②平均间接效应，偏导数矩阵所有非对角线上元素的计算平均值得出（偏导数矩阵中第 j 列上非对角线元素的平均值为来自第 j 个观测值的平均间接效应）；③平均总效应，由平均直接效应加平均间接效应得出（其中，偏导数矩阵中第 j 列元素的平均值为来自第 j 个观测值的平均总效应）。以空间滞后模型（2）中的回归结果为例，表5.4中政府杠杆率对宏观金融风险的弹性系数为0.49%，即本省的政府杠杆率每增加1%，当地宏观金融风险（不良贷款规模）将上涨0.49%，而间接效应为0.33%表明周围临近省份的杠杆率每增长1%则本省的宏观金融风险也上升0.33%，二者之和的总效应为0.83%。回归结果说明在考虑间接效应之后，政府杠杆率对宏观金融风险的影响要大于面板固定效应模型（1）中得到的系数（系数为0.57%）。进一步，考虑到固定效应的空间杜宾模型（6）中变量 LN Lev 估计系数在10%置信水平为0.17，这一系数等于直接效应的估计结果，且间接效应与总效应均不显著。综合对比后表明政府杠杆率对宏观金融风险的影响更多的是来自省域内部解释变量的直接效应。

第四、其他控制变量中对外开放度（LN export）对宏观金融风险的总效应在1%置信水平显著为正（表5.4中（1）至（4）列），说明随着中国地方政府对外贸易的快速发展和开放程度的加深也导致宏观金融风险增加，回归结果也符合预期。其次,基础设施(LN infra)对金融风险的总效应至少在10%置信水平显著为负,说明良好的基础设施有利于商品流转,降低地区间的交易运输成本,提高资源要素的流通配置效率,最终有利于宏观金融风险的下降。工业化程度(LN indust)对宏观金融风险的总效应只有在空间滞后模型(2)和(3)中的系数在1%水平显著为正,这意味着工业化程度的提高会引起银行信贷资金的投入,理论上也会提高不良贷款规模的增加。除此之外,LN real 回归系数只有模型(5)中的回归系数显著,其余结论都不稳定,结果说明房地产投资与宏观金融风险之间的弹性系数并不明显。

2. 总债务与资产总额对宏观金融稳定的影响

理论上政府杠杆率对宏观金融稳定的影响途径是通过分子和分母共同驱动的,基于这一思路再分别选取分子中的政府债务总额(LN Debt)以及分母的资本形成总额(LN Capital)作为解释变量,从两个角度展开实证研究。回归结果如表5.5所示。

表5.5 政府债务与资产总额对宏观金融稳定的影响

解释变量	直接效应(1)	间接效应(2)	总效应(3)	直接效应(4)	间接效应(5)	总效应(6)
LN Debt	0.20** (2.51)	−0.24 (−0.55)	−0.10 (−0.21)	—	—	—
ln Capital	—	—	—	0.35 (1.67)	−1.26** (−2.02)	−0.91 (−1.01)
LN invest	0.54*** (5.31)	−0.82 (−1.43)	−0.28 (−0.45)	0.41** (2.47)	0.02 (0.05)	0.42 (0.65)
LN Export	0.19*** (7.04)	0.30** (2.13)	0.49*** (3.21)	0.16*** (4.71)	0.56*** (4.72)	0.71*** (5.19)
LN infra	−0.45*** (−3.29)	−0.65 (−0.71)	−1.11 (−1.07)	−0.55*** (−4.30)	−1.05** (−2.33)	−1.87*** (−3.47)
LN Indust	0.24 (1.14)	−0.36 (−0.31)	−0.12 (−0.09)	0.19 (1.05)	0.53 (1.04)	1.08 (1.69)
LN real	0.08 (−0.66)	−1.68** (−2.44)	−1.76** (−2.27)	0.01 (0.05)	−1.99*** (−5.44)	−2.24*** (5.04)
R^2		0.836			0.837	
log likehood		−279.61			−270.27	

注:表中估计系数均利用空间杜宾模型估计得出,空间矩阵选择空间相邻方式。

(1)表5.5中看到,分子的政府债务总额对金融风险的直接效应在

5%置信水平显著为负,其经济含义为本省政府债务总额每提高1个百分比,则当地的银行不良贷款余额增加0.2个百分比。模型估计的间接效应(2)与总效应(3)均不显著。其次,分母资本总额对金融风险的弹性间接效应在5%置信水平为-1.26%,说明临近省份资本总额每提高1个百分比,则本地宏观金融风险下降1.26个百分比。同样的,以资本总额为解释变量的估计结果(4)和(6)项中的直接效应和总效应均不显著。综合表5.4中的结果可以得出:虽然来自分母的资本形成率可以间接降低宏观金融风险,但政府杠杆率还是主要通过省域内债务总额的直接效应来影响宏观金融稳定。

(2)形成有效资本或提高资本产出效率都可以有效降低政府发生金融风险的概率,但我国政府资产结构中主要是由固定资产和土地储备等构成。这些资产流动性不强,处置比较困难,在风险集中暴露的时期,价格大幅缩水,资产难以变现,很难起到缓解债务压力的作用。因此,高债务率是引发系统性金融风险最根本因素,而资本产出效率也可以对债务可持续性和金融稳定发挥重要影响。

3. 稳健性分析

国际清算银行(BIS,2015)提出债务率偏离长期趋势值的缺口值可以作为金融危机的预警指标。基于这一做法,稳健性分析选择金融杠杆波动来衡量宏观金融风险。具体计算方法借鉴马勇等(2016)研究,对私人部门信贷/GDP 求 HP 滤波,得到其周期波动项,然后取其绝对值,这个绝对值即金融杠杆波动(Vol)。显然,金融波动的数值越大,表示对应的金融不稳定程度也就越高、风险也越大。解释变量在国内实证研究中多以国内信贷/GDP 作为宏观杠杆率的代理变量(LN Lev2),该指标不仅显示出金融失衡及受内生周期的冲击情况,同时反映出逆周期资本缓冲顺周期性状况(曹麟和彭建刚,2014)。稳健性回归结果如表5.6所示。

稳健性分析部分也将控制变量进行调整,由表5.4中的绝对数值转换成相对比值。具体做法为:①城市基础设施水平仍然采用人均道路面积(LN infra)来度量;②房地产投资采用房地产投资额的增长率(growreal)来表示;③对外开放程度采用进口总额与国内生产总值的比值来进行衡量(export_ratio);④利用固定资产投资额的增长率表示投资因素(growinvest);⑤工业化程度用第二产业增加值与 GDP 之比来表示(indus_ratio)。

表5.6结果显示,以各省银行信贷总额/GDP 为代理变量的政府杠杆率对宏观金融波动的总效应在1%置信水平显著为正,意味着提高政府杠杆率将会显著影响宏观金融波动性。再分别考察政府杠杆率中的分子与分母

两项对金融波动性的影响,其中分子政府债务率(债务总额/GDP)对金融波动的直接效应在5%置信水平为负,而分母资本形成率(资本/GDP)对金融波动的间接效应在10%置信水平显著为正,二者回归结果与表5.5中的结论相反,出现这一差距的原因在于,银行产生不良贷款通常具有一定的滞后性,而表5.6中回归系数为当期的截面关系,政府提高本年度债务总额,实际上这些资金短期内会提高本地经济增长,因而会明显降低宏观经济波动。

表5.6 金融波动与杠杆率变动估计值

	直接效应(1)	间接效应(2)	总效应(3)	直接效应(4)	间接效应(5)	总效应(6)	直接效应(7)	间接效应(8)	总效应(9)
Debt	−0.08** (−2.63)	−0.08 (−0.77)	−0.16 (−1.38)						
Capital	—	—	—	−0.01 (−0.23)	0.12* (1.73)	0.12 (1.55)			
LN Lev2							0.05*** (3.24)	0.05*** (2.76)	0.09*** (3.11)
Growreal	−0.04 (−1.28)	−0.16* (−1.89)	−0.20** (−2.17)	−0.03 (−0.97)	−0.10 (−1.25)	−0.13 (−1.50)	−0.05 (−1.50)	−0.04 (−1.42)	−0.09 (−1.48)
Growinvest	−0.09*** (−2.82)	−0.04 (−0.46)	0.13 (−1.40)	−0.11*** (−3.19)	−0.05 (−0.56)	−0.15* (−1.63)	−0.07** (−2.74)	−0.07** (−2.38)	−0.15** (−2.63)
Indus_ratio	−0.15*** (−3.49)	0.08 (0.54)	−0.08 (−0.42)	−0.10** (−2.43)	0.25* (1.88)	0.15 (0.94)	0.16** (2.13)	0.15* (1.96)	0.31** (2.09)
LN infras	−0.183** (−2.08)	−0.31 (−1.05)	−0.49 (−1.47)	−0.18** (−2.20)	−0.54* (−1.93)	−0.72** (−2.28)	−0.54*** (−3.70)	−0.53*** (−2.94)	−1.07*** (−3.44)
export_ratio	−0.04* (−1.97)	−0.11** (−2.42)	−0.16** (−2.59)	−0.01 (−0.35)	−0.06 (−1.08)	−0.06 (−0.96)	−0.06** (−2.12)	−0.06* (−1.91)	−0.12** (−2.05)
R^2		0.49			0.56			0.50	
log likehood		−1 115.24			−1 071.10			−1 110.71	

注:表中估计系数均利用双固定效应的空间杜宾模型估计得出,空间矩阵选择空间相邻方式。

综合来看,回归结果说明地方政府杠杆率对宏观金融风险的影响效果是稳健的。

三、空间区制模型实证分析

根据前文假设3,本研究构造如下区制指示变量:(1)金融发展区制变量。本章采用王小鲁等(2016)报告提出的中国各地区金融业市场化指数来衡量金融发展差异,报告中构建的金融发展市场化指数分别涵盖了政府与市场的关系、非国有经济的发展、要素市场的发育程度、产品市场的发育程度、市场中介组织的发育和法律制度环境等五方面指标，因此该指数具有很好的综合性。当金融发展水平大于邻近省市的金融发展水平时，上述 d_{it}^1 赋值为1，否则为0。（2）房地产投资与固定资产投资占比。房地产业是资金密集型行业，其与金融业之间的紧密联系以及金融体系内复杂的债权债务关系，使得房地产泡沫形成过程出现的风险很容易传染到金融体系。由此，利用省域内房地产投资额占全部投资比值作为基础指标，当这一指标超过全国平均的比值则 d_{it}^2 赋值为1，否则为0，这一指标也能代表该区域内资金脱实入虚的程度。（3）GDP 增速区制变量 d_{it}^3，将地方政府 GDP 增速高于全国平均水平作为区制衡量指标，此时 d_{it}^3 赋值为1。

由于各省的经济发展水平与区位存在差异，为了进一步分析地方政府杠杆率对宏观金融风险的影响，采用国家分类标准，将31个省（市、自治区）分为东、中、西三部分，模型选用双区制空间杜宾模型，回归系数采用极大似然估计法进行参数估计，回归结果见表5.7。

表5.7 双区制空间杜宾模型估计结果

解释变量	全部省份 金融发展 (1)	全部省份 GDP 增长率 (2)	全部省份 房地产投资占比 (3)	东部省份 金融发展 (4)	东部省份 GDP 增长率 (5)	东部省份 房地产投资占比 (6)
ρ_1	0.19*** (2.57)	0.41*** (6.14)	0.18* (1.93)	0.49*** (4.81)	0.40*** (4.83)	0.41*** (4.87)
ρ_2	0.51*** (8.19)	0.30*** (4.14)	0.58*** (6.16)	0.36*** (4.41)	0.46*** (5.23)	0.45*** (5.06)
$\rho_1-\rho_2$	−0.31*** (−3.18)	0.10 (1.01)	−0.40*** (−2.75)	0.13 (0.95)	−0.05 (−0.47)	−0.05 (−0.37)
截距项	−0.04 (−0.68)	−0.15** (−2.45)	0.03 (0.53)	−0.34*** (−3.26)	−0.15 (−1.48)	−0.17*** (−2.84)
LN Lev1	0.11* (1.69)	0.11* (1.72)	0.17** (2.33)	0.41*** (3.93)	0.39*** (3.71)	0.33*** (3.17)
LN invest	−0.19* (−1.72)	−0.20* (−1.71)	−0.33** (−2.78)	−0.42*** (−2.90)	−0.39*** (−2.63)	−0.36** (−2.52)
LN export	−0.03 (−0.73)	−0.03 (−0.60)	−0.06 (−1.41)	−0.00 (−0.03)	−0.01 (−0.66)	−0.01 (−0.76)
LN infra	0.32** (2.38)	0.24* (1.74)	0.36** (2.53)	−0.24*** (−2.86)	−0.22** (−2.56)	−0.24*** (−2.84)
LN indust	0.07 (0.27)	−0.07 (−0.27)	−0.08 (−0.33)	0.06 (0.17)	−0.18 (−0.44)	−0.03 (−0.08)

续表

解释变量	全部省份 金融发展 (1)	全部省份 GDP 增长率 (2)	全部省份 房地产投资占比 (3)	东部省份 金融发展 (4)	东部省份 GDP 增长率 (5)	东部省份 房地产投资占比 (6)
LN real	0.05 (0.73)	0.04 (0.61)	−0.02 (−0.19)	0.10 (0.93)	0.08 (0.73)	0.06 (0.59)
W×Lev	0.03 (0.25)	0.07 (0.59)	−0.08 (−0.47)	0.01 (0.06)	0.03 (0.15)	−0.01 (0.04)
W×LN invest	−0.41** (−2.17)	−0.44** (−2.31)	0.08 (0.35)	−0.48* (−1.95)	−0.44* (−1.75)	−0.36 (1.47)
W×LN export	−0.06 (−0.785)	−0.07 (−0.85)	0.06 (0.77)	0.02 (0.84)	0.02 (1.01)	0.02 (0.93)
W×LN infra	−0.57** (−2.13)	−0.54** (−2.00)	−1.00*** (−3.281)	0.07 (0.70)	0.11 (0.99)	0.06 (0.55)
W×LN indust	−0.48 (−1.19)	−0.41 (−1.01)	−0.49 (−0.79)	−0.47 (−0.71)	−0.20 (−0.30)	−0.35 (−0.53)
W×LN real	−0.21 (−1.57)	−0.22 (−1.63)	−0.10 (−0.61)	0.01 (0.02)	0.09 (0.37)	0.14 (0.54)
R^2	0.93	0.93	0.92	0.91	0.90	0.90
Log likehood	(−85.97)	(−87.45)	(−97.09)	(−42.75)	(−46.54)	(−43.93)

注：东部地区是指北京、天津、河北、辽宁、吉林、黑龙江、上海、江苏、浙江、福建、山东、广东、广西、海南等14个省市地区。

（1）全样本范围内三个模型中金融发展与房地产投资占比两项估计系数在1%的置信水平拒绝了区制1和区制2的空间滞后项系数相等的原假设，说明在两区制条件下对宏观金融风险进行空间滞后识别是合理的。同样的，在模型筛选R^2、Log likehood等指标上，两区制估计结果也优于表5.4中单区制的空间杜宾模型结果，说明双区制模型能够更好地解释地方政府杠杆率对宏观金融稳定的影响机制。

（2）全部样本中金融发展指示变量$d_{it}=1$情形下，ρ_1和ρ_2至少在5%的显著性水平上为正，且前者ρ_1系数值小于后者ρ_2。结论一方面说明无论金融发展水平是大于还是小于其他竞争地区，各地之间都存在模仿式空间交互行为；另一方面也说明那些金融发展较高的省份更容易受到区域外金融风险溢出的影响。同样的，当地房地产投资强度超过全国各省的平均投资强度，那么本地区宏观金融风险也会更加受到省域外部金融风险溢出的影响。回归结果进一步证实了假设3的推论。

（3）再以 GDP 增速区制变量来看，双区制下空间滞后项虽然估计系数显著，但是二者并没有明显的区别，说明中央政府对各级地方政府采取以 GDP 增长率为衡量指标的考核体系，各地政府面临几乎同样的激励和约束评价标准，因此无论各省份 GDP 发展快或慢，各地方政府都要把 GDP 经济增长作为考核指标，这一行为模式并没有显著改变，该结论从侧面印证了中国地方政府的决策行为仍然存在明显的唯 GDP 论的内在导向。

（4）分地区回归结果表明。东部省份区制变量空间滞后项 ρ_1 与 ρ_2 都在1% 置信水平显著为正，但是 $\rho_1-\rho_2$ 检验均没有通过检验，数据表明东部地区政府杠杆率对宏观金融风险存在明显的空间正向溢出效应，但在东部发达身份之间没有表现出明显的区制转换特征。此外，东部地区的滞后项系数也都高于全部样本的估计结果，说明东部地区金融风险溢出效应更加显著。

第五节 进一步分析：政府隐性债务与杠杆率

防范化解政府债务风险，确保经济由高速增长向高质量增长的平稳过渡，是深入贯彻党的十九大精神和2017年习近平总书记在全国金融工作会议上的重要讲话。在2018年中央经济工作会议进一步指出，要进一步稳妥处理政府债务风险，严格控制债务增量，优化存量，所以在今后的很长一段时间的工作内容主要是围绕政府债务进行展开。政府杠杆率是衡量政府偿债能力的核心指标，它通常用年底政府债务余额与政府 GDP 的比率来表示，国际货币基金组织（IMF）给出的风险控制参考范围为90%~150%，我国地方政府将杠杆的整体风险警戒线定为100%。从图5.4中数据可以看出，我国政府债务总体上处于合理区域。

中国政府部门的杠杆水平其实不算太高，但如果将政府部门的债务分为中央债务和地方债务后就会发现：地方政府的债务相对比较高一些，同样显性债务只是地方政府债务的一部分。尤其从2016年开始，PPP 项目的升温曾引起地方政府隐性债务骤然升高，因此在考虑上未经统计的隐性债务，则地方债务则可能会更高。自新《中华人民共和国预算法》（简称预算法）实施后，从法律上讲隐性债务已经不属于地方政府债务。但是之前的债务存量金额巨大、关联复杂，某种程度上已成为影响中国经济高质量发展的重大风险隐患，如果没有及时化解，很容易引发系统性的金融风险。隐性债务是我国地方债务的主要问题所在，但由于隐性债务的统计口径、具体认定标准缺乏统一，因此加快对政府隐性债务的学术研究，对于深化供给侧结构性改革、推进中国经济向高质量转变具有重要的理论意义。

政府债务占GDP比重

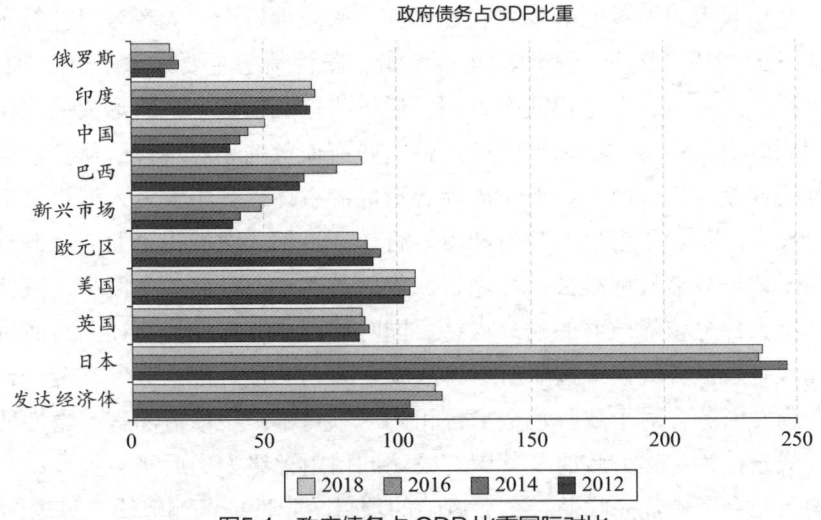

[图表：各国政府债务占GDP比重对比，纵轴从上至下依次为：俄罗斯、印度、中国、巴西、新兴市场、欧元区、美国、英国、日本、发达经济体；横轴为0至250；包含2018、2016、2014、2012四个年份的数据]

图5.4 政府债务占GDP比重国际对比

政府的隐性债务在全球范围内是普遍存在的。在20世纪90年代，一些德国地方政府将部分财政职能划给新成立的公共事业预算单位，这些单位借款并不计入地方政府的财政统计之中（Farber，2002），此外，部分丹麦地方政府曾将一些固定资产作为融资性售后回租的标的资产（Jorgen et al.，2002）。遵循着国外学者的相关研究路径，我国学者也对政府隐性债务进行过了大规模的研究。我国学者刘尚希（2005）估算了国内2004年的隐性债务规模，预计杠杆率达91.1%。沈沛龙等（2012）认为中国政府对隐形债务的管理可能会造成潜在的债务风险，应规范管理国有企业债务，加强监管和问责。

根据国务院印发的地方政府《隐性债务风险应急处置预案》及《地方政府隐性债务问责办法》等有关文件，政府明确将隐性债务认定为游离在法定债务之外或用财政资金进行兜底的债务，主要包括国企事业单位替政府举债而由政府间接提供的担保、地方政府开展的PPP项目、政府设立的基金投资、政府提供购买服务而形成的长期支出债务。截至目前，地方隐性债务的测度没有明确的官方口径，故大部分学者的研究都是选择相关的代理指标。但目前受隐性债务概念界定、数据口径、测算方法等影响，其结果往往存在误差。

在对隐性债务进行统计时，其主要从资产和负债两个端口进行统计。资产端则考虑两方面即资金来源和资金运用。从直接测算和间接测算两个角度出发。站在资金的使用角度上，隐性债务的融资方式复杂切多变，但其融资资金主要用于基础设施建设，故扣除预算内资金占比、显性债务占比、基金收入以及捐赠等形式存在的其他来源性资金，大致可以计算出隐性债务的规模。按资金来源的角度度量，隐性债务主要来源于PPP项目，以信托方式融资，非标模式等方向，通过将这些融资方式所形成的规模加以相应的隐性债务占比估计，即可估得政府债务的相对规模。从负债角度进行隐性债务统计时，主要考虑债务形成的主体，其中大多为城投公司和政府设立的基金平台以及政府和资本合作项目部。对城投企业而言，其融资用于建设公益性或准公益性项目，收益甚微，而借债成本偏高，故债务偿还绝大部分依靠政府的财政支持。同时还存在非标融资途径，故而进一步加大有息债务规模；按照新预算法成立的PPP项目部、政府基金平台不存在隐性债务，对于政府基金平台和PPP项目部产生债务而言，隐性债务的构成条件为：地方政府及其国有公司的信用评级为劣后级，且承诺金融机构等社会资本优先收益、劣后风险的项目。隐性债务测算比较见表5.8。

表5.8 隐性债务统计比较

测算角度		表现形式	优劣
资产端	资金运用	基建	需要使用较多变量，准确性较低，难度较大
	资金来源	PPP	优点是数据准确、易于统计、按期付息、方便计算。难点是需要过多假设，需假设（1）基础建设资金均为隐性债务；（2）城投资金均为隐性债务
		非标	
		信托	
		融资租赁	
负债端	地方政府	城投基金和PPP	优势在于计算债务较为间接明了；劣势在于数据不全；某些平台主体难以计算相关债务
		城投公司	

结合学术和实践层面，我们可以将政府隐性债务划分为五类。一是分类为社会保障性刚性兑付类的隐性债务，主要表现为养老金及医疗保险缺口。二是公共投资项目形成的未来资本性与经常性支出，形成了融资平台为主、社会资金为辅的格局，主要表现为PPP项目。其主要部分是融资平台，作为承接主体获得相关融资，比如政府注入一些公益资产或是无用资产进行融资。从总体上看，平台公司数量多，治理不完善，造血能力偏低，盈利能力差且游离于监管之外。在2017年的《中国去杠杆进程报告》中，显示融资平台是地方政府隐性、或有债务的最大组成部分。三是各种预算内支出拖欠形成的隐性债务，主要表现为政府及其部门应付但是未付的工程物资款项，存在一些地方将市政设施工程项目以及工程欠款、融资服务等，假借政府的名义进行购买。四是违法违规类隐性债务，表现为违

法违规承诺或担保、明股实债、变相融资等。一些融资平台通过装入资产的方式使得自身信用达到 AA 级信用评级，用以发行企业债、中期票据替政府进行融资，也存在一些地方将现存的公益项目采用证券化等方式拆借资金，其背后主要是靠财政承担相关资金或国企信用保障。五是源自地方政府承担一定救助责任的债务。主要是国有企业的亏损、金融机构的不良资产、地方平台融资债务、下级政府财政缺口与非担保债务违约而形成的政府救助支出等。隐性债务的具体表现形式见表5.9。

表5.9 隐性债务的存在形式

表现形式	主体	存在方式
隐性担保	机关单位	存在将相关公益设施进行抵押贷款
	国有企业	国有企业的偿债来源以土地出让收入为主要形式；在一定程度上承担国企的亏损、金融机构的不良资产、地方平台融资债务的救助责任
不合规的政府基金	有关政府	成立基金时以借款进行出资；为社会资本进行兜底，保证社会资本的利益不受损失；为举债增加有关不利条款
伪政府购买	地方政府	对有关服务进行购买，如建设公益性工程，政府及其部门应付但是未付的工程物资款项
伪PPP项目	国有企业	对商业项目进行无线兜底；保证社会资本的最低利益；保证社会资本的本金不受到损失

综上所述，截至目前对地方政府隐性债务的界定、分类及规模测度莫衷一是，没有明确的口径。故亟须统一口径，为处理地方政府隐性债务提供合理依据。

地方政府隐性债务具有"或有债务"的性质。只有在债务出现违约的情况下，地方财政才可能承担部分责任。因此，如果把所有融资平台债务都算作政府隐性债务，往往会提高地方政府的隐性债务率，在计算过程中可依据其显性债务率的高低对折算系数进行赋值。借鉴张明与孔大鹏（2021）的研究思路，对包含地方融资平台债务之内的地方政府隐性债务率进行全口径债务率简单测算。图5.5所示：在纳入地方融资平台债务之后，绝大部分地区的全口径地方政府债务率都显著上升，尤其是天津、江苏、重庆、贵州等地区财政负担的隐性债务相当大，地方政府隐性债务风险不容乐观[①]。

[①] 张明，孔大鹏.中国地方政府债务：特征事实、潜在风险与化解策略[J].辽宁大学学报（哲学社会科学版），2021年第4期。

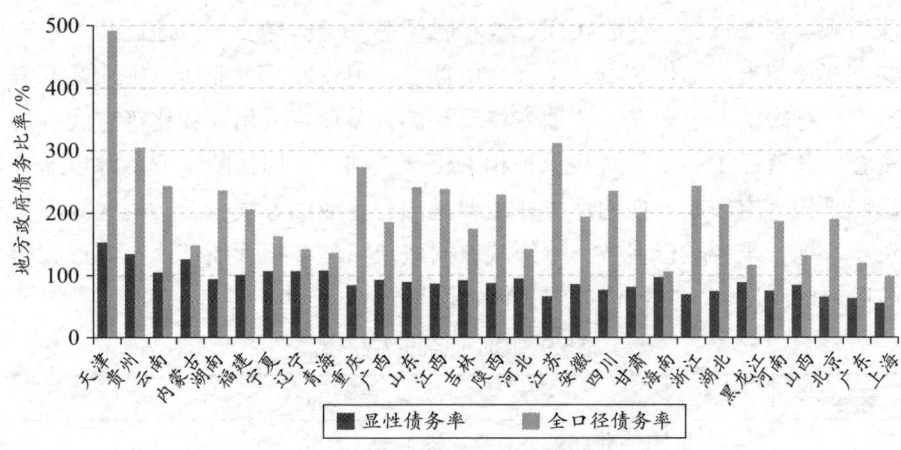

图5.5 地方政府显性负债与隐性债务比率

资料来源：张明，孔大鹏. 中国地方政府债务：特征事实、潜在风险与化解策略 [J]. 辽宁大学学报（哲学社会科学版），2021，49（04）：1-11.

2020年疫情冲击下，国家实施积极的财政与货币政策等为经济平稳增长发挥了重要作用，但也快速推升了我国宏观杠杆率，尤其地方政府是本轮政府部门的加杠杆主体，显性债务及以城投有息债务为主的隐性债务均明显增加，伴随疫后经济复苏，宏观政策寻求恢复经济与防范风险的平衡。未来随着地方债到期高峰来临之际，地方政府偿债压力将进一步加大，区域债务风险分化也将加剧，政府部门须从较早的应急式加杠杆逐步转向稳杠杆操作。针对地方政府隐性债务政策如表5.10所示。

表5.10 针对地方政府隐性债务相关政策

时间	相关政策及会议
2021年3月	3月15日国务院常务会议提出要保持宏观杠杆率基本稳定，政府杠杆率要有所降低
2021年3月	3月26日，国资委印发《关于加强地方国有企业债务风险管控工作的指导意见》，要求地方政府和地方国有企业严格落实主体责任，充分认识当前加强国有企业债务风险管控的重要性，并从完善债务风险监测预警机制、分类管控资产负债率等方面做好地方国企债务风险防控
2021年4月	国资委下发《关于报送地方国有企业债务风险管控情况的通知》要求增设地方国有企业债务风险监测表、地方国有企业风险债券明细表、地方国有企业债务债券风险监测指标自动计算表等三张报表，并要求地方国企及各级国资委按期报送相关数据；同时，设定量化风险监测指标，按指标进行融资管理
2021年4月	国务院于4月13日发布《关于进一步深化预算管理制度改革的意见》，明确提出要统筹发展和安全，将防控风险、增强财政可持续性摆在更加突出位置

资料来源：毛振华，袁海霞，王秋凤，等. 我国近年两轮结构性去杠杆的比较与思考 [J].

财政科学，2021（5）：21-30.

总之，后疫情背景下，经济尚未修复到常态化，微观经济主体压力仍然较大，而与此同时地方债务风险反而更加突出，基于此，当前宏观去杠杆不能"下猛药"，要充分考虑相关去杠杆政策可能导致的连锁反应，注重精准施策，避免去杠杆导致的连锁反应，从而导致系统性风险爆发。

第六节　本章小结

本章利用我国31个省域2005—2016年的空间数据，研究了中国地方政府杠杆率对宏观金融稳定的影响。主要结论有：

（1）空间自相关统计表明宏观金融风险在西部省份存在比较明显的高聚集集现象，而北京、上海等经济发达省市的金融风险LISA多为"低－低"相关的空间特征。同样的，解释变量（政府杠杆率）在空间上表现出相似的集聚特征，即政府杠杆率较高的地区邻近省份的杠杆率也较高。

（2）空间计量模型回归结果表明，我国宏观金融风险在区域之间均存在较强的正向空间溢出效应，"以邻为壑"现象在我国仍长期存在。考虑间接效应之后，政府杠杆率对宏观金融稳定的影响要大于面板固定效应模型得到的影响。从分子与分母两个角度来看，分母中的资产总额通过间接效应来降低宏观金融风险，但分子（债务总额）主要通过直接效应影响宏观金融稳定。由于我国地方政府资产结构中主要由固定资产和土地储备等构成，一旦面临外部冲击，政府将面临流动性风险的威胁。

（3）双区制空间杜宾模型估计结果表明，我国地方政府杠杆率与宏观金融稳定存在明显的非线性关系，其中本地金融发展水平、房地产投资强度等数值越高，当地宏观金融风险的空间溢出效应越显著；而GDP增速这一区制变量则没有明显区别，该结论从侧面印证了中国地方政府的决策行为仍然存在明显的唯GDP论的内在导向。

总之，杠杆本身不是问题，杠杆效率是关键，去杠杆进程中首先是让市场在资源配置中发挥决定性作用。而市场要发挥决定性作用，关键在于政府要更好地发挥作用，优化金融供给体系，缓解金融资产当前有效供给不足的大难题。其次，中央政府要合理控制地方政府举债上限，建立严格的风险预警机制，将地方政府性债务全口径纳入预算管理，将债务率、偿债率和逾期债务率等指标纳入政府债务风险动态监管。最后，政策手段方面，要采用积极的财政政策和中性的货币政策，这样才能减少快速去杠杆导致的压力。

第六章 去杠杆化与银行体系稳定性研究

第一节 问题的提出

尽管巴塞尔协议在过去20多年针对资本监管进行了多次修订，但2008年爆发的全球金融危机仍凸显了银行风险加权资本监管比率的局限性，特别是由资本监管造成的银行信贷顺周期性，从而导致系统性风险增加（Acharya et al., 2009；Vallascas et al., 2013）。为了解决上述问题，巴塞尔协议Ⅲ的新监管框架中引入了简单、透明、不具风险敏感性的杠杆率（一级资本除以调整后的总资产）作为新的监管内容，新资本监管框架更关注商业银行资本约束的要求。从实施效果来看已对全球银行业监管产生了深远的影响。为防止我国商业银行资产负债规模盲目扩张和过度承担风险，银监会于2011年6月出台了《商业银行杠杆率管理办法》，并提出4%的杠杆率监管红线，2015年银监会又发布了《商业银行杠杆率管理办法（修订）》，修订版与巴塞尔协议Ⅲ对杠杆率所作的修订保持一致，重点放松了对衍生品和回购协议等产品的规定，目前杠杆率与资本充足率并行的监管体系已进入我国银行监管实践。

国际金融危机之后，受到宏观刺激政策影响，我国银行体系内杠杆持续攀升。为此，2017年4月，监管机构出台了一系列禁止了银行资金空转、监管套利等去杠杆措施。本次欧美等国家危机中的教训表明金融机构快速去杠杆化会造成银行体系信贷资金的枯竭，严重削弱了货币政策向实体经济的传导效果，尤其我国长期以来银行业对实体经济的贷款规模占全社会融资规模总量的70%左右，因此，银行体系稳定性对于我国宏观经济稳定性至关重要。与欧美国家的去杠杆进程不同，我国资本市场并没有经历明显的资产价格下跌过程，更没有出现系统性的银行危机，中国的去杠杆化实际上是由政府主导的银行系统主动调整过程。

目前文献研究多集中在去杠杆化与宏观经济稳定方面（马勇 等，2016），实施新的杠杆率监管环境下银行异质性特征与微观套利行为都会显著影响银行经营稳定性，特别是目前我国银行系统国有控股银行占据主导地位，预算软约束在国有控股银行内普遍存在，一旦这些银行出现风险，将会对金融系统造成重要的影响。为此，当前急需深入研究银行领域杠杆的微观形成机制，预判去杠杆的大致时间，并针对我国银行业去杠杆的主要方式、路径等展开规范性的实证研究。

第二节 文献综述与研究假设

一、国外相关研究成果

银行业是高杠杆经营企业，其资金来源中除了少数所有者权益外，绝大多数的资金来源于负债。在国际上，通常有两种原因导致银行去杠杆，一种是为了维持评级和融资成本的需求。例如 Jokipii 等（2008）认为较高的资本充足率有助于保持较高的信用评级，在信号传递下更容易获得外部资金，降低银行的债务融资成本。Gambacorta 等（2016）分析认为满足杠杆率监管要求的银行具有明显的借款成本优势。另一种则是审慎监管的要求，银行持有杠杆率监管要求资本也是确保银行有足够的资本来缓冲（吸收）未预期损失。如 Ayuso 等（2004）、Stoltz 等（2011）认为在预防动机的驱动下，银行往往持有超出最低监管资本要求的资本缓冲来抵御外部不利环境的冲击，因此银行资本变动往往是顺周期的。Roulet（2018）利用欧洲商业银行数据分析了2008年金融危机之后新巴塞尔协议 III 中的资本和流动性监管对银行信贷的影响，认为欧洲大型银行去杠杆进程中资本比率对贷款增长有明显负面影响，而流动性指标与贷款增长则是正向关系，在实施新的监管政策时要考虑异质性银行的特征和行为。

Adrian 等（2012）认为"好的"去杠杆是通过提高资本金降低杠杆率，包括提高股权资本、降低股息支付和提高留存收益率等方式，这类去杠杆不影响资产端的信贷供给，对实体经济伤害较小。而"坏的"去杠杆则主要是以收缩总资产或者通过监管套利的方式去掉杠杆，由于这样的去杠杆进程会伴随信贷下降，从而影响消费和投资，最终影响实体经济。Olivier 等（2015）利用全球64个国家的银行数据考察了银行资本调整过程，表明银行业主要通过股权增长来实现去杠杆化（而非缩减贷款资产），加杠杆则主要通过降低内部留存盈余和扩张资产。Ito 等（2002）基于日本银行业的研究表明，存在资本监管约束下，银行会调整资产组合并降低风险资产的规模，资本补充更倾向于发行次级债和混合资本债等工具。

去杠杆进程中会导致银行风险水平的变化，Robert（2013）对比分析了杠杆率和资本充足率双重监管约束对银行风险承担的影响，认为杠杆率监管指标的引入有助于降低银行的破产概率，且杠杆率监管对风险控制要优于资本充足率监管。Kiema 等（2014）、Allahrakha 等（2016）认为杠杆率监管约束下银行将采取低风险向高风险资产转换策略，由于银行资产组合的分散效应将使银行业面临模型风险，可能会低估杠杆率对银行稳定性的影响。Vazquez 等（2015）认为规模较小的国内银行易受流动性风险的影响，大型银行由于杠杆率过高而更容易受偿付能力不足的影响。从金融稳定的角度来看，意味着监管重点应该放在确保系统重要性银行的资本缓冲与其风险承担行为相对称。

二、国内研究现状

由于杠杆率监管要求实施时间尚短，国内研究大都集中在杠杆率新规对银行行为的影响以及对经营绩效的评价等方面。如中国银监会课题组（2010）指出有时候资本充足率并不与杠杆率同步变化，特别是大型银行的核心资本充足率和杠杆率出现了较大程度的背离。黄海波等（2012）认为杠杆率监管会加剧商业银行从低风险资产向高风险资产转换的监管资本套利行为。李维安等（2012）研究认为资本监管压力越大，银行越偏好股权外部融资形式补充核心资本，相反，当监管压力较小时，银行才更多地选择债券融资补充资本。杠杆率监管的加入有利于商业银行资本水平的提高和风险水平的降低，杠杆率监管与资本充足率监管的共同作用强化了金融风险监管（袁鲲等，2014）。

范小云等（2016）认为资本补充能力强的大型银行主要进行资本调整，而资本补充能力弱的中小银行主要进行风险调整。此外，在风险调整方面，大型银行主要调整风险资产之间的比例关系，而中小银行主要调整资产与贷款的总量。靳玉英等（2016）基于我国商业银行数据认为杠杆率监管会显著增加商业银行的抗风险能力，但也会增大其高风险资产的比重，导致其结构性风险上升。马勇等（2016）研究了金融杠杆、经济增长与宏观稳定之间关系，认为去杠杆化会增加金融危机发生概率，金融杠杆波动与经济增长和金融稳定均呈显著负相关关系。彭建刚等（2016；2017）研究认为利率市场化改革背景下银行存贷利差长期发展趋势将收窄，银行在进行金融创新的同时一定要控制好风险溢出问题，特别应当加快完善金融防火墙制度，使其能够有效抵御金融市场的外溢风险。

三、杠杆率对信贷扩张与信用风险的作用机制

较早的研究 Diamond 等（2000）、Tanaka（2003）等学者的研究表明：银行信贷供给能力因为资本充足率监管的实施而被削弱，并且相比于发达

国家，这种信贷紧缩在新兴国家表现得更为明显。Cosimano 等（2011）采用跨国银行样本数据发现：巴塞尔协议Ⅲ框架下提高最低资本要求会增加资金边际成本，长期来看，监管资本增加将导致大型银行贷款利率提高了16个基点，贷款增速下降了1.3%。部分学者也提出了相反的观点：信息不对称环境下高杠杆银行被储户或投资者认为是低风险的，在信号传递下更容易获得外部资金，贷款增长速度也更快。如 Altunbas 等（2014）、Gambacorta 等（2016）认为满足杠杆率监管要求的银行具有明显的借款成本优势，鉴于存款总额占银行总负债的90%左右，这一优势对银行信贷规模扩张的影响是相当大的。Blum（2008）分析认为，杠杆率指标能够很好地弥补监管当局的有限监测能力，缓解自评法中存在的道德风险问题，成为资本充足率监管的有效补充。Kiema 等（2014）研究表明杠杆率约束导致银行低风险贷款策略向高风险的投资组合转换。如果杠杆率低于银行监管要求，银行的资本成本则不会增加。总之，由于采用的实证方法以及样本区间不同，学者未能就上述问题取得一致性结论。

文献围绕银行资本对信贷投放的影响进行了诸多有益的研究，Kishan 等（2000）基于1980—1995年美国的银行数据，研究了货币政策对异质性银行贷款影响，发现银行对于货币政策的反应程度受自身规模和资本充足率的影响，货币政策传导受银行规模和资本充足率的影响。Heuvel 等（2012）分析了银行资本对货币政策信贷渠道传导影响，认为银行持有充足资本有利于提高外部融资可得性和降低外部融资风险，因而能够在外部金融市场筹集足够的资金来应对货币政策带来的负面影响。

商业银行一般以吸收居民存款、同业拆借和向中央银行借款等手段进行债务融资。因为接受的居民存款融资对于银行资本监管、银行风险等因素缺乏敏感性，所以商业银行融资成本受公允价值计量影响较小。Brunnermeier 等（2009）认为商业银行引入公允价值计量后，金融资产的公允价值变动引起收益波动，整体上提高了商业银行的经营风险，进而也增大商业银行的负债融资成本。Vera 等（2014）研究了金融危机期间批发金融融资对银行信贷的影响，发现在2008年全球金融危机期间，批发融资依赖对各地区的贷款增长产生负面影响，但区域异质性较大。

国内研究大都集中在杠杆率对银行微观行为及对经营绩效的影响等方面。王胜邦（2007）对1995—2003年间资本约束对中国商业银行信贷扩张的影响进行了实证分析，研究发现资本监管研究并未对贷款增长产生约束效应。中国银监会课题组（2010）指出有时候资本充足率并不与杠杆率同步变化，特别是大型银行的核心资本充足率和杠杆率出现了较大程度的背离。黄海波等（2012）认为杠杆率监管会加剧商业银行从低风险资产向高风险资产转换的监管资本套利行为。李维安等（2012）将视角转移到银行融资行为，认为资本监管对银行融资调整是通过其资本缓冲机制发生作用的，银行面临触碰监管红线的压力越大，采取外部融资的可能性也越大。吴国平（2015）认为我国银行杠杆率有显著的顺周期性，且经济周期对杠杆率分母的正向影响大于分子。张琳等（2015）基于中国商业银行数据得出银行资本缓冲具有逆周期特征。

货币政策银行信贷传导渠道除了受到杠杆率自身影响之外还应该受到宏观政策、经济周期以及银行财务特征等调节变量影响，特别作为转轨时期的中国来说，这一机制更加受外部因素的制约。翟光宇等（2011）的研究表明，我国规模越大的银行资本积累越雄厚，越有可能与信托公司等开展表外业务合作，因此监管套利程度也越高。吴玮（2011）研究认为国有大型银行的融资渠道更多元，政府支持力度大，可在短时间内补充资本，因此面临的融资约束压力较小。项后军等（2015）认为中国商业银行杠杆存在顺周期行为，不同产权特征的银行之间存在差异，其中国有银行的杠杆顺周期行为并不明显，而中小规模银行则强于平均水平。此外，熊启跃等（2015）利用我国27家银行季度数据研究认为中央银行货币政策能够影响商业银行的信贷投放，但实施资本监管会"扭曲"货币政策信贷渠道的传导效果。魏巍等（2016）认为，合格稳健的资本持有水平有利于银行信贷增速的提升，其在与货币政策的协调作用中会弱化紧缩货币环境对银行信贷扩张的负面影响。中国长期以来金融宏观调控和利率体系以"双轨"形式来呈现，其中货币市场与债券市场利率已经完全市场化，而存贷款基准利率则一直处于"计划轨"（纪洋 等，2015），基于利率市场化改革现状，研究将银行融资成本指标进行细分，剔除其中不敏感的存款部分，实证研究杠杆率对银行融资成本的影响，从理论上丰富与完善货币政策信贷传导机制理论。

总之，引入《新巴塞尔协议Ⅲ》监管框架下银行业去杠杆化将会如何影响经营稳定性？目前文献中对这一机制仍没有完全揭示清楚，特别是对于中国这样一个新兴的转型经济国家来说，银行杠杆调整行为更加受金融体制的影响。在已查阅的文献中，尚未发现学者就上述问题展开论证。据此，本章提出假说。

假设1：去杠杆化会降低商业银行资产负债扩张速度。

假设2：银行去杠杆化会带来两种影响，长期内会提高债务融资成本，降低银行体系的流动性，改善银行盈利能力，最终提高银行经营稳健性。

短期内去杠杆化则会提高银行破产概率、降低经营稳定性。

假设3：国有控股银行的去杠杆化幅度高于非国有银行，且资产负债结构转换特征更加明显，而中小银行去杠杆化的调整方式与渠道都比较有限。

假设4：增加留存收益、发行次级债务等主动式（或内源性）去杠杆化会提高银行稳定性。

假设5：杠杆率对银行经营稳定性的边际作用受到宏观货币政策与微观银行流动性等异质性影响，二者都弱化了杠杆率对银行稳定性的作用效果。

第三节　银行去杠杆化：长期典型事实

一、数据指标选取

1. 指标选择

采用两种指标来衡量商业银行杠杆率，其一，在公司财务中通常使用资产负债表中的总资产除以权益资本来测量银行的杠杆率，它反映了权益撬动资产的能力，该比率也被称为杠杆倍数。为保持与我国银行业杠杆率管理办法中的监管指标一致，本章选择杠杆倍数的倒数作为杠杆率的代理变量，如果银行没有表外资产，那么资产负债表中的权益资本/总资产即为账面杠杆率（BL）。其二，按照巴塞尔协议Ⅲ和中国银监会令2015年第1号商业银行杠杆率管理办法，银行监管杠杆率（Basel）通过下式计算得出：

$$监管杠杆率 = \frac{一级资本 - 一级资本扣减项}{调整后表内外资产余额} \quad (6.1)$$

目前我国银行业表内资产基本上占到了全部资产的80%左右，鉴于国内银行涉及衍生品和证券融资业务总额比例较少，账面杠杆率与监管杠杆率二者主要区别在于分母项中的表外项目余额部分。为了限制表外业务的发展，杠杆率管理办法中针对不同风险水平的表外业务均使用100%的信用转换系数，由于我国银行业杠杆率监管指标要求时间尚短，目前只有部分国有控股商业银行2012年度报告中可以查到公布的杠杆率指标，因此之前的数据根据监管比率式（6.1）计算得到，通过对各大银行公布的杠杆率年度数值比照后基本吻合。

商业银行去杠杆化意味着银行权益资本（或一级资本）增加的过程，由于银行异质性造成去杠杆时间会有所不同，如果按年份统计则无法分辨这种特征，实证结果也会低估去杠杆化的规模与效果。借鉴DeAngelo等（2016）利用纵向数据研究上市公司去杠杆的方法，将样本银行杠杆率按照最低值（谷值）升至最高值（峰值）的过程重新排列，反之，如果杠杆率由最高值向最低值调整则视为加杠杆过程。纵向数据关注的是去杠杆事件的长期变化，通过跟踪银行杠杆率在两个时间点的变化趋势，找到银行去杠杆化的长期影响因素和相应的因果关系。

2. 数据来源说明

商业银行数据源自 BankScope 数据库2003—2015年的年度披露数据，剔除政策性银行、非银行金融机构以及外资银行，并删除财务数据严重缺乏或年度数据不足3年的银行数据。按银行产权属性将样本划分成国有控股银行（5家）、全国性股份制银行（12家）以及地方性城市商业银行及农村商业银行等（103家）三类，共计120家银行1 560笔样本数据。由于2009年平安银行收购深圳展银行，之前的财务数据采用深圳发展银行数据替代，其他 Bankscope 数据库缺失部分通过查阅各家银行官网上公布的年报进行补充，总体上样本数据以非平衡面板形式呈现。

二、银行去杠杆：长期变动趋势统计

1. 银行去杠杆化时间

表6.1以统计描述的方式给出我国银行业账面杠杆率与监管杠杆率的去杠杆化时间，去杠杆时间为正数说明杠杆率峰值出现在谷底年份之后，银行在进行去杠杆调整，否则表示银行在加杠杆。

表6.1　银行去杠杆时间

时间	账面杠杆率 BL					监管杠杆率 Basel				
	Max	Min	DeLev	N	占比/%	Max	Min	DeLev	N	占比/%
−5	23.58	8.50	15.08	13	0.84	22.75	7.83	14.72	9	0.77
−4	16.92	6.12	10.99	91	5.85	30.56	5.39	25.17	24	2.04
−3	8.79	6.69	1.50	143	9.20	8.51	6.51	1.70	78	6.64
−2	7.39	5.12	1.49	104	6.69	7.77	5.77	1.08	83	7.06
−1	7.18	5.88	1.12	91	5.85	7.42	6.12	0.91	185	15.74
1	8.29	6.18	2.04	169	10.87	6.65	4.98	1.68	157	13.36
2	8.01	5.58	1.97	208	13.38	7.82	5.92	1.88	201	17.11
3	7.60	5.65	2.05	155	9.97	7.35	5.05	2.00	213	18.13
4	8.67	4.97	2.91	117	7.52	7.29	5.09	2.14	39	3.32
5	7.74	3.46	4.13	64	4.12	7.13	3.08	4.05	35	2.98
6	6.81	3.86	2.95	64	4.12	5.68	4.23	2.47	34	2.89

续表

时间	账面杠杆率 BL					监管杠杆率 Basel				
	Max	Min	DeLev	N	占比/%	Max	Min	DeLev	N	占比/%
7	7.84	3.92	3.97	78	5.02	6.20	3.38	2.82	26	2.21
8	7.76	5.63	3.66	65	4.18	5.93	3.40	2.53	13	1.11
9	8.70	2.40	5.85	39	2.51	5.93	2.62	3.31	13	1.11
10	8.94	4.03	4.54	37	2.38	7.53	3.64	3.89	26	2.21
11	7.56	3.71	2.95	65	4.18	6.84	3.93	2.91	26	2.21
总	8.12	5.32	2.73	1 555	100	7.24	5.54	1.61	1 175	100

注：杠杆率调整时间为负数表示杠杆率最大值（Max）年份出现在最小值（Min）之前，此时，银行为加杠杆操作，反之则为去杠杆。DeLev 代表杠杆率调整幅度，即杠杆率峰值减去谷值的绝对值。由于表中去杠杆时间存在间断，所以删掉加杠杆5年以上的统计数据。考虑到数据异常值影响，表中杠杆率均为中位数。

按照去杠杆时间重新排列之后发现，以监管杠杆率为计算标准，我国银行业去杠杆进程为3年的银行比例最高，占到样本总数的18.13%，有将近49%的银行在3年内完成去杠杆调整。此外，去杠杆最大幅度的中位数出现在第5年（杠杆率绝对值增加了4.05）。再对比账面杠杆率的变化，其中去杠杆进程为2年的银行数量最多，占比达到13.38%，3年以内完成去杠杆调整的银行总数占样本的35%。综合表6.1中的统计结果认为，相对于非金融企业，我国银行业去杠杆化周期要更短[①]。

2. 银行体系去杠杆化主要方式与渠道

监管杠杆率公式中分子项中一级资本（或核心资本）主要包括普通股、资本公积和未分配利润等，银行要补充核心资本可以通过依靠自身利润留存进行补充，或者依靠外部资源，如股权扩张、政府注资等方式。此外，如果不能满足杠杆率监管要求的银行还可以通过降低分母项来实现，分母项由表内资产、表外项目余额和核心资本扣减项等组成。由于我国商业银行仍以传统的存贷业务经营模式为主，银行的资本结构比较单一，所以杠杆率监管办法实施后，国内商业银行杠杆率总体上要高于国际监管要求3%的最低标准。表6.2中看到：

---

① 现有研究（DeAngelo et al., 2016）认为欧美发达国家的非金融企业去杠杆时间均值在6~7年左右。

表6.2 银行"去杠杆化"主要方式

去杠杆主要方式	全样本	加杠杆	去杠杆	国有银行	上市银行	中小银行
1.1 账面杠杆率（BL）峰值	8.12	8.60	8.07	7.87	6.57	8.42
1.2 账面杠杆率（BL）谷值	5.32	5.90	5.11	4.03	5.02	5.61
1.3 账面杠杆率变化幅度	2.73	2.19	2.82	2.95	2.84	2.60
2. 去杠杆化负债结构变化						
2.1 去杠杆化负债变化率	−34.19	−106.6	−100.5	−288.7	−228.1	−88.23
2.2 存款/负债占比（谷值）	80.25	69.61	85.96	94.83	77.20	86.24
2.3 同业借款/负债占比（谷值）	7.70	15.56	3.48	2.88	18.13	2.92
2.4 存款/负债占比（峰值）	84.51	90.16	82.38	82.42	66.34	83.52
2.5 同业借款/负债占比（峰值）	7.06	5.50	8.83	11.47	22.44	6.82
3. 去杠杆化资产结构变化						
3.1 去杠杆化资产变化率	−31.05	−111.5	−127.5	−402.7	−291.8	−98.42
3.2 贷款/资产占比（谷值）	47.72	39.72	49.75	49.66	51.99	49.57
3.3 同业贷款/贷款占比（谷值）	0.25	0.40	0.24	0.25	0.26	0.24
3.4 证券资产/贷款占比（谷值）	0.30	0.38	0.29	0.45	0.28	0.27
3.5 贷款/资产占比（峰值）	48.80	49.42	48.80	53.14	45.38	48.98
3.6 同业贷款/贷款占比（峰值）	0.19	0.24	0.16	0.09	0.16	0.19
3.7 证券资产/贷款占比（峰值）	0.27	0.21	0.28	0.27	0.40	0.27
4. 去杠杆化股权变化率	−269.2	−61.71	−625.3	−761.3	−711.5	−407.4
4.1 去杠杆化留存收益变化率	4.97	−17.85	0.90	−283.7	2.19	6.81
4.2 留存收益/股权占比（谷值）	0.12	0.13	0.12	0.02	0.19	0.12
4.3 留存收益/股权占比（峰值）	0.14	0.11	0.15	0.23	0.24	0.13
5. 去杠杆化次级债务变化率	−25.44	−261.3	−70.99	−410.9	−112.8	−0.04
5.1 次级债/股权占比（谷值）	0.12	0.14	0.11	0.10	0.13	0.11
5.2 次级债/股权占比（峰值）	0.08	0.06	0.08	0.08	0.09	0.08
6. 去杠杆化表外资产变动率	−35.90	−376.9	−169.3	−316.5	−275.3	−81.07
6.1 表外资产/总资产（谷值）	0.12	0.10	0.12	0.12	0.15	0.11
6.2 表外资产/总资产（峰值）	0.12	0.07	0.12	0.08	0.15	0.12
7. 公司数量	120	38	82	5	10	67

注：表中BL调整过程中负债变化率代表账面杠杆率由峰值向谷值调整过程中负债的变化率，计算公式为：(谷值债务−峰值债务)/(谷值负债)×100，其余指标的变化率计算方法也相同。由于账面杠杆率与监管杠杆率实际结果统计相近，限于篇幅，表中没有报告监管杠杆率的统计值。

（1）去杠杆进程中，国有银行账面杠杆率绝对值增加了2.95，12家上市银行杠杆率增加了2.85，而中小银行杠杆率增加幅度最小（2.60），数据对比表明国有银行去杠杆化幅度要更大。与此同时，样本区间内我国银行业处于快速发展阶段，资产负债的总体规模都是增加的，因此，无论是去杠杆还是加杠杆，银行资产负债变化率的中位数都是负数。从产权分组来看，国有控股银行去杠杆化负债增加了288.7%，总资产增加了402.7%，其次，12家上市银行去杠杆化负债增加了228.1%，总资产增加了253.2%，相对来说，中小银行增长幅度较小，其中负债增加了88.21%，资产增加了98.42%。

（2）观察银行去杠杆化资产负债结构变化，总体上，负债结构中银行存款占总负债的比例变化不大（基本都在82%~85%之间），但同业拆借类负债占比增加明显（从谷值时的3.48%增加到峰值时的8.83%）。从产权对比来看，在去杠杆过程中国有控股银行负债结构变化最大，尤其以同业类负债份额变化较多。而中小银行一方面负债结构中仍然过度依赖于传统的存款业务，另一方面当同业存单和同业理财等业务存在套利机会条件下，中小银行通过大规模主动负债支撑资产端的扩张。

已有研究认为我国银行体系杠杆率变动过程本质上是大型商业银行以同业、委外等方式将资金传递给中小银行，帮助其实现金融加杠杆的过程（崔宇清，2017）。由于国有控股银行享受政府的隐形担保、政策扶持等优惠，往往能以低成本获得中央银行融资，而之后又在利润驱动下通过同业负债、委外等方式将资金传递给中小银行。特别是2014年以后，中央银行创立了中期借贷便利（MLF）、抵押补充贷款（PSL）等短期货币政策工具，这些新型货币政策工具的流动性投放，都偏向于大型商业银行，进一步放大了国有控股银行与中小行杠杆率之间的差距。相对的，城商银行、农村商业银行等中小银行由于投资能力相对较弱，信贷扩张过程中一级资本补充能力有限，因此中小银行也就成为本轮银行体系加杠杆的主力。

随着中央银行去杠杆化的推进以及银行监管政策的强化，商业银行需要把原来规避监管套利业务进行收缩与回表，银行资产端的结构也有所分化，其中传统的贷款类资产占比（48%左右）变化不大，降低较明显的是同业贷款的比例（由0.24%降到0.16%），这部分也成为本书去杠杆的重点内容。对比产权来看，国有控股银行资产结构变化最明显，其中同业资产占总资产的比例从0.25%下降到0.09%，资产证券类占比从0.40%下降到峰值的0.27%。其余12家上市银行证券类资产占比从谷值的0.28%反而增加到峰值的0.40%，城商行等中小银行由于投资能力较弱，去杠杆进程中除了同业资产增加较多之外（由谷值时的2.92增加到峰值时的6.82），其余类型的资产都没有很明显的调整。

（3）考虑到我国股票市场尚不具备有效市场的条件，上市银行利用股权再融资资格、时间、数量等都受到证监会的严格管制，去杠杆方式中不考虑股票增发。政府注资等扩充核心资本方式受到地方政府的财力限制，而且在地方政府干预下可能面临预算软约束问题而形成较高不良贷款率。因此，研究也忽略政府注资这种方式。

对比来看，银行去杠杆化留存收益增加了283.7%，其中资本补充能力强的国有控股银行留存收益增加更明显（留存收益与股权之比从谷值的0.02%增加到峰值的23%）。其他12家上市银行与中小银行的留存收益变化率则都为正数，说明这些银行去杠杆进程中盈利能力是逐步下降的。银行对于留存收益的使用受到银行盈利能力的制约，国有控股银行总体盈利能力较强、留存收益基本可以满足杠杆率监管要求，中小银行内部盈余资金则相对不足，依靠自身利润很难以满足杠杆率要求。

发行次级债和混合资本债券是银行主要的附属资本补充工具，表6.2中数据说明，去杠杆进程银行次级债务发行规模是增加的（增加了70.99%），但是次级债在股权中的份额略有下降（由谷值时的0.11%降至峰值时的0.08%）。随着去杠杆化进程的深入，银行债务融资成本随之增加，因此银行峰值年份利用高资金成本的次级债主动去杠杆动力明显不足。对比产权发现，国有控股银行发行次级债的规模变化率（−410.9%）仍然远超过其他银行的次级债务变化率（12家上市银行增长率为−112.8%，中小银行增长率为−0.04%）。中小银行受制于自身资质与盈利能力，去杠杆方式与渠道仍然比较有限，当委外理财等监管收紧后，小型银行受到的冲击更大，去杠杆进程中也极易诱发风险。

（4）从表外资产统计来看，总体上银行去杠杆进程表外资产变化率为−169.3%，其中国有控股银行表外资产变化率为−316.5%，要明显高于上市银行（−275.3%）与其他中小银行的变化率（−81.07%）。2017年3月，我国中央银行将表外理财资产纳入MPA考核体系，但是样本考察期间表外理财还不受监管规则约束，表外理财也成为银行资产规模扩张和利润增长最为重要的来源。国有控股银行由于资本积累雄厚，杠杆率水平基本能达到监管要求，同时在规模、技术、风险管理等方面具备的优势，国有控股银行也更有能力开发资产证券化等金融创新产品，也越有可能与信托公司等开展银行理财产品等表外业务合作（翟光宇 等，2011），再加上当前互联网金融、民间融资等业务对银行传统信贷资产的"挤压"，国有控股银行利用自身规模优势将资产更多的配置在盈利性更强的表外项目以获得监管套利,而城市及农村商业银行等中小银行显然不具备发展中间业务条件,所以监管杠杆率对中小银行的约束作用更强。由于表外业务实际包含了大量的刚性兑付和隐性担保,一旦产生风险暴露,容易将表外风险引致表内,不利于金融稳定,因此,通过政策引导商业银行降低表外理财等非核心资产也就成为去杠杆化的主要渠道。

3. 银行去杠杆化对其经营稳定性的影响

(1)表6.3中数据表明,去杠杆进程中银行账面杠杆率峰值对应的银行贷款增速都明显小于谷值的贷款增速,这一规律从负债端的存款增速来看依然成立,说明银行去杠杆化造成了信贷供给速度下降,资产规模扩张放缓,但中小银行增速快于大型银行的长期趋势依然没有扭转。

(2)我国银行业去杠杆化本质上是由政府主导的主动式调整过程,一方面,中央银行货币政策主动通过拉长逆回购期限、上调银行间拆借利率等方式提高市场利率,倒逼银行体系去杠杆。另一方面,随着进一步严格考核宏观审慎评估体系(MPA)指标,商业银行收缩委外资金投资的债券,当市场形成共同预期条件下,去杠杆会造成债券市场出现抛售、银行体系流动性普遍趋紧。表6.3表明,去杠杆对国有控股银行的流动性影响最大(流动性比率由谷值时的20.79降至峰值时的13.13),而对中小银行流动性比率变化相对较小(流动性由谷值时的25.19降到峰值时的23.20)。

(3)银行资金来源主要包括存款和同业拆借、向中央银行借款以及相应的金融债券等。鉴于样本考察期内我国在利率市场化未完全实现,存款基准利率受到严格管制,所以这部分资金短期内对推高银行杠杆率的作用不会迅速变化。基于此,为有效衡量商业银行实际债务融资成本,从全部银行资金来源中剔除对基准利率变化并不敏感的客户存款部分[1]。表6.3中数据表明,去杠杆化造成银行债务融资成本从杠杆率谷值年份的3.81升至峰值时的4.65,且国有控股银行融资成本低于12家上市银行与其他中小银行的融资成本。另外,数据表明杠杆率峰值对应的资产收益率(ROA)都明显高于谷值对应的收益率,长期来看去杠杆提高了银行资产质量,改善了资产盈利状况。

---

[1] 债务融资成本中将分母中剔除存款部分,分子中全部利息支出减去客户存款利息支出。通过上述处理得到的债务融资成本指标可以有效衡量基于市场供求的实际债务融资成本。

表6.3 银行去杠杆化与财务绩效变动

财务绩效变化	全样本	加杠杆	去杠杆	国有银行	上市银行	中小银行
1. 去杠杆对信贷增速的影响						
1.1 存款增速（谷值）	26.97	27.21	26.30	10.47	21.49	27.50
1.2 存款增速（峰值）	13.85	22.77	12.19	2.61	14.66	13.09
1.3 贷款增速（谷值）	19.05	15.22	22.19	9.38	17.81	20.39
1.4 贷款增速（峰值）	14.65	19.08	12.82	3.54	7.97	15.80
2. 去杠杆对融资成本的影响						
2.1 谷值年融资成本	3.93	4.34	3.81	1.68	2.97	4.30
2.2 峰值年融资成本	4.83	5.35	4.65	2.24	3.15	5.62
3. 去杠杆对资产收益率的影响						
3.1 谷值年ROA	0.98	0.98	0.97	0.66	0.85	1.01
3.2 峰值年ROA	1.13	1.14	1.10	1.12	1.03	1.26
4. 去杠杆对流动性的影响						
4.1 银行流动性（谷值）	24.88	24.53	27.04	20.79	23.90	25.19
4.2 银行流动性（峰值）	24.84	21.44	30.98	13.13	16.09	23.20
5 去杠杆对经营风险的影响						
5.1 谷值年份 Z-score	0.26	0.33	0.24	0.27	0.35	0.26
5.2 峰值年份 Z-score	0.41	0.46	0.36	0.40	0.68	0.40
6 去杠杆对不良贷款率的影响						
6.1 不良贷款率（谷值）	1.29	0.74	1.47	4.69	1.21	1.34
6.2 不良贷款率（峰值）	1.25	1.17	1.31	1.50	1.44	1.16
7. 金融危机对杠杆率的影响						
7.1 2008—2010 年银行谷值的数量	21	2	19	1	3	17
7.2 2008—2010 年银行峰值的数量	19	10	9	0	3	16
8. 杠杆率监管政策实施后杠杆率						
8.1 2011—2015 年杠杆率谷值数量	67	36	31	0	5	62
8.2 2011—2015 年杠杆率峰值数量	95	24	71	5	8	82

注：表中银行经营稳定程度用 Z 值衡量，借鉴了 Roy1952 年提出的变量 Z-score 的算法，即 $Z=(ROA+E/A)/STD(ROA)$，Z 指数越大，表明商业银行经营稳定性越高。

（4）本轮杠杆调整过程中银行体系通过层层加杠杆加剧了信用风险和期限错配风险，且杠杆创造过程更加复杂和隐蔽，整个金融体系的稳健性也会受到影响。借鉴 Berger 等（2009）研究方法，用破产风险 Z 指数和不良贷款率等指标来衡量商业银行稳定程度，其中破产风险 Z 指数计算为银行资产收益率和股东权益比率之和再除以银行资产收益率的标准差，该指数越大表明银行破产概率越低，经营越稳定。表6.3中银行杠杆率峰值年份对应的破产风险 Z 指数（0.36）均高于谷值年份数值（0.24）。再对比不良贷款率变化，杠杆率峰值对应的数值（1.31）也明显低于谷底对应的不良贷款率（1.47），而国有控股银行去杠杆进程不良贷款率下降幅度最大（由谷值4.69降至峰值的1.50）。长期来看，去杠杆化降低了银行不良贷款率，提高了经营稳定性。

（5）表6.3中也报告了金融危机期间（2008—2010年间）银行杠杆率变化情况，其中加杠杆银行数量反而明显增加，这一实际情况与欧美等国家银行去杠杆相反，出现这一变化的原因还是我国中央银行实施扩张性的货币政策为银行加杠杆提供了合适的环境。此外，杠杆率管理办法实施（2011—2015年）之后，银行杠杆率峰值数量增加到71家，去杠杆化的银行数量明显增加，说明外部监管也是促成银行业杠杆调整的重要因素。

第四节 去杠杆与银行经营稳定性实证检验

一、模型设定

将银行稳定性指标作为被解释变量，同时控制银行异质性特征与宏观外部环境，进行计量模型检验。

1. 模型设定

如果银行稳定性是随着外部宏观环境持续而动态调整的，那么静态模型估计就会出现偏误，解决该问题常用的方法是采用动态面板模型进行估计，采用如下动态模型进行检验：

$$Z_{y,t} = \alpha_y + \theta_t + \beta Z_{y,t-1} + \gamma \text{Lev}_{y,t-1} + \sum_i \delta_i \text{bank}_{yi,t-1} + \sum_j \rho_j \text{macro}_{yj,t} + \varepsilon_{y,t}$$

（6.2）

式中，$Z_{y,t}$ 表示银行 y 在时间 t 的破产概率，$\varepsilon_{y,t}$ 为随机扰动项，α_y 表示个体固定效应，θ_t 为面板的时间效应。模型仍然采用破产概率指数 Z 代表银行稳定性指标（稳健性分析用不良贷款率指标），解释变量 Lev 选择用银行监管杠杆率指标。模型（2）中 bank 为银行异质性特征变量，分别选取银行资产规模、盈利性和流动性等指标，为宏观层面经济指标，分别选取名义 GDP 增长率、资产价格增长率、银行产权特征等指标作为代理变量。

被解释变量滞后一期前系数 β 衡量被解释变量调整的平滑程度，统计上介于0和1之间。

将宏观货币政策变量、微观银行异质性特征与杠杆率相乘作为交互项引入计量模型，同样为避免模型产生内生性问题，将解释变量杠杆率与微观个体变量都选用 $T-1$ 期数据。具体公式如（6.3）所示：

$$Z_{y,t} = \alpha_y + \theta_t + \beta Z_{y,t-1} + \gamma \mathrm{Lev}_{y,t-1} + \sum_n k_n \mathrm{Interact}_{yn,t-1} \times \mathrm{Lev}_{yn,t-1} + \sum_i \delta_i \mathrm{bank}_{yi,t-1} + \sum_j \rho_j \mathrm{macro}_{yi,t} + \varepsilon_{y,t} \quad (6.3)$$

式中，Interact×Lev 为所要考察的控制变量与银行杠杆率的交互项，对式（6.3）交互项中解释变量求偏导，则可观测银行经营稳定性受到货币政策以及银行异质性等调节变量影响的非线性特征。

2. 控制变量

银行微观层面的控制变量主要包括银行规模（TA），其数值为银行总资产的自然对数，银行盈利能力用平均总资产回报率（ROA）作为代理变量，即净利润与平均总资产的比值来表示，资本监管指标选择资本充足率（CAR），该指标为资本总额与加权风险资产总额之比，流动性指标（Liq）用流动资产/（存款以及短期资金）来表示。反映宏观经济增长情况的控制变量为名义 GDP 增长率，选用房地产销售价格增长率（Realty）反映金融市场资产价格波动性，利用上海沪指增长率（Stock）表示资本市场变化及投资者避险情绪。

交互项中用货币政策立场 MP 用货币政策供应量 M2 的增长率作为代理指标。另外将银行资产规模、短期流动性与银行盈利性等微观指标的交互作用一并纳入模型进行考察。考虑到交互项与解释变量可能出现严重的多重共线性，文中对解释变量、交互项中出现的控制变量等均进行"中心化"处理。考虑到样本期间我国银行业经历的体制变革以及重大时间变化因素，模型加入年度虚拟变量。

为避免数据极端值影响，对所有连续变量进行1%缩尾处理（winsorize）。相关变量统计性描述如表6.4所示。

在进行实证分析之前，对所有解释变量进行相关性检验，系数矩阵显示变量之间最大的相关系数均在 −0.3~0.3 之间，说明各自变量间不存在明显的多重共线性问题（限于篇幅，本章不再报告）。

表6.4 统计性描述

变量名称	变量含义	样本量	均值	标准差	最小值	最大值
BL	账面杠杆率	865	6.79	2.27	1.75	16.1
	其中：国有控股	61	5.97	1.47	1.75	8.1
	非国有	804	6.85	2.32	1.75	16.1
Basel	监管杠杆率	647	4.85	2.69	0.47	12.18
	其中：国有控股	51	5.67	1.04	3.53	7.82
	非国有	592	4.78	2.78	0.47	12.18
Z	破产指数	862	0.43	0.76	-0.81	9.84
Npls	不良贷款率	707	1.97	2.73	0.03	18.32
ROA	平均资产收益率	862	1.06	0.45	0.08	2.00
TA	ln(总资产)	865	16.79	1.77	13.98	21.27
Liq	流动性比率	865	0.86	11.08	8.69	53.36
CAR	资本充足率	725	12.58	3.09	4.13	27.03
Realty	房地产销售价格增长率	1560	9.06	6.48	-1.65	23.18
MP	货币供应量 M2 增长率	1560	16.86	4.09	11.01	28.42
Stock	上海股指增长率	1560	19.30	52.79	-65.39	130.43
GDP	名义 GDP 增长率	1560	9.40	1.52	6.90	11.90

二、计量结果分析

在包含被解释变量滞后项的动态面板模型中，不可观测个体效应与被解释变量的滞后项相关，会使估计量不一致。解决该问题常用的方法是 Arellano 等提出的一阶差分估计方法，该方法通常使用被解释变量的滞后项作为工具变量来克服内生性问题，但差分 GMM 估计方法会遇到弱工具变量问题。Arrellano 等、Blundell 等在差分 GMM 的基础上提出的系统 GMM 方法，该方法估计过程中同时使用水平方程和差分方程来控制未观察到的时间和个体效应，这样就可有效解决差分 GMM 方法的弱工具变量问题。为了消除特定银行异质性效应，考虑到样本观察值的有限性，研究以被解释变量2阶滞后项及差分滞后项作为系统 GMM 估计的工具变量。

表6.5中（1）至（4）针对公式6.2（不含交互项）分别采用了面板混合估计（OLS）、固定效应估计（FE）和面板差分广义矩（FD）和面板系统广义矩（Sys）估计等四种方法。Roodman（2009）证明，虽然含有滞后项面板混合估计模型和固定效应估计量都是有偏的，但混合估计结果是上偏的，固定效用估计量为下偏。因此这两种方法得到的估计量可作为判断

动态面板滞后期系数好坏的标准。表中第（5）至（7）列中是加入交互项后的系统广义矩估计结果。所有动态面板模型估计都运用两步法（twostep）进行参数估计。

表6.5 银行去杠杆对经营稳定性的影响

被解释变量	(1) OLS	(2) FE	(3) FD	(4) Sys	(5) Sys1	(6) Sys2	(7) Sys3
L.Z	0.98*** (199.81)	0.35*** (9.18)	0.43*** (21.07)	0.90*** (54.51)	0.91*** (38.06)	0.91*** (35.69)	0.90*** (52.48)
Lev	−0.94*** (−7.88)	0.11 (0.81)	−0.06* (−1.41)	−0.46*** (−2.85)	−0.41** (−2.17)	−0.56*** (−2.91)	−0.58*** (−3.26)
TA×Lev	—	—	—	—	−0.12 (−0.74)	—	—
MP×Lev	—	—	—	—	—	0.01*** (3.15)	—
Liq×Lev	—	—	—	—	—	—	0.00** (2.35)
TA	0.16 (0.65)	−1.78 (−1.28)	−1.26*** (−3.30)	0.53** (2.46)	0.17 (0.55)	0.16 (0.46)	0.49** (2.11)
ROA	4.21*** (3.60)	1.71 (1.07)	−0.95** (−2.09)	−1.85** (−2.27)	−1.75* (−1.73)	−1.41 (−1.40)	−1.77** (−2.13)
Car	−1.30*** (−8.32)	0.09 (0.52)	−0.23*** (−4.12)	−1.40*** (−18.14)	−1.52*** (−11.95)	−1.53*** (−11.59)	−1.41*** (−18.31)
Liq	−0.02 (−0.64)	0.03 (0.72)	0.08*** (7.03)	0.09*** (3.76)	0.07** (2.02)	0.07** (2.01)	0.09*** (3.60)
GDP	0.00 (0.01)	−0.62 (−1.10)	−0.58*** (−6.15)	0.04 (0.21)	0.11 (0.44)	0.14 (0.52)	0.01 (0.04)
Stock	0.01 (1.02)	0.01 (0.83)	0.01*** (6.81)	0.00 (0.27)	0.00 (0.42)	0.00 (0.65)	0.00 (0.40)
Realty	−0.21** (−2.35)	−0.20*** (−3.10)	−0.18*** (−23.39)	−0.14*** (−4.87)	−0.12*** (−3.36)	−0.12*** (−3.57)	−0.14*** (−4.79)
时间效应	控制	控制	控制	控制	控制	控制	控制
N	410	410	290	410	410	410	410
R^2	0.98	0.44					
AR2_P	—	—	0.21	0.62	0.48	0.64	0.53
Sargan			48.25	23.16	22.12	23.47	23.08
Sargan_p	—	—	0.93	0.28	0.33	0.27	0.28

注：表中 *、** 和 *** 分别代表 T 统计量在10%、5%和1%的置信水平下显著。

为保证估计结果的稳健性还须做两项的检验：(1)过度识别检验。表6.5中所有 Sargan 检验对应的 P 值都在10%水平拒绝原假设，因此模型不存在过度识别问题。(2)干扰项序列自相关检验。GMM 估计要求样本数据不存在二阶序列自相关。表中 AR2 检验对应的 P 值都表明模型都不存在二阶序列相关，因此回归结果不受残差序列相关影响，模型设置是比较合理的。

(1)表6.5中解释变量——杠杆率除了(2)列的固定效应估计结果不显著之外，其余六组面板估计结果表明该变量前系数至少10%置信水平显著为负数，表明短期内银行提高监管杠杆率会相应地降低下一期的经营稳定性。此外，被解释变量滞后一期系数所有回归结果都在1%置信水平下显著为正数，且表中(3)至(4)列的滞后项(不含交互项)估计系数在混合估计与固定效应之间，说明动态面板模型选择是合理的，银行经营稳定性与上年存在较强的正相关关系，但效果会逐步衰减。

(2)表中分别考察了货币供应量、银行资产规模以及流动性等三组调节变量的影响，其中货币政策、银行流动性与杠杆率的交乘项系数至少在5%置信水平显著为正，表明二者的调节作用都显著弱化了杠杆率对银行稳定性的影响，宏观上货币供应量 M2 增长越快、微观上银行自身流动性越强，银行杠杆率对其破产概率的作用效果越弱。交互项结果的政策含义为去杠杆进程中要维持适度宽松的货币政策，给银行去杠杆提供一个相对温和的市场环境来完成杠杆率调整。最后，银行资产规模与杠杆率交乘项估计结果为负，但这种调节作用不显著。

(3)控制变量的动态面板估计结果表明，银行的经营稳定性与盈利性(ROA)、资本充足率(CAR)显著负相关，与其流动性比率(Liq)显著正相关。宏观上，经营稳定性与资产价格(Realty)呈显著负相关关系，这些结果也基本都符合一般的经济学判断。

三、主动式去杠杆与银行体系稳定性

去杠杆背景下，主动调整可以避免资产价格波动，同时主动调整也有较大的灵活性。李维安与王倩(2012)认为主动型资本增长包括增资扩股的权益性融资和发行次级债等债权性附属资本融资，但是他们认为银行内部留存收益扩充资本属于被动型扩充。实际上银行对于内部盈余使用很大程度是主动决定的，短期内留存收益的变化必然会影响到下一年度的资本积累。DeAngelo 等(2016)将公司偿还债务、留存盈余和发行股票视为其主动式去杠杆。借鉴已有研究，研究将银行留存收益、次级债务与股东权

益之比作为银行主动式去杠杆代理变量引入模型重新进行回归分析。表6.6中（1）至（4）列中解释变量（Lev）为银行留存收益与公司股权资本之比，模型（5）至（8）解释变量则为银行次级债务与其股权之比，估计方法选择系统广义矩估计。

表6.6 主动式去杠杆对银行稳定性的影响

被解释变量	留存收益/权益资本				次级债务/权益资本			
	（1）	（2）	（3）	（4）	（5）	（6）	（7）	（8）
L.Z	0.92***	0.94***	0.93***	0.92***	0.90***	0.91***	0.90***	0.90***
	(67.93)	(63.67)	(62.93)	(68.21)	(19.90)	(20.27)	(21.40)	(20.79)
Lev	0.08**	0.09***	0.09***	0.08**	0.07***	0.06***	0.07***	0.07***
	(2.41)	(2.68)	(2.64)	(2.31)	(4.48)	(4.52)	(4.75)	(5.37)
Asset×Lev	−0.12***	—	—	—	−0.45	—	—	—
	(−3.29)				(−1.46)			
MP×Lev	—	−0.01**	—	—	—	−0.02**	—	—
		(−2.52)				(−2.55)		
Liq×Lev	—	—	−0.01**	—	—	—	−0.01***	—
			(−2.03)				(−3.12)	
State×Lev	—	—	—	−0.20	—	—	—	1.45***
				(−0.33)				(5.67)
N	386	386	386	386	216	216	216	216
AR2_P	0.23	0.16	0.34	0.22	0.12	0.09	0.14	0.13
Sargan	18.38	15.26	16.15	17.98	14.74	14.61	14.51	15.69
Sargan_p	0.56	0.76	0.71	0.59	0.79	0.80	0.80	0.74

注：表中*、**和***分别代表T统计量在10%、5%和1%的置信水平下显著，受篇幅所限，其余控制变量表中省略。

（1）表6.6回归模型均通过Sargan检验和AR(2)检验，表明模型的估计是可靠的。结果表明，银行主动提高留存收益在股权份额中的一个百分点，银行下一期的稳定性水平将会增加0.08%~0.09%左右。同样的，次级债务在股权中份额中每增加1%可以显著提高银行下一期的稳定性水平0.06%~0.07%左右。

（2）进一步考察模型交互效应的影响，其中产权特征与留存收益主动去杠杆交乘项系数（State×Lev）回归结果不显著（第4列），但是与次级债主动去杠杆交乘项系数在1%置信水平显著为正数（第8列）。银行次级债务发行需要信用评级以及信息披露的要求，一般中小银行难以达到相应的标准，这也直接导致国有及股份制银行占据了次级债发行市场的大多数份额。此外，主动式去杠杆对银行经营稳定的边际影响也受到宏观货币政策与微观银行流动性调节效应影响，回归表明宽松的货币政策与银行体系流动性充裕的环境下，银行主动式去杠杆对经营稳定的影响会变弱，结论与表6.6中的作用效果一致。

四、稳健性检验

为确保模型估计结果的有效性，研究进行以下稳健性检验：(1)选用不同分组形式回归。按商业银行是否上市分成上市银行（17家）与非上市银行（103家）进行分组检验。(2)选择不同的被解释变量，选用银行不良贷款率作为被解释变量。(3)样本分组后考虑到样本数据减少，为保证实证结果的稳健性，回归模型中不考虑交乘项的影响。稳健性估计选择系统广义矩估计（结果见表6.7）。

表6.7的 Panel A 的结果表明，短期内提高银行账面杠杆率（BL）与监管杠杆率（Basel）都会显著提高下一期的银行不良贷款率，增加其信贷风险。同样的，Panel B 中结果表明，总体上，增加内部留存收益与发行次级债务等主动去杠杆可以显著降低下一期的不良贷款率，提高银行经营稳定性，但表中17家上市银行分组内二者之间的结果变得不显著（第2列）或者呈反向的作用关系（第5列）。

表6.7 稳健性检验

被解释变量	不良贷款率					
	(1)全样本	(2)上市银行	(3)非上市银行	(4)全样本	(5)上市银行	(6)非上市银行
Panel A：						
$L.$Npls	0.40***	0.40***	0.40***	0.82***	0.75***	0.94***
	(612.77)	(66.15)	(835.19)	(63.81)	(22.34)	(30.08)
BL	0.04***	0.07**	0.05***	—	—	—
	(8.75)	(2.16)	(8.38)			
Basel	—	—	—	0.04***	0.13***	0.03*
				(3.27)	(5.90)	(1.92)
_cons	2.41***	1.13***	2.52***	0.69***	10.41***	3.01***
	(69.46)	(14.48)	(74.02)	(4.04)	(2.67)	(10.51)
N	521	137	384	347	109	238
AR2_P	0.36	0.56	0.33	0.40	0.21	0.49
Sargan	68.49	13.25	57.45	28.81	12.92	16.18
Sargan_p	0.24	0.90	0.25	0.53	0.88	0.65

续表

被解释变量	不良贷款率					
	（1）全样本	（2）上市银行	（3）非上市银行	（4）全样本	（5）上市银行	（6）非上市银行
Panel B：						
$L.Npls$	0.46*** (414.35)	0.38*** (13.86)	0.50*** (463.88)	0.44*** (62.31)	0.42*** (9.60)	0.53*** (18.99)
retain_ratio	−0.00* (−1.74)	−0.54 (−1.54)	−0.00*** (−5.07)	—	—	—
sub_ratio				−0.00*** (−2.79)	2.54*** (3.62)	−0.00*** (−5.44)
_cons	1.10*** (7.38)	3.64*** (3.06)	4.60*** (27.45)	−1.07** (−2.08)	2.77*** (3.64)	−1.85 (−1.28)
N	520	136	384	256	126	130
AR2_P	0.45	0.40	0.43	0.51	0.70	0.41
Sargan	63.61	11.40	61.61	33.49	14.71	18.36
Sargan_p	0.56	0.95	0.31	0.35	0.84	0.50

注：表中 retain_ratio 表示滞后一期的留存收益与股权之比。Sub_ratio 为滞后一期的次级债务与股权之比。*、** 和 *** 分别代表 T 统计量在10%、5%和1%的置信水平下显著。篇幅所限，其余控制变量表中省略。

综合对比稳健性 GMM 估计与表6.5、表6.6中的回归结果，表明银行杠杆率对其稳定性的影响总体上是稳健的。

第五节 进一步分析：杠杆率对信贷扩张的影响机制

中国银行业对实体经济的贷款规模占全社会融资规模总量的70%左右，金融市场发展状况决定了现阶段银行信贷传导渠道仍然是中国货币政策的主要传导渠道。近年来，中国货币政策的科学性、前瞻性和灵活性明显提高，但随着经济发展阶段、动力机制等因素的变化，货币政策信贷渠道传导也面临着一些新问题。根据《中国货币政策执行报告》数据，2016年全国银行间同业拆借累计成交95.9万亿元，相对2003年的24万亿规模，总量增长了将近4倍。可见，随着利率市场化改革与金融脱媒，商业银行越来越倾向于以货币市场和资本市场为主的短期批发融资，这种融资模式不仅导致大量的信贷资金"脱实入虚"，而且会使银行"借短放长"的期限错配风险集聚。为了防范系统性金融风险，中央银行与监管部门出台多项措施主动进行去杠杆调整，但本次金融危机的教训表明金融体系快速去杠杆化会造成银行体系信贷资金的枯竭，严重削弱了货币政策向实体经济的传导效果，因此，银行体系稳健运营对货币政策传导的有效性具有重要影响。国际金融危机之后，巴塞尔协议Ⅲ的新监管框架中引入了简单、透明、不具风险敏感性的杠杆率（一级资本除以调整后的总资产）作为对资本充足率监管的补充和支撑。目前杠杆率与资本充足率并行的监管体系已进入中国银行监管实践，新的监管体系导致了商业银行的微观行为变化。基于此，在施加杠杆率约束环境下如何疏通货币政策传导机制，引导银行体系合理充裕的流动性支持实体经济的发展成为当前宏观调控的重心。

一、杠杆率对商业银行融资成本的影响

如果银行融资成本是随着外部宏观环境持续而动态调整的，那么静态模型估计就会出现偏误，解决该问题常用的方法是采用动态面板模型进行估计，参考Gambacorta和Shin（2016）的模型设定方法，采用如下动态模型进行检验：

$$\cos t_{y,t} = \alpha_y + \theta_t + \beta \cos t_{y,t-1} + \gamma \text{Lev}_{y,t-1} + \sum_i \delta_i \text{bank}_{yi,t-1} + \sum_j \rho_j \text{macro}_{yj,t-1} + \varepsilon_{y,t} \tag{6.4}$$

式中，下标y表示样本中银行的数量，t代表样本考察时间，模型中$\varepsilon_{y,t}$为随机扰动项，α_y代表不可观测的个体效应，θ_t为面板模型的时间效应，$\cos t_{y,t}$代表银行融资成本的度量指标，Lev为解释变量，也就是考察的杠杆率指标。模型中bank为银行异质性特征变量，分别选取银行资产规模、盈利性、流动性和安全性等指标，macro为宏观层面经济指标，分别选取名义GDP增长率、货币政策立场、银行产权特征、资产价格增长率和货币市场波动率等指标作为代理变量。被解释变量滞后一期前系数β衡量被解释变量调整的平滑程度，统计上介于0和1之间。

将经济周期、银行产权特征等与杠杆率相乘作为交互项引入计量模型，同样为避免模型产生内生性问题，将所有银行特征变量选用$T-1$期数据。具体公式如（6.5）所示：

$$\cos t_{y,t} = a_y + \theta_t + \beta \cos t_{y,t-1} + \gamma \text{Lev}_{y,t-1} + \sum_n k_n \text{control}_{yn,t-1} \times \text{Lev}_{yn,t-1} + \sum_i \delta_i \text{bank}_{yi,t-1} + \sum_j \rho_j \text{macro}_{yj,t-1} + \varepsilon_{y,t} \tag{6.5}$$

如果交互项系数k显著不为零，则可观测杠杆率对银行融资成本受到经济周期以及银行产权特征等影响的非线性特征。

文献对于公司债务融资成本使用的比较多的是通过利息支出除以长短期债务总额平均值来计算融资成本。借鉴上市公司的定义方法将银行融资成本定义为银行利息支出除以资金来源。资金来源主要包括存款和同业拆

借、向中央银行借款以及相应的金融债券等。鉴于样本考察期内中国在利率市场化未完全实现，存款基准利率受到严格管制，所以存款作为银行的资金来源相对稳定，相对于其他负债方式，对推高银行杠杆率的作用在短期内也不会迅速变化。为此研究做如下处理：首先从全部银行资金来源中剔除对基准利率变化并不敏感的客户存款部分，这样银行负债主要包括银行间同业拆借、向中央银行借款、发行债券融资及衍生品等批发性融资。再将分子部分用全部利息支出减去客户存款利息支出。通过上述处理得到的融资成本指标可以有效衡量基于市场供求的实际债务融资成本。被解释变量银行信贷扩张选择银行年度总贷款额增长率作为代理变量，处理方法是将商业银行年度数据进行对数差分处理。

表6.8 银行杠杆率与融资成本回归结果

融资成本	(1) Pooled	(2) FE	(3) Fd-sys	(4) Sys_gmm	(5) Fd_sys(交互项)	(6) Sys_gmm(交互项)
Panel A（解释变量 Lev1）						
$L.\text{Cost}$	0.58*** (16.85)	0.25*** (5.63)	0.26*** (53.12)	0.35*** (13.00)	0.24*** (45.76)	0.41*** (10.09)
Lev1	−0.16 (−1.47)	−0.18* (−1.73)	−0.21*** (−9.08)	−0.15*** (−3.10)	−0.20*** (−11.08)	−0.21*** (−6.76)
Asset	−0.80*** (−6.16)	−1.89*** (−3.63)	−3.16*** (−46.47)	−1.41*** (−5.25)	−3.39*** (−33.25)	−1.53*** (−4.58)
GDP	−0.34*** (−2.70)	−0.79*** (−3.80)	−1.04*** (−40.33)	−0.45*** (−6.18)	−1.07*** (−48.07)	−0.79*** (−3.96)
State	—	—	—	9.78*** (4.57)	—	8.89*** (3.67)
Asset×Lev1	—	—	—	—	0.27*** (7.94)	—
State×Lev1	—	—	—	—	—	−0.27 (−1.28)
GDP×Lev1	—	—	—	—	−0.02*** (−2.90)	−0.02* (−1.65)
控制变量	YES	YES	YES	YES	YES	YES
N	583	583	447	583	447	583
R^2	0.51	0.12				
AR1(P)	—	—	0.00	0.00	0.00	0.00
AR2(P)	—	—	0.71	0.24	0.40	0.25
Sargan(P)	—	—	0.54	0.17	0.61	0.19

续表

融资成本	(1) Pooled	(2) FE	(3) Fd-sys	(4) Sys_gmm	(5) Fd_sys(交互项)	(6) Sys_gmm(交互项)
Panel B（解释变量 **Lev2**）						
L.Cost	0.52*** (11.53)	0.16*** (2.66)	0.18*** (9.22)	0.25*** (6.38)	0.15*** (9.09)	0.25*** (4.00)
Lev2	−0.17** (−1.97)	−0.14* (−1.89)	−0.09*** (−2.85)	−0.11** (−2.51)	0.03 (0.63)	0.22** (2.27)
Asset	−0.73*** (−4.39)	0.52 (0.49)	−1.82*** (−5.76)	−0.66*** (−2.84)	−2.42*** (−11.65)	−0.64** (−2.22)
GDP	−0.25 (−0.70)	−0.23 (−0.68)	−0.69*** (−12.92)	−0.38*** (−7.72)	−0.76*** (−14.90)	−0.32*** (−3.73)
State	—	—	—	3.01 (0.92)	—	7.52*** (5.41)
Asset×Lev2	—	—	—	—	0.12** (2.49)	—
State×Lev2	—	—	—	—	—	−0.44** (−2.09)
GDP×Lev2	—	—	—	—	−0.05*** (−4.85)	−0.05*** (−3.11)
制变量	YES	YES	YES	YES	YES	YES
N	385	385	274	385	274	385
R²	0.54	0.15	—	—	—	—
AR1(P)	—	—	0.04	0.09	0.00	0.04
AR2(P)	—	—	0.53	0.68	0.56	0.68
Sargan(P)	—	—	0.99	0.90	0.75	0.72

注：表中 *、** 和 *** 分别代表 z 统计量在10%、5%和1%的置信水平下显著。交互项选择经济周期及银行产权特征，为节省篇幅，其他控制变量回归结果省略，以下表同。

（1）表6.8中解释变量——杠杆率系数估计结果除了混合估计（Pooled）中Lev1的系数不显著之外，其余（2）至（4）列在10%置信水平上为负数，表明银行杠杆率越高则相应的融资成本也越低，而具备低成本优势的银行则更容易获得外部融资资金，这一结果与理论假设是一致的。另外，银行融资成本滞后一期系数所有回归结果都在1%置信水平下显著为正数，且表中（3）至（4）列的滞后项（不含交互项）估计系数在混合估计与固定效应之间，说明动态面板模型选择是合理的，银行融资成本与上年存在较强的正相关关系，但效果会逐步衰减。

（2）经济周期（GDP）与银行融资成本的回归结果为负数，说明在经济上行期间，投资者对银行预期收益看好，愿意提供资金，银行以相对较低的价格筹集到所需的资金。反之在经济下行期，整体经济状况恶化，银行筹集资金成本也会比较高。模型加入交互项（5至6列）之后，经济周期与杠杆率（GDP×Lev）的交互项系数显著为负，表明在控制其他因素的条件下，杠杆率强化了经济周期对银行融资成本的影响，越是经济高涨时期杠杆率高的银行其融资成本也越低。

（3）银行资产规模与融资成本动态回归结果在1%置信水平显著为负，说明资产规模越大，银行融资成本也越低，这一结果也符合假设预期。第（5）列中加入交互项之后，资产规模与杠杆率交互项前（Asset×Lev）系数显著为正，表明银行杠杆率调节效应弱化了资产规模对融资成本的影响，或者说资产规模对债务成本的影响随着银行杠杆率增加而效果下降。同样的，（6）列中产权特征与监管杠杆率的交互项（State×Lev2）估计结果显著为负，表明国有控股银行杠杆率约束对其融资成本的作用效果要小于城商及农商银行等其他中小银行。

综合来看，国有控股商业银行通常资产规模大，政府支持力度也大，外部融资渠道多元化，因此，大型银行可以在短时间内补充资本，杠杆率对银行融资成本的作用效果反而较小。一般而言，由于债务融资面临的风险通常会大于股权融资，当国有银行满足监管指标后就会降低其融资意愿，更多会选择股权融资方式，当股权融资成为国有银行主要资本补充机制条件下，高杠杆银行意味着持有过多权益资本而造成融资成本上升，银行信贷扩张速度下降。而城商及农商银行则外部融资渠道匮乏，主要依靠利转增补充资本，面临的融资约束也较大，杠杆率约束效应更加明显。

二、杠杆率对银行信贷扩张的影响

选择银行贷款规模变动作为被解释变量，检验杠杆率对信贷规模扩张的影响，通过表6.9中数据能得到如下结论：

（1）银行杠杆率对贷款增长率的动态面板估计结果在1%置信水平显著为正，表明提高银行杠杆率会对下一期的贷款规模扩张具有明显的支撑作用，实证结论与理论假设保持一致。此外，表6.9中被解释变量滞后一期系数估计结果均显示在1%水平上显著为正，且动态面板（3）-（4）列回归系数在面板混合估计与固定性效应估计系数之间，说明模型选择是合理的，银行资产信贷投放调整与上期信贷增速高度正相关，具有明显的平滑特征。

（2）货币政策立场（MP）与银行贷款增长率的估计结果在5%置信水平为负，说明货币政策立场对信贷投放的影响是逆周期的，实证结果也符合理论预期。表6.9中（5）至（6）列中货币政策立场交互项（MP×Lev）前系数全部显著为负，表明杠杆率调节效应弱化了货币政策立场对银行信贷扩张的作用效果。即高杠杆率的银行由于资本充裕，货币政策立场对其贷款扩张的冲击影响较小；相反若杠杆率不能满足监管要求的银行，短期内只好诉诸于降低贷款的配置比例来规避惩罚压力。实证结果也与理论假设保持一致。

表6.9 银行杠杆率与信贷扩张回归结果

信贷扩张	（1）Pooled	（2）FE	（3）Fd-sys	（4）Sys_gmm	（5）Fd_sys(交互项)	（6）Sys_gmm(交互项)
变量3（解释变量 Lev1）						
$L.DLNloan$	0.44*** (12.20)	0.17*** (3.63)	0.39*** (23.85)	0.44*** (20.68)	0.44*** (18.35)	0.47*** (20.73)
Lev1	0.40 (1.39)	0.96*** (3.12)	0.60*** (9.98)	0.53*** (4.39)	0.95*** (8.98)	0.99*** (10.19)
Asset	−0.46 (−1.52)	−4.57*** (−2.78)	−9.06*** (−17.66)	−5.98*** (−18.53)	−7.08*** (−27.05)	−5.91*** (−18.18)
MP	−0.31*** (−2.66)	−0.39*** (−2.59)	−0.26*** (−5.69)	−0.04** (−2.20)	1.63*** (13.42)	1.53*** (7.87)
State	—	—	—	−33.76*** (−4.53)	—	−29.93*** (−5.51)
Asset×Lev1	—	—	—	—	0.94*** (4.25)	—
State×Lev1	—	—	—	—	—	−0.61** (−2.12)
MP×Lev1	—	—	—	—	−0.28*** (−11.79)	−0.22*** (−17.98)
控制变量	YES	YES	YES	YES	YES	YES
N	522	522	400	522	522	522
R^2	0.45	0.37				
AR1(P)	—	—	0.00	0.00	0.00	0.00
AR2(P)	—	—	0.19	0.23	0.45	0.33
Sargan(P)			0.11	0.18	0.25	0.19

续表

信贷扩张	(1) Pooled	(2) FE	(3) Fd-sys	(4) Sys_gmm	(5) Fd_sys(交互项)	(6) Sys_gmm(交互项)
变量4（解释变量 Lev2）						
L.DLNloan	0.50*** (12.06)	0.40*** (6.20)	0.48*** (13.02)	0.45*** (11.05)	0.35*** (8.86)	0.45*** (14.83)
Lev2	0.13 (0.45)	0.90* (1.91)	1.00*** (4.45)	2.32*** (14.96)	13.98*** (19.33)	2.65*** (10.61)
MP	−0.29* (−1.83)	−0.80*** (−4.10)	−0.56*** (−6.76)	−0.47*** (−8.15)	0.15 (0.92)	−0.11 (−0.63)
Asset	1.67 (1.47)	8.31*** (3.22)	0.74 (1.02)	4.68*** (3.71)	4.34*** (2.79)	3.68** (2.47)
State	—	—	—	−29.45*** (−6.26)	—	−6.96 (−1.48)
Asset×Lev2	—	—	—	—	−1.82*** (−18.27)	—
State×Lev2	—	—	—	—	—	−5.77*** (−12.76)
MP×Lev2	—	—	—	—	−0.11*** (−3.69)	−0.11*** (−3.24)
控制变量	YES	YES	YES	YES	YES	YES
N	314	314	203	314	314	314
R^2	0.47	0.65	—	—	—	—
AR1(P)	—	—	0.02	0.03	0.04	0.00
AR2(P)	—	—	0.53	0.74	0.64	0.53
Sargan(P)	—	—	0.57	0.40	0.50	0.40

注：表中 *、** 和 *** 分别代表 T 统计量在10%、5%和1%的置信水平下显著。模型交互项选择货币政策立场及银行产权特征等变量，其余控制变量与表3相同。

（3）进一步探讨不同银行产权特征下杠杆率对信贷扩张的影响，表6.8中银行产权虚拟变量（State）与银行贷款增长率负相关，且第（6）列中产权特征交互项前系数（State×Lev）显著为负数，表明国有控股银行财务杠杆率对信贷扩张速度的作用效果要明显弱于非国有控股银行的影响。再对比（5）列中资产规模交互项（Asset×Lev）系数，其中 Panel 3 交互项系数估计结果在1%置信水平为正，而 Panel 4 中交互项系数则显著为负数，二者对比表明不同资产规模下银行财务杠杆率和监管杠杆率对信贷扩张的影响出现较大程度的背离。出现这种情况要从杠杆率公式的分母维度查找原因，根据翟光宇和陈剑（2011）的研究结果，大型银行由于银行资本积累雄厚，同时在规模、技术和风险管理等方面具备的优势，因此也更有能力开发资产证券化等金融创新产品，也越有可能开展银行理财等表外业务，再加上当前互联网金融、民间融资等业务对银行传统信贷资产的"挤压"，国有控股银行利用自身规模优势将资产更多的配置在盈利性更强的表外项目以获得监管套利，而城市及农村商业银行等中小银行显然不具备发展中间业务条件，监管杠杆率对中小银行信贷扩张约束作用较强，这也是导致银行财务杠杆率与监管杠杆率背离的原因之一。

三、稳健性检验

为确保模型估计结果的有效性，研究进行以下稳健性检验：（1）选用不同分组形式回归。按经济周期将2003—2008年经济上行期和2009—2015年经济下行期分别进行分组检验，按商业银行产权特征分成上市银行与非上市银行进行分组检验。（2）选用不同的货币政策代理变量，重新选用银行间7天回购利率作为货币政策代理变量，通常情况下中央银行扩张性货币政策银行会降低市场拆借利率，相反紧缩性政策会提高货币市场7天拆借利率，因此表6.5中的货币政策立场与表6.4中的结果其经济学含义是相反的。（3）采用分位数值法，将样本中杠杆率排序后将该指标低于25%分位数值和高于75%分位数值的数据予以剔除，只提取中间的50%样本然后重新进行回归。（4）由于分组后样本数据过少，为保证实证结果的稳健性，回归模型中删减控制变量个数，将微观、宏观层面各保留一个控制变量。稳健性分析全部采用动态面板系统GMM方法进行回归，从表6.10中可以得到如下结论。

（1）Panel 5~6中是被解释变量与银行财务杠杆率（Lev1）动态面板回归的结果，Panel 7~8则是与监管杠杆率（Lev2）进行回归的结果。按经济周期分组对比来看，Panel 5和Panel 7的结果表明，无论财务杠杆率（Lev1）还是监管杠杆率（Lev2），经济上行期（2003—2008年）杠杆率对银行融资成本的作用效果都要强于经济下行期（2009—2015年）。再对比不同经济周期下银行杠杆率对信贷投放的影响，Panel 6回归结果表明，经济上行期杠杆率对信贷扩张的作用效果要大于经济下行周期。而由于中国商业银行在2003—2008年样本考察期间监管杠杆率披露数据过少，因此Panel 8中经济上行期杠杆率Lev2与银行信贷扩张之间的估计结果则不显著。

（2）从上市商业银行和非上市商业银行分组回归结果上看，其中Panel 5上市银行的财务杠杆率对融资成本的回归系数要明显大于非上市银

表6.10 稳健性检验

	(1) 2003—2008	(2) 2009—2015	(3) 上市银行	(4) 非上市银行	(5) 50%样本
杠杆率1	**Panel 5(被解释变量:融资成本)**				
L.Cost	0.03	0.34***	0.22***	0.38***	0.30***
	(0.16)	(9.73)	(2.86)	(12.98)	(6.07)
Lev1	−0.55***	−0.21***	−0.36***	−0.13**	−0.45***
	(−2.94)	(−3.64)	(−5.62)	(−2.07)	(−2.84)
Cyc×Lev1	—	—	—	—	−0.12*
					(−1.94)
N	118	506	143	481	157
AR2(P)	0.86	0.80	0.61	0.98	0.49
Sargan(P)	0.87	0.29	1.00	0.45	0.78
杠杆率2	**Panel 7(被解释变量:融资成本)**				
L.Cost	−0.37	0.34***	0.01	0.46***	0.15***
	(−1.28)	(4.26)	(0.35)	(4.75)	(8.14)
Lev2	−0.84*	−0.52***	−0.32**	−0.61**	−0.14**
	(−1.49)	(−2.63)	(−2.35)	(−2.11)	(−2.27)
Cyc×Lev2	—	—	—	—	−0.16***
					(−4.21)
N	24	302	112	214	159
AR2(P)	1.28	0.07	0.69	0.05	0.25
Sargan(P)	0.90	0.19	0.86	0.69	0.97

	(1) 2003—2008	(2) 2009—2015	(3) 上市银行	(4) 非上市银行	(5) 50%样本
	Panel 6(被解释变量:贷款增长率)				
L.DLNloan	−0.06	0.26***	0.16***	0.17***	0.12***
	(−1.04)	(18.46)	(3.41)	(14.52)	(−4.95)
Lev1	3.31***	0.69***	2.38***	0.67***	2.11***
	(4.31)	(6.06)	(12.99)	(6.63)	(16.83)
MP×Lev1	—	—	—	—	−0.05***
					(−8.47)
N	77	420	125	372	246
AR2(P)	0.94	0.93	0.67	0.14	0.51
Sargan(P)	0.55	0.18	0.74	0.40	0.11
	Panel 8(被解释变量:贷款增长率)				
L.DLNloan	−0.40***	0.50***	0.04	0.36***	0.03
	(−5.18)	(14.15)	(0.94)	(5.59)	(1.48)
Lev2	−4.57	1.86***	−1.70***	2.83***	−3.75***
	(−1.43)	(10.18)	(−3.03)	(8.92)	(−5.70)
MP×Lev2	—	—	—	—	0.94***
					(6.82)
N	20	294	101	213	139
AR2(P)	0.16	0.65	0.75	0.87	0.83
Sargan(P)	0.71	0.36	0.99	0.57	0.27

注:表中*、**和***分别代表Z统计量在10%、5%和1%的置信水平下显著。

行分组前系数。同样 Panel 6中上市银行财务杠杆率对信贷增长率的影响也要明显高于非上市银行。对比监管杠杆率 Lev2的回归结果，其中 Panel 7中上市银行监管杠杆率对融资成本的作用效果要弱于非上市银行，而 Panel 8中上市银行的监管杠杆率对的信贷扩张估计系数为负数，这一结果表明提高上市银行杠杆率反而降低了下期的信贷扩张速度。

（3）从样本提取中间的50%样本回归的结果来看，Panel 5和 Panel 7中经济周期前系数与其交互项（Cyc×Lev）系数都在1%水平上显著为负数，表明杠杆率强化了经济周期对银行的融资成本的影响，而 Panel 6和 Panel 8中货币政策立场与信贷增速（MP×Lev）交互项前系数与解释变量（Lev）回归系数相反，表明随着杠杆率监管政策的实施，货币政策信贷渠道的作用效果呈弱化态势。这也与表6.4中得到的结论一致。

综合对比稳健性 GMM 估计与前面表6.8、表6.9中的回归结果，表明银行杠杆率对其融资成本与信贷扩张的影响是稳健的。

第六节　本章小结

本章采用120家商业银行2003—2015年的年度数据，利用动态面板模型研究了中国银行体系去杠杆化的时间、主要方式以及对经营稳健性的影响，研究结论主要有：

（1）我国银行业有将近49%的商业银行能够在3年完成去杠杆调整，且最大幅度的中位数为5年。长期来看，去杠杆进程降低了银行信贷供给速度，提高了债务融资成本与资产收益率。（2）国有控股银行的去杠杆化幅度高于非国有银行，且资产负债结构转换的特征更明显。中小银行通过同业负债业务成为本轮加杠杆的主力，且中小银行去杠杆化的调整方式与调整渠道都比较有限。（3）长期来看，银行去杠杆化会降低了银行破产概率，提高了经营稳健性。短期内，银行去杠杆化则会显著降低下一期的经营稳定性。但是利用留存收益、发行次级债务等主动式（或内源性）去杠杆则会明显降低银行破产风险。（4）模型调节效应表明，外部货币政策与银行自身流动性状况都弱化了去杠杆对经营风险的影响。

（2）巴赛尔Ⅲ新资本协议对商业银行的信贷扩张的影响取决于调整时间，在信息不对称环境下银行进行债务融资的成本降低，短期内也会导致商业银行信贷规模扩张。在控制外部宏观经济因素与银行异质性条件下，杠杆率高的银行在经济上行期有更低的融资成本，施加杠杆率约束后弱化了货币政策立场对银行信贷扩张的影响。考虑产权因素后发现，杠杆率调节效应缓释了信贷扩张速度对货币政策立场的反应程度，由于国有银行更可能存在监管套利，这就造成财务杠杆率与监管杠杆率对银行信贷扩张的影响出现背离。

　　本章的政策启示在于：政策制定者在决策过程中要合理预期与评估银行在杠杆率约束下的信贷调整行为，以采用差异化的货币政策工具与调控时机应对巴塞尔协议Ⅲ对银行经营稳定性的影响，提高中央银行货币政策制定的科学性与前瞻性。其次，要吸取本次金融危机的教训，要避免金融机构不稳定的"去杠杆化"过程对银行信贷资金造成的萎缩，对实体经济造成的负面冲击。特别是减少去杠杆中的急功近利行为，有序释放风险，不能一蹴而就；另一方面银行业要逐步建立起以资本管理为起点和核心的资本补充机制，坚持建立以内生性资本积累为主的资本补充机制，适当提高利润留存比例，合理对经营利润进行配置。与此同时，需要完善资本市场的环境和制度建设，通过资本市场创新来拓宽资本补充渠道。最后，在利率市场化改革不断推进的背景下，银行业竞争加剧，以存贷利差为盈利模式变得不可持续，国内商业银行必然会大力发展表外业务，因此，在满足监管的前提下，要有效识别与监测包括同业和理财业务在内的监管套利风险，统筹协调资本监管与金融业务创新二者之间的矛盾。

第七章 结构性去杠杆跨部门联动效应研究

第一节 引 言

中国的杠杆率在2008年之后出现了井喷式的增长，为了应对杠杆的攀升及国内经济转型的挑战，开始了去杠杆的艰辛历程。我国实体部门的杠杆率呈现出一个显著的特点：即两低一高，表现为政府部门杠杆和居民部门杠杆其贡献率偏低，而非金融企业部门杠杆贡献呈现出较高的局面。根据中国社科院国家资产负债表相关数据，在实体经济的总杠杆中非金融企业占据了半壁江山，高达65%，而政府部门和居民部门大概只有17%左右（详见图7.1）。在2016年下半年，经济稳中有升，中共中央多次在会议上强调"守住不发生系统性风险的底线"，政策重点开始由稳增长转向防风险，中央银行货币政策逐渐趋紧，金融监管部门与地方政府也密集出台了一系列的防风险去杠杆政策。

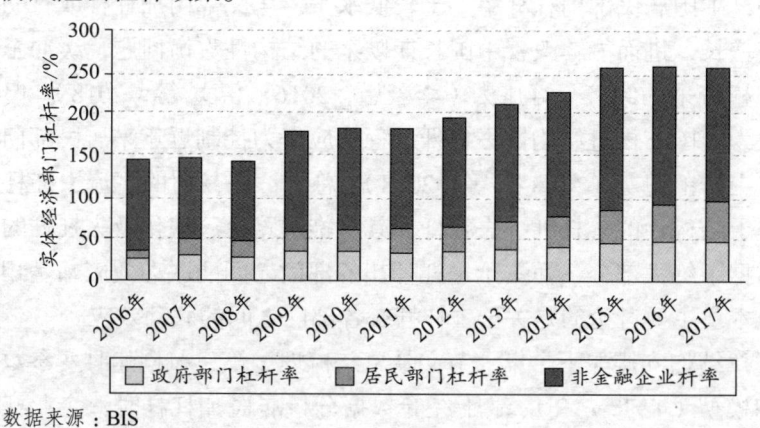

数据来源：BIS

图7.1 2006—2017年实体经济部门杠杆率分布

在此轮去杠杆部门中，企业部门受到政策的格外关注，仅在2017年、2018年这两年内，企业部门杠杆大约下降10%左右，尤其是国企去杠杆的成效显著。从不同的行业来看的话，企业部门杠杆在资本密集型行业呈现出较为集中的趋势，如石油、石化、化工、钢铁及煤炭等行业占比较大，且呈现出增加的趋势，在有一定规模的工业企业中其资产负债率均超过

60%。同时在国家实施宏观去杠杆、三去一降一补政策以来，这些资本密集型行业中较多企业杠杆依然呈现出抬头趋势。究其原因主要是这些行业本就是高杠杆，且易受经济周期的影响，容易产能过剩，必须要高杠杆维持自身经营。当该行业出现大面积的去杠杆，可能对行业的上下游、对不同的产业、对不同的实体经济部门都会产生一个较大的影响，此可谓牵一发而动全身。

中国的债务问题已经在全世界范围内引起了投资者和相关学者的关注。2008年全球金融危机以来，中国信贷增长迅速远高于名义GDP增长，Maliszewskiw等（2016）通过分析43个宏观杠杆率在5年内增长超过30个百分点的经济体，发现其中38个经济体经历了金融危机或经济下行。如果信贷高涨期持续超过6年，且增长更加迅速，那么危机发生的可能性就会增加，中国符合这个标准（Maliszewskiw et al.，2016）。为避免"一刀切"式的全面降低企业杠杆率，导致宏观经济波动过大，2018年中央财经委员会提出了结构性去杠杆的基本思路。结构性去杠杆是针对目前我国面临的宏观杠杆过高而提出的，政策调控重点在于体现在部门之间的差异，避免宏观经济硬着陆。

企业高杠杆已经成为了我国系统性金融风险的重要诱因。与非金融企业不同，中国居民部门杠杆率处于较低水平，居民部门加杠杆或有助于促进消费增长，进而能够改善中国长期以来的结构性失衡问题，缓冲企业部门去杠杆带来的经济下行压力（李若愚，2016；伍戈 等，2018）。但也有观点认为中国在推进结构性去杠杆过程中应努力控制近年来居民部门杠杆率过快上升的趋势（刘哲希 等，2018）。总之，在当前的主流去杠杆文献中，关于结构性的去杠杆，去杠杆的具体推进路径、演化及去杠杆的关注点等占据了绝大部分，而关于去杠杆在各部门之间的联动效应却是相对较少。故本章主要讨论的是关于去杠杆在各部门之间的联动效应。

本章结构安排如下：第二节文献总结梳理；第三节构建时变参数向量自回归模型（TVP-VAR），基于经验数据分析居民加杠杆时，企业杠杆和产出变化情况；第四节构建动态随机一般均衡模型；第五节利用相关研究研究结论，对模型中参数进行校准与数值模拟与分析；最后部分为结论与建议。

第二节 文献综述

宏观杠杆率与金融系统性风险具有深刻的内在联系（苟文均 等，2016），刘勇等（2017）基于宏观金融网络分析方法，量化模拟了去杠杆与系统传染性之间的关系，研究认为多部门联动地去杠杆能够降低金融风险的传染性。经济各部门杠杆率内部存在相互传导，政府杠杆率的上升会造成金融中介机构杠杆率上升和信贷紧缩，且地方政府债务风险和金融风险可以相互强化，从而加剧系统性金融风险（马勇 等，2017）。马建堂等（2016）认为我国杠杆率上升会推高国民经济各部门特别是四大代表性经济部门的风险水平，导致金融部门风险积累，进而对系统性风险产生重大影响。如何权衡居民、企业与政府等部门去杠杆之间造成的金融风险传递，也是理论研究的重点。Verner 等（2018）利用匈牙利2008年末货币危机期间家庭债务敞口的变化来研究家庭债务负担突然增加的后果，研究则表明，居民部门的杠杆率突然上升较企业部门的债务上升的影响更为严重。Demirci 等（2019）利用1990—2014年间40个国家的数据实证研究认为政府债务与企业杠杆之间呈负相关关系，政府杠杆率的增加对企业债务具有挤出效应。马亚明等（2019）利用时变参数向量自回归（TVP-VAR）模型分析行业杠杆率之间的信息溢出，得出杠杆率过度增长会加剧资产价格波动，而居民部门的加杠杆可分担企业和政府部门的过度杠杆。何德旭（2021）从部门联动的角度实证发现，居民部门增加杠杆会削弱企业的偿债能力，因此，居民部门加杠杆对企业债务风险的增加呈现出正向驱动效应。

　　文献中关于结构性去杠杆做了许多有益的研究，主要结论可以总结为我国宏观杠杆率总体可控，但从结构上看，政府和非金融企业的杠杆率较高。应采取适当的去杠杆措施包括：一是加强政府债务管理；二是保持稳定的增长速度；三要注意房地产泡沫破灭的风险；四是推进资本市场改革，特别是通过股权改革，降低非金融企业杠杆率（中国人民银行杠杆率研究课题组，2014）。纪敏等（2017）从我国杠杆的结构性分布角度认为中国的高杠杆具有局部性与非平衡性，过渡杠杆主要集中在以国有企业和地方政府为代表的预算软约束部门。因此，去杠杆的关键是调整过剩部门去杠杆。张晓晶等（2018）认为，我国居民部门杠杆率处于较低水平，仍有进一步加杠杆的空间。国务院发展研究中心（2018）提出了风险识别的六部门框架，并将去杠杆划分成短期、中期与长期三个步骤，明确在去杠杆与降风险的过程中，需要考虑各杠杆比率在各部门之间的传导效应。

　　由于我国家庭债务主要来自房地产贷款，因此房地产价格波动对家庭债务和其他行业风险的影响尤为重要。理论上 Kiyotaki 等（1997）、Bernanke 等（1999）建立的信贷摩擦模型认为，由于信息不对称造成市场普遍存在金融摩擦，企业的贷款与其净资产呈正相关，资产价格上涨会增加企业净资产，使其外部融资溢价，进而也会推动公司投资规模扩大。即信贷市场存在的"金融加速器"效应使得资产价格与信贷之间产生循环放大机制。陈诗一等（2016）认为当社会融资成本较高时，正向货币政策冲击会引起企业外部融资溢价的下降，房地产价格的大幅上涨，并对经济造成较大的福利损失。Iacoviello（2005）在动态随机一般均衡模型引入房地产抵押款贷款价值比率来分析房价对总需求的影响，认为房价上涨导致企业融资约束降低进而形成类似金融加速器的作用。Cvijanovi（2014）基于美国上市公司数据研究了房地产价格对企业资本结构的影响，研究表明房地产抵押价值每增加一个标准差，公司的杠杆率将增加3%。此外，房地产价格上涨也会带来挤出效应。Martin 等（2018）利用西班牙房地产数据研究发现，存在抵押品约束机制下，房地产泡沫会提高住房信贷需求并挤出非金融企业的信贷。骆祚炎等（2018）基于金融加速器视角，发现房地产价格的上涨会使得银行将大量信贷资源投放到房地产行业，势必会对实体经济发展产生挤出效应（Rong et al.，2016；余泳泽 等，2017）。

除此之外，国民经济各部门间的联动机制会使居民杠杆通过消费渠道传递到其他部门，引起其他部门尤其是企业的连锁反应。同样的，企业部门如果经营不善，也会影响家庭部门可支配收入。即居民与企业部门间也存在消费与产出的逆向反馈作用机制。上海财经大学高等研究院课题组（2018）利用中国家庭与上市公司数据研究发现居民部门杠杆率上升与企业销售额为负相关关系，从债务结构上来看，居民加杠杆会使企业的短期债务增加，却对企业的长期借款的影响不显著。最后，居民部门杠杆率增加除了抑制消费需求之外，更重要的是，高房价还会引致房地产市场虚假繁荣进而对实体经济创新产生了"挤出效应"（王文春 等，2014；杜勇 等，2017）。

第三节 经验事实

一、模型设置

通过已有文献分析，杠杆率部门之间存在联动影响，以及对经济增长的影响具有非线性特征（刘晓光 等，2018）。尤其是随着我国金融体制改革和宏观经济发展态势变迁，杠杆率对宏观经济将表现出不同的冲击影响。向量自回归（VAR）是计量经济学分析中的基本计量经济学工具，具有广泛的应用。其中，Primiceri（2005）提出的具有随机波动性的时变参数 VAR（TVP-VAR）模型被广泛使用，特别是在分析宏观经济问题时，

TVP-VAR 模型使我们能够以灵活和稳健的方式捕捉经济中潜在结构的潜在时变性质。假定 VAR 规范中的所有参数都遵循一阶随机游走过程，其系数矩阵、随机扰动项的方差协方差矩阵均具有时变性，可以计算任意时点上的冲击反应，从而有效捕捉系统中的结构性突变和变量间的非线性关系。

首先定义一个标准的 VAR 模型：

$$Ay_t = F_1 y_{t-1} + \cdots + F_p y_{t-p} + \varepsilon_t \tag{7.1}$$

式中，y_t 是 $K \times 1$ 维可观测向量，A 是 $K \times K$ 维系数矩阵，$F_1, \cdots, F_p$ 为 $K \times K$ 维的滞后系数矩阵，扰动项 μ_t 是 $K \times 1$ 维的结构性冲击。假设 $\varepsilon_t \sim N(0, \Sigma\Sigma)$。

以上模型可以进一步简化为：$Y_t = B_1 Y_{t-p} + \cdots + B_p Y_{t-p} + A^{-1} \Sigma e_t$，其中 $B_i = A^{-1} F_i$，$i = 1, \cdots, p$；$e_t \sim N(0, I_k)$ 为随机扰动项。模型进一步简化为：

$$y_t = X_t \beta + A^{-1} \Sigma e_t, \quad X_t = I_k \otimes (y'_t \cdots y'_{t-p})$$

该模型为 SV-TVP-VAR 模型，即具有随机波动率的时变结构向量自回归模型。参考 Primiceri（2005）的定义，将 $a_t = (a_{21}, a_{31}, a_{32}, a_{41}, a_{42}, a_{43}, a_{k1}, \cdots, a_{k,k-1})$ 定义为有 A_t 中元素组成的矩阵；$h_{jt} = \log \sigma_{ij}^2$，$j = 1, \cdots, k$，$h_t = (h_1, \cdots, h_{kt})$ 表示随机波动率。假设模型中的时变参数都服从一阶随机游走，即 $\beta_{t+1} = \beta_t + u_{\beta t}, a_{t+1} = a_t + u_{at}, h_{t+1} = h_t + u_{ht}$。即：

$$\begin{bmatrix} e_t \\ u_{\beta t} \\ u_{at} \\ u_{ht} \end{bmatrix} N = \left\{ 0, \begin{bmatrix} I & 0 & 0 & 0 \\ 0 & \Sigma_\beta & 0 & 0 \\ 0 & 0 & \Sigma_a & 0 \\ 0 & 0 & 0 & \Sigma_h \end{bmatrix} \right\} \tag{7.2}$$

$\beta_{t+1} \sim N(u_{\beta_0}, \Sigma_{\beta_0})$、$a_{t+1} \sim N(u_{a_0}, \Sigma_{a_0})$、$h_{t+1} \sim N(u_{h_0}, \Sigma_{h_0})$、$I$、$\Sigma_{\beta_0}$、$\Sigma_{a_0}$ 和 Σ_{h_0} 分别为方差协方差矩阵，由于模型中的参数可以随时间永久性或暂时性变化，所以可以解释经济结构中的突变或渐变特性。随机波动率虽然会增加模型灵活性，但同时也增加了参数估计难度，使得传统 SVAR 模型估计所采用的估计方法（最小二乘或最大似然）容易造成模型参数过度识别问题，所以本章参考 Nakajima（2011），采用贝叶斯分析中常用的马尔可夫链蒙特卡洛（MCMC）法对模型进行估计，在此基础上通过脉冲响应函数分析各变量之间的影响。

二、数据来源及处理

选取居民杠杆率（Household）、非金融企业杠杆率（Company）以及 GDP 同比增速（Y）作为实证数据，数据来源国家资产负债表中心和中国统计年鉴，数据区间为2001年第一季度至2019年第四季度。为避免变量之间出现伪回归，对所有变量进行 ADF 检验，并对不平稳数据进行一阶差分处理。同时参考 Nakajima（2011）的研究，利用 Household、Company 以及 Y，构建 VAR 模型，根据信息准测确定滞后阶数为1。

表7.1 单位根检验

变量	T	P 值	平稳性
Household	−4.264	0.000 5	平稳
Company	−6.242	0.000 0	平稳
Y	−8.223	0.000 0	平稳

三、TVP-VAR 模型结果分析

本章使用 MATLAB 软件分析 TVP-SV-VAR 模型，模型始燃烧次数为1 000次，MCMC 的重复次数为10 000次，具体的参数估计和相关检验结果如表7.2所示。

表7.2 参数估计结果

参数	Mean	Stdev	95%U	95%L	Geweke	Inef.
s_{b_1}	0.002 3	0.000 3	0.001 8	0.002 9	0.009	4.88
s_{b_2}	0.002 3	0.000 3	0.001 8	0.002 8	0.410	3.19
s_{a_1}	0.005 5	0.001 5	0.003 4	0.009 2	0.634	29.14
s_{h_1}	0.005 6	0.001 7	0.003 4	0.009 9	0.077	24.14
s_{h_2}	0.505 4	0.001 5	0.003 4	0.009 1	0.808	20.29

注：TVP-VAR model (Lag = 1)，Iteration:10 000。

可以看出，模型的 Geweke 统计量均小于1.96，表明模型的各个参数显著收敛于后验分布。同时，各个参数对应的无效因子数值均保持在较小的水平，其中最大值仅为29.14，可以进行后验分布的推断，因此，MCMC 方法抽取的样本是有效的。

TVP-SV-VAR 模型的 MCMC 抽样结果见图7.2，可以看出，模型样本的 VAR 稳定下降，路径抽样稳定，样本图形特征符合正态分布，这说明实证研究模型的 MCMC 抽样结果符合要求。

图7.3显示了给予居民杠杆率一单位标准正向冲击时，其他的变量的脉冲响应。非金融企业杠杆率（Company）变化总体呈现降低趋势，产出（Y）呈现上升趋势，可见家庭部门加杠杆会导致产出上升，并且可以有效地降低非金融企业杠杆率，缓解当前我国非金融企业杠杆率过高的问题。

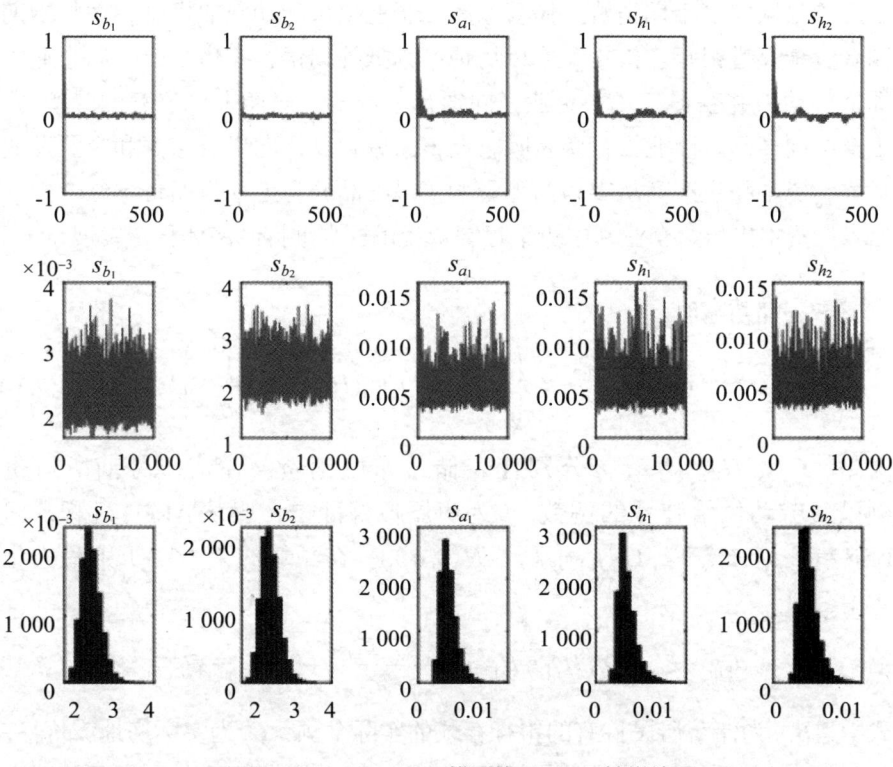

图7.2 TVP-SV-VAR 模型的 MCMC 抽样结果

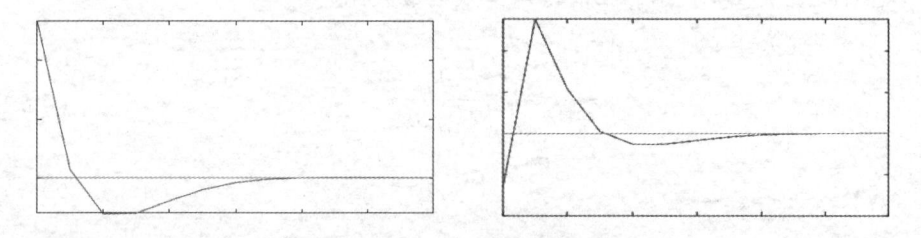

图7.3 时变脉冲响应分析

第四节 动态随机一般均衡模型的构建

从经验分析的结果来看，居民部门加杠杆可以降低非金融企业杠杆率，并刺激产出增加，然而经验分析并不能说明居民杠杆率对企业杠杆率的影响机制，因此为更进一步解释其中影响机制，研究通过构建包含7个主体：储蓄家庭、借贷家庭、资本品制造商、企业家、零售商、商业银行、中央银行的动态随机一般均衡模型来考察背后的传导机制。储蓄家庭与借贷家庭两者的区别在于，储蓄家庭的贴现率 β_1 高于借贷家庭 β_2，后者更缺乏耐心，所以倾向于当期消费。储蓄家庭向企业提供劳动获取资金，并将当期剩余资金存进银行。借贷家庭以房地产为抵押向银行家借款，并向企业家提供劳动力并获得工资。企业家向银行家借款，雇佣来自家庭的劳动力，生产中间产品。商业银行负责吸收储蓄家庭存款，向借贷家庭和企业发放贷款。资本品生产商从零售商那里购买最终品并与上期折旧资本结合生产出当期资本出售给企业，中央银行制定货币规则维持经济体稳定发展。

一、储蓄家庭

$$\max E_0 \sum_{t=0}^{\infty} B_{1,t} \left(\log C_{1,t} + j_t \log H_{1,t} - \frac{(N_{1,t})^{1+\eta}}{1+\eta} \right) \quad (7.3)$$

式中，$C_{1,t}$、$H_{1,t}$、$N_{1,t}$、η 分别代表储蓄家庭消费，住房，劳动所占份额以及劳动供给弹性的倒数，j_t 为房屋偏好冲击，服从 AR(1) 过程，即 $\text{LN}j_t = (1-\rho_j)\text{LN}j_{ss} + \rho_j \text{LN}j_{t-1} + \int_{j,t} (\int_{j,t} \sim N(0, \sigma_j^2))$。在预算约束（7.3）下最大化效用函数。

$$C_{1,t} + B_{1,t} + Q_t(H_{1,t} - H_{1,t-1}) = \frac{R_{1,t-1} B_{1,t-1}}{\pi_t} + W_{1,t} N_{1,t} + \Pi_t \quad (7.4)$$

式中，$B_{1,t}$ 为储蓄居民持有的银行存款的实际金额，Q_t 为实际房地产价格，$R_{1,t-1}$ 存款名义利率，π_t 表示通货膨胀水平，Π_t 为零售商支付利润。储蓄家庭选择 $C_{1,t}$、$H_{1,t}$、$N_{1,t}$、$B_{1,t}$ 令自身效应最大化。

一阶条件：

$$\frac{1}{C_{1,t}} = B_1 E_t \frac{R_{1,t}}{C_{1,t+1} \cdot \pi_{t+1}} \quad (7.5)$$

$$\frac{W_{1,t}}{C_{1,t}} = (N_{1,t})^\eta \quad (7.6)$$

$$\frac{Q_t}{C_{1,t}} = \frac{j_t}{H_{1,t}} + \beta_1 E_t \frac{Q_{t+1}}{C_{1,t+1}} \quad (7.7)$$

二、借贷家庭

$$\max E_0 \sum_{t=0}^{\infty} B_{2,t-1} \left(\log C_{2,t} + j_t \log H_{2,t} - \frac{(N_{2,t})^{1+\eta}}{1+\eta} \right) \quad (7.8)$$

借贷家庭以房地产为抵押，向银行贷款资金 $B_{2,t}$ 来平衡预算支出，所以借贷家庭在式（7.9）的约束下最大化效用函数：

$$C_{2,t} + \frac{R_{2,t-1} B_{2,t-1}}{\pi_t} + Q_t(H_{2,t} - H_{2,t-1}) = B_{2,t} + W_{2,t} N_{2,t} \quad (7.9)$$

同时借贷家庭在向商业银行借款时,必须满足借贷的杠杆约束:

$$B_{2,t} \leqslant m_{2,t} E_t \left(\frac{Q_{t+1} H_{2,t} \pi_{t+1}}{R_{2,t}} \right) \qquad (7.10)$$

借贷家庭选择 $C_{2,t}$、$H_{2,t}$、$N_{2,t}$、$B_{2,t}$ 令自身效应最大化。一阶条件:

$$\frac{1}{C_{2,t}} = B_2 E_t \frac{R_{2,t}}{C_{2,t+1} \cdot \pi_{t+1}} + \lambda_{2t} \qquad (7.11)$$

$$\frac{W_{2,t}}{C_{2,t}} = (N_{2,t})^{\eta} \qquad (7.12)$$

$$\frac{Q_t}{C_{2,t}} = \frac{j_t}{H_{2,t}} + B_2 E_t \frac{Q_{t+1}}{C_{2,t+1}} + \lambda_{2,t} m_{2,t} E_t \left(\frac{Q_{t+1} \pi_{t+1}}{R_{2,t}} \right) \qquad (7.13)$$

式中,λ_{2t} 为借贷家庭借贷约束的拉格朗日乘子,将缺乏耐心的居民杠杆率的设定为:

$$\text{lev}_{2,t} = \frac{B_{2,t}}{Q_t H_{2,t}} \qquad (7.14)$$

三、企业家

企业家的目标函数为

$$\max E_0 \sum_{t=0}^{\infty} \beta_e^t (\log C_{e,t}) \qquad (7.15)$$

因为企业家同样需要借入资金,所以主观贴现因子满足:$\beta_1 > \beta_e$。企业家的预算约束为:

$$C_{e,t} + W_{1,t} N_{1,t} + W_{2,t} N_{2,t} + \frac{R_{e,t-1} B_{e,t-1}}{\pi_t} + q_t K_t = \frac{Y_{e,t}}{X_t} + q_t(1-\delta) K_{t-1} + B_{e,t} \qquad (7.16)$$

式中,q_t 代表资本实际价格,K_t 为资本,$B_{e,t}$ 表示企业家,$X_t = P_t/P_{w,t}$ 为价格加成比例,$X = \varepsilon/(\varepsilon-1)$,企业家的生产函数为柯布道格拉斯形式:

$$Y_{e,t} = A_t K_{t-1}^{\alpha} \left[(N_{1,t}^{\phi})(N_{2,t}^{1-\phi}) \right]^{1-\alpha} \qquad (7.17)$$

式中,$Y_{e,t}$ 为企业生产的中间产品;A_t 为技术水平;K_{t-1} 为上一期资本存量;$N_{1,t}$ 和 $N_{2,t}$ 为两类消费者的劳动,ϕ 表示在劳动投入要素中来自储蓄家庭的劳动投入比例;α 为资本投入份额。

企业家面临的融资约束为:

$$B_{e,t} \leqslant m_{e,t}(1-\delta) E_t \left(\frac{q_{t+1} K_t \pi_{t+1}}{R_{e,t}} \right) \qquad (7.18)$$

一阶条件为:

$$\frac{1}{C_{e,t}} = \beta_e E_t \frac{R_{e,t}}{C_{e,t+1}\pi_{t+1}} + \lambda_{et} \quad (7.19)$$

$$W_{1,t} = \frac{\phi(1-\alpha)Y_{e,t}}{X_t N_{1,t}} \quad (7.20)$$

$$W_{2,t} = \frac{(1-\phi)(1-\alpha)Y_{e,t}}{X_t N_{2,t}} \quad (7.21)$$

$$\frac{\beta_e \alpha Y_{e,t+1}}{C_{e,t+1} K_t X_{t+1}} + \frac{\beta_e q_{t+1(1-\delta)}}{C_{e,t+1}} + (1-\delta)\lambda_{e,t} m_{e,t} \frac{q_{t+1}\pi_{t+1}}{R_{e,t}} = \frac{q_t}{C_e} \quad (7.22)$$

式中,λ_{et} 为企业家借贷约束的拉格朗日乘子,企业的杠杆率设定为:

$$\text{Lev}_{e,t} = \frac{B_{e,t}}{q_t K_t} \quad (7.23)$$

四、商业银行

银行家的效应函数为:

$$\max E_0 \sum_{t=0}^{\infty} \beta_b^t (\log C_{b,t}) \quad (7.24)$$

预算约束为:

$$C_{b,t} + \frac{R_{1,t-1}B_{1,t-1}}{\pi_t} + B_{2,t} + B_{e,t} \leq B_{1,t} + \frac{R_{2,t-1}B_{2,t-1}}{\pi_t} + \frac{R_{e,t-1}B_{e,t-1}}{\pi_t} \quad (7.25)$$

银行家面临的资本约束为:

$$B_{1,t} \leq \rho B_{1,t-1} - B_{2,t-1} - B_{e,t-1} + (1-\rho)(\gamma_2 B_{2,t} + \gamma_e B_{e,t}) \quad (7.26)$$

选择 $C_{b,t}$、$B_{1,t}$、$B_{2,t}$、$B_{e,t}$ 最大化效用函数,得到一阶条件为:

$$\frac{1}{C_{b,t}} = \lambda_{b,t} + \beta_b E_t \frac{R_{1,t}}{C_{b,t+1}\pi_{t+1}} - \beta_b \rho \lambda_{b,t+1} \quad (7.27)$$

$$\frac{1}{C_{b,t}} = (1-\rho)\gamma_2 \lambda_{b,t} + \beta_b E_t \frac{R_{2,t}}{C_{b,t+1}\pi_{t+1}} - \beta_b \rho \lambda_{b,t+1} \quad (7.28)$$

$$\frac{1}{C_{b,t}} = (1-\rho)\gamma_e \lambda_{b,t} + \beta_b E_t \frac{R_{e,t}}{C_{b,t+1}\pi_{t+1}} - \beta_b \rho \lambda_{b,t+1} \quad (7.29)$$

式中,$\lambda_{b,t}$ 为银行家资本约束的拉格朗日乘子。

五、零售商

零售部门以批发价格购入中间产品,再将其复合成最终品出售给其他经济主题:

$$Y_t = \left[\int_0^1 \left(Y_{s,t}^{\frac{\varepsilon-1}{\varepsilon}}\right) ds\right]^{\frac{\varepsilon}{\varepsilon-1}} \quad (7.30)$$

式中，Y_t 为最终产品，$Y_{s,t}$ 代表中间产品，价格为 $P_{s,t}$。常数 ε 为中间产品的替代弹性。零售商选择中间品数量最大化其利润函数：

$$\max\left\{P_t\left[\int_0^1 \left(Y_{e,t}^{\frac{\varepsilon-1}{\varepsilon}}\right) ds\right]^{\frac{\varepsilon}{\varepsilon-1}} - \int_0^1 P_{s,t} Y_{s,t}\right\} \quad (7.31)$$

将其一阶条件代入（28）得到中间产品需求曲线：

$$Y_{s,t} = \left(\frac{P_{s,t}}{P_t}\right)^{-\varepsilon} Y_t \quad (7.32)$$

零售商定价问题参考 Calvo 定价规则，即每一期零售商只有 $(1-\theta)$ 的概率可以调整价格达到最优水平 P_t^*，其余零售商保持上一期价格，其最优定价目标函数为：

$$\max E_t \sum_{i=0}^{\infty} \theta^i \beta_1^i \frac{\lambda_{1,t+i}}{\lambda_{1,t}} \left(\frac{P_t^*}{P_{t+i}} - \frac{1}{X_{t+i}}\right) Y_{s,t+i} \quad (7.33)$$

$$\text{s.t.} Y_{s,t+i} = \left(\left(\frac{P_t^*}{P_{t+i}}\right)^{-\varepsilon} Y_{t+i}\right) \quad (7.34)$$

此问题的一阶条件为：

$$P_t^* = \frac{\varepsilon}{\varepsilon-1} \frac{\sum_{i=0}^{\infty} \theta^i \beta_1^i \frac{\lambda_{1,t+i}}{\lambda_{1,t}} \frac{Y_{s,t+i}}{X_{t+i}}}{\sum_{i=0}^{\infty} \theta^i \beta_1^i \frac{\lambda_{1,t+i}}{\lambda_{1,t}} \frac{Y_{s,t+i}}{P_{t+i}}} \quad (7.35)$$

式中，$\lambda_{1,t}$ 为储蓄家庭的边际消费效用，令 $v_{1t} = \sum_{i=0}^{\infty} \theta^i \beta_1^i \frac{\lambda_{1,t+i}}{\lambda_{1,t}} \frac{Y_{s,t+i}}{X_{t+i}}$，$v_{2t} = \sum_{i=0}^{\infty} \theta^i \beta_1^i \frac{\lambda_{1,t+i}}{\lambda_{1,t}} \frac{Y_{s,t+i}}{P_{t+i}}$，式（7.32）化简为：

$$P_t^* = \frac{\varepsilon}{\varepsilon-1} \frac{v_{1t}}{v_{2t}} \quad (7.36)$$

式中，$v_{1t} = \lambda_{1,t} \frac{Y_{s,t}}{X_t} + \theta \beta_1 v_{1t+1}$，$v_{2t} = \lambda_{1,t} \frac{Y_{s,t}}{P_t} + \theta \beta_1 v_{1t+1}$。根绝 Calvo 定价规则，最终商品总体价格水平满足：

$$P_t^{1-\varepsilon} = (1-\theta)\left(P_t^*\right)^{1-\varepsilon} + \theta P_{t-1}^{1-\varepsilon} \quad (7.37)$$

六、资本品生产商

为了内生化资本品价格,引入资本品生产商。假设资本品生产厂商在调整投资时产生二次调整成本,每一期的资本积累的动态方程为:

$$K_t = (1-\delta)K_{t-1} + \left[1 - \frac{\kappa}{2}\left(\frac{I_t}{I_{t-1}} - 1\right)^2\right]I_t \quad (7.38)$$

式中,□为投资成本参数,资产品生产商每一期需要决策投资量以实现利润最大化:

$$\max E_t \sum_{i=0}^{\infty} \beta_1^i \frac{\lambda_{1,t+i}}{\lambda_{1,t}} \left[q_{t+i}I_{t+i} - \frac{\kappa}{2}\left(\frac{I_{t+i}}{I_{t+i-1}} - 1\right)^2 q_{t+i}I_{t+i} - I_{t+i}\right] \quad (7.39)$$

其 $\beta_1^i \frac{\lambda_{1,t+i}}{\lambda_{1,t}}$ 表示 $t+i$ 到 t 期的实际贴现因子。经过最优化问题求解可以获得投资的动态方程:

$$1 = q_t \left[1 - \frac{\kappa}{2}\left(\frac{I_t}{I_{t-1}} - 1\right)^2 - \kappa\left(\frac{I_t}{I_{t-1}} - 1\right)\frac{I_t}{I_{t-1}}\right] + \\ \beta_1 q_{t+1} \frac{\lambda_{1,t+1}}{\lambda_{1,t}} \kappa \left(\frac{I_{t+1}}{I_t} - 1\right)\left(\frac{I_{t+1}}{I_t}\right)^2 \quad (7.40)$$

七、中央银行

中央银行通过针对通货膨胀和产出两个目标调整存款利率进行政策调节,服从以下泰勒规则:

$$\log\left(\frac{R_{1,t}}{R_1}\right) = \rho_1 \log\left(\frac{R_{1,t-1}}{R_1}\right) + (1-\rho_1)\left[\rho_\pi \log\left(\frac{\pi_t}{\pi}\right) + \rho_\gamma \log\left(\frac{Y_{e,t}}{Y_e}\right)\right] + \varepsilon_t \quad (7.41)$$

在该模型中包括产品市场、房地产市场、信贷市场,劳动力市场。市场出清条件如下:

$$Y_{e,t} = C_{1,t} + C_{2,t} + C_{e,t} + C_{b,t} + I_t \quad (7.42)$$

$$H_{1,t} + H_{2,t} = H \quad (7.43)$$

$$N^d_{1,t} = N^s_{1,t} \quad (7.44)$$

$$N^d_{2,t} = N^s_{2,t} \quad (7.45)$$

根据瓦尔拉斯一般均衡理论,当产品市场、房地产市场,劳动力市场出清时,信贷市场必然出清。

第五节 参数校准与政策模拟

一、参数校准

研究在参考已有文献的基础上对参数进行校准。借鉴 Iacoviello（2014）研究结论，将储蓄家庭贴现率 β_1 校准为0.992 6、借贷家庭折现率 β_2 校准为0.95，企业家贴现率 β_e 校准为0.96，银行家折现率 β_b 校准为0.945。厂商生产函数中资本份额 α 在借鉴 Geral（2010）研究基础上，结合中国实际情况，将其设定为0.33。来自储蓄家庭的劳动占比 ϕ，参考周俊仰等（2018）的研究，校准为0.64。关于价格黏性参数 θ，研究借鉴何国化等（2016）设定为0.75。参考周俊仰等（2018）研究，将劳动供给弹性 χ 和产品替代弹性 ε 分别设定为0.5和21。资本折旧率 δ 校准为0.025（Bernanke，1999；殷兴山，2020）。参考吴盼文等（2017）研究，将货币政策平滑系数 ρ_1、利率对通货膨胀的反应系数 ρ_π 以及利率对产出的反应系数 ρ_Y 分别设定为0.75、0.6，1.63。参考 Iacoviello（2014）的研究，将银行家资本平滑系数 ρ 校准为0.25，γ_2 和 γ_e 分别校准为0.95，0.9。模型主要参数校准结果如表7.3所示。

表7.3 模型主要参数取值

参数	经济含义	取值	参数	经济含义	取值
β_1	储蓄家庭贴现率	0.992 6	ϕ	借贷家庭劳动占比	0.64
β_2	借贷家庭贴现率	0.95	θ	厂商为改变价格比例	0.75
β_e	企业家贴现率	0.96	χ	劳动供给弹性	0.5
β_b	银行家贴现率	0.945	ε	产品替代弹性	21
α	资本所占份额	0.33	δ	资本折旧率	0.025
ρ_1	货币政策平滑系数	0.75	ρ	银行家资本平滑系数	0.25
ρ_π	利率对通胀反应系数	0.6	γ_2	对借贷家庭贷款意愿	0.95
ρ_Y	利率对产出反应系数	1.63	γ_e	对企业贷款意愿	0.9

二、数值模拟

1. **房地产需求冲击**

图7.4为房地产需求受到1单位标准差冲击对经济体的影响，随着房地产需求的增加，房地产价格 Q 上升，房地产价格的上升会从两个方面影响借贷家庭，一方面随着房价的上升，借贷家庭抵押物价值增加，借贷家庭可贷资金增加，会增加消费支出，另一方面，房价的上涨也会促使借贷家

庭用于房地产的支出增加（房地产价格与借贷家庭住房需求的乘积），对消费产生挤出效应，最终源于商业银行借款收入的增加幅度高于房地产支出幅度，借贷家庭消费增加，同样，房地产价格的上升也会使得储蓄家庭消费增加，两类家庭的消费需求的增加会促使企业增加向银行贷款的金额（B_e）用以扩大生产，经济体总产出 Y 增加，经济体上行。与此同时，随着企业贷款的增加，企业杠杆率上升，借贷家庭杠杆率与企业杠杆率相反，原因在于借贷家庭可贷资金的增加会拉升杠杆率，但是随着房价的上升，自有资金价值（房地产存量与房价的乘积）增加，会使借贷家庭的杠杆率会减少，最终自有资金价值增加幅度大于借贷资金增加幅度，借贷家庭杠杆率减少，因此，房价上涨会刺激经济增长，但会进一步拉升非金融企业杠杆率。

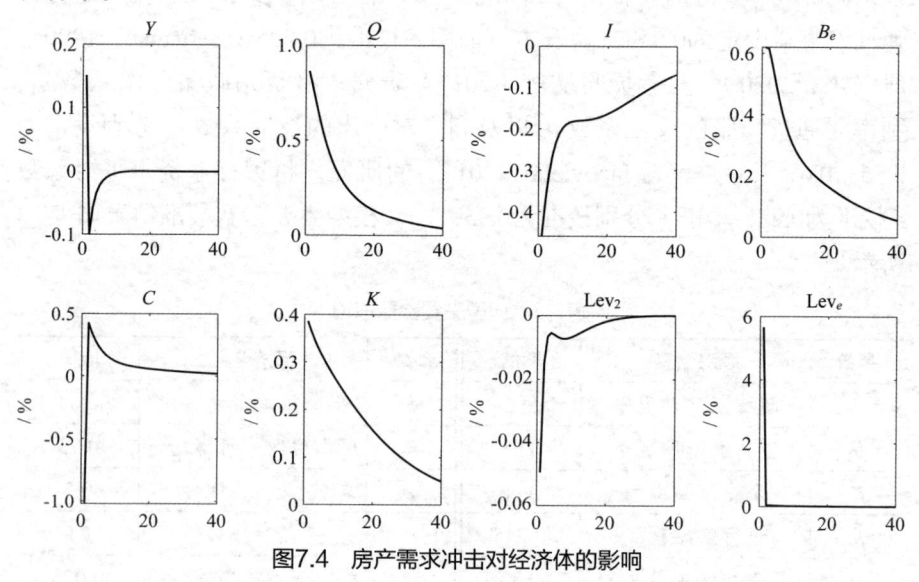

图7.4　房产需求冲击对经济体的影响

2. 居民加杠杆冲击

2008年以来，中国非金融企业杠杆率迅速上涨，已远超过 OECD 国家非金融企业部门杠杆率的风险阈值（90%）。与金融企业杠杆率现状不同，我国居民现阶段杠杆率水平相比于世界发达经济体，仍处于较低水平，存在加杠杆空间。鉴于此，给予借贷家庭贷款价值比一单位正向冲击，用以考察居民部门加杠杆对经济体的影响。如图7.5所示，在居民部门加杠杆的情况下，经济体中产出 Y、消费 C、投资 I 上升，此时经济体上行趋势明显。由于借贷家庭贷款价值比的上升，放松了借贷家庭的预算约束，家庭部门借贷增加（B_2），杠杆率上升。借贷贷款的增加挤出了部门企业贷款，企业部门贷款下降（B_e），企业部门杠杆率下降，经济体中杠杆率由企业部门完成了向居民部门的转移。

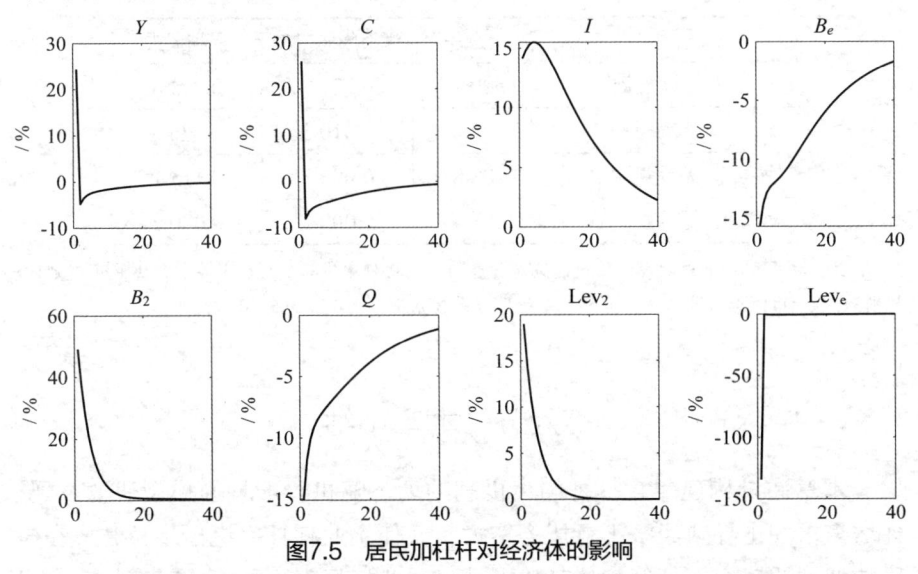

图7.5 居民加杠杆对经济体的影响

3. 福利分析

受2008年全球金融危机的刺激，我国政府采取了大规模的宏观刺激政策，虽然此举有效地避免了中国经济出现"硬着路"，但是也使得非金融企业杠杆率迅速攀升，给我国金融体系的稳定性埋下了巨大的隐患，因此如何对非金融企业杠杆率进行监管和调控，是当前政策当局亟须解决的重要问题。研究借鉴 Faia 和 Monac（2007）的研究思路，在传统泰勒规则的基础上，假定中央银行会对非金融企业杠杆率作出反应，其具体表现形式为：

$$\log\left(\frac{R_{1,t}}{R_1}\right) = \rho_R \log\left(\frac{R_{1,t-1}}{R_1}\right) + (1-\rho_R)\left[\rho_\pi \log\left(\frac{\pi_t}{\pi}\right) + \rho_y \log\left(\frac{Y_{e,t}}{Y_e}\right) + \rho_l \log\left(\frac{\text{Lev}_{e,t}}{\text{Lev}_e}\right)\right] + \varepsilon_t \quad (7.46)$$

式中，$\text{Lev}_{e,t}$ 为非金融企业杠杆率，ρ_l 为中央银行货币政策对房地产价格的反应系数，研究赋予其不同的数值以对福利损失效果进行稳健性检验。参考 Woodford（2013）和 Galí（2015）的研究，设定如下福利损失函数：

$$\text{WelfareLoss}_t = \lambda \sigma_{yt}^2 + (1-\lambda)\sigma_{\pi t}^2 \quad (7.47)$$

式中，λ 表示损失权重，σ_{yt}^2 和 $\sigma_{\pi t}^2$ 代表产出和通货膨胀率的方差，研究假定等权重，即 $\lambda=0.5$。表7.4显示，与不考虑非金融企业杠杆率的货币规则相比，当货币当局对非金融企业杠杆率进行响应时，有着更低的福利损失，并且随着反应系数的增大，福利增进的效果更为明显。

表7.4 福利损失表

	产出方差	通货膨胀方差	福利损失
传统货币规则	0.520 2	0.027 3	0.273 8
扩展型货币规则 1	0.342 6	0.010 3	0.176 5
扩展型货币规则 2	0.108 8	0.006 3	0.115 1
扩展型货币规则 3	0.081 4	0.009 3	0.090 7

注：扩展型货币规则表示货币政策对非金融企业杠杆率进行反应，其中扩展型货币规则1至规则3表示货币政策对非金融企业杠杆率的反应系数 ρ_l 分别为0.3，0.5，0.7。

第六节 本章小结

本章通过构建包含抵押约束机制的动态随机一般均衡模型研究发现，住房需求冲击导致经济下行压力增大，并使企业杠杆率进一步拉升。在居民加杠杆的情况下，经济体产出上升，企业杠杆率下降，此时杠杆率完成企业部门向居民部门的转移。福利分析表明，当中央银行对非金融企业杠杆率进行反应时，可以平抑经济波动，减少社会福利损失，并且反应系数越大，福利改善效果越明显。

结合上述研究结论提出以下建议：一是深化供给侧结构性改革，加快房地产行业去库存，防止房地产价格的过快上升，导致经济体面临不确定性增加。二是我国居民杠杆率相对于发达国家仍处于低位，存在较大的加杠杆空间，可以适当地将企业部门转移到居民部门，以达到结构性去杠杆的目的。三是货币政策作为中央银行调控宏观经济的重要工具，不仅应该重视通货膨胀和产出的波动，还应该对非金融企业杠杆率有所关注。四是鉴于跨部门、跨市场的金融杠杆操作和影子银行的存在使得金融杠杆更加隐蔽，政策应加强对跨部门、跨市场的金融杠杆和影子银行的监控，以避免隐性杠杆率冲击带来的金融风险。

第八章 金融状况冲击与杠杆率跨周期配置

第一节 引　言

国际金融危机之后，在国家大规模宏观政策刺激之下，我国微观主体非金融企业与居民杠杆率均快速攀升，金融风险持续集聚。为此，2015年12月中央经济工作会议明确提出包括去杠杆在内的结构性改革任务，推动经济持续健康发展，中国政府开始了强制去杠杆进程。2017年7月召开的全国金融工作会议提出"服务实体经济、防控金融风险、深化金融改革"三位一体的金融改革和发展目标。国家将去杠杆重心放在金融业，并针对金融业高杠杆相继出台系列措施，如《中国银监会关于提升银行业服务实体经济质效的指导意见》中明确银行业服务实体经济的主要任务，提出实施差异化信贷政策、利用多种渠道盘活信贷资源，加快处置不良资产等措施实现市场出清。去杠杆主要目的是防范和化解重大金融风险，然而在2020年初在史无前例的疫情冲击下，我国经济遭受改革开放以来最为严重的影响，仅1季度实际GDP同比下降了6.8%。疫情冲击下部分高杠杆企业面临流动性枯竭，进而又通过就业渠道影响家庭融资需求。为有效应对疫情带来的不利影响，疫情防控期间国家以及各地方政府均加大了复工复产政策的实施力度，各种稳增长、惠民生的金融政策也在持续加码，缓解了市场失灵，这也导致居民与非金融部门杠杆在疫情之后又开始大幅攀升。

杠杆率超过阈值代表某种程度的金融脆弱性，因此杠杆率是测度系统性金融风险的有效测度指标（Schularick et al.，2012；Drehmann et al.，2014），国际上巴塞尔委员会和欧洲系统性金融风险委员会均建议在制定宏观审慎政策时重点关注宏观杠杆率缺口这一指标。高负债导致家庭和企业更容易受到外部冲击，尤其是当外部金融状况收紧时，资产价格突然下降以及企业和家庭快速去杠杆可能会产生金融系统性风险（Choi et al.，2021）。因此，微观主体的杠杆率实际上是经济负面冲击的放大器，外部市场冲击前的杠杆水平越高，这种去杠杆化就变得具有高度破坏性的可能性就越大。因为杠杆率存在金融加速器效应，Kiyotaki等（1997）、

Bernanke 等（1999）以及 Brunnermeier 等（2014）。

2020年7月，中共中央政治局会议首次提出"完善宏观调控跨周期设计和调节，实现稳增长和防风险长期均衡"。该提法的战略定位超越了以应对经济短周期波动为主的传统逆周期调控政策框架。从资源配置角度看，市场机制在发挥资源配置方面发挥决定性作用，但微观个体当面对跨期选择的时候，由于外部环境不确定性因素，可能导致决策的盲目性，因此，跨周期设计通常要求政策按照系统性原则统筹考虑问题，实现全周期中的最优配置。早期研究中通常用某些代表性金融变量作为金融周期的指示变量，如直接使用名义利率、股价、汇率等或者将众多指标合成某个综合指数，典型的如金融状况指数（Goodhart et al., 2001）。金融状况指数对风险预警等方面的重要影响，国内外许多学者基于时间序列模型构建金融状况指数，但是对金融周期和经济增长关系的研究大多停留在国家层面（朱太辉 等，2018；刘尧成 等，2019），而中国不同地区间金融资源和经济发展水平上存在显著的不平衡性，因此有必要深入到地区层面进行深入研究（王纪全 等，2005）。同时，中国作为一个结构性特征突出的经济体，如果只是从总体视角去讨论杠杆率的最优水平可能往往被宏观加总数据所"平均化"，因此只有深入了解我国杠杆率的空间异质性特征，考察金融政策冲击下各微观主体的跨周期调整行为，政策制定部门才能以求同存异的原则制定区域差异化的杠杆管理政策。

本章实证研究了金融状况指数、杠杆率和宏观经济在险增长之间的关系，目的是更好地了解政策制定者在摆脱疫情危机时面临的挑战，即如何针对宽松金融政策支持经济体复苏与预期经济增长风险上升之间进行权衡。本章提出两个关键的实证问题。一是由于我国各地区金融发展程度不同，金融状况对区域内企业与居民的杠杆率有什么影响？二是扩张性的金融状况对经济复苏提供了支持，但是金融政策带来的短期与长期经济增长效应是否存在显著区别？本章的主要创新点包括：第一、结合中国金融市场环境和数据的可得性，利用动态分层因子模型构建了金融状况指数。该指数的最大特点是整合全国、区域以及各省市层面金融信息，以保证金融状况指数测算精度和动态特征，进而满足对金融风险的早识别与早预警需求。第二、目前鲜有文献从区域金融周期视角来分析微观主体的跨周期配置行为，本章从短期与中长期视角检验了区域金融状况指数对非金融企业与居民杠杆率的跨周期调整事实。研究结论认为长期来看东部区域金融状况指数降低各微观主体杠杆率，但西部地区杠杆率的跨期调整行为则相对缓慢，区域间存在显著的异质性特征，研究视角具有一定的创新性。第三、利用面板分位数回归方法研究各省市金融状况指数、杠杆率以及宏观经济在险增长（Growth at Risk，GaR）三者之间的相互影响，实证结果发现宽松的金融状况短期虽然短期能降低经济下行风险，但却是以增加未来风险为代价。这些独特的经验发现，拓展了宏观经济政策与微观企业行为联系的研究思路。当前我国正处在深化供给侧结构性改革的关键时期，本章获得的实证结果可为政府有效把握当下供给侧结构性改革政策制定提供重要参考依据。

第二节 文献综述与实证框架

一、文献综述

已有理论认为经济部门持续的高杠杆会使经济体面临更为严重的尾部事件（Jordà et al., 2017）。Borio 等（2015）基于"债务-通缩"理论认为高负债与资产价格下降相互作用可能造成经济发展陷入的恶性循环。即资产价格断崖式的下跌和信贷收缩，并产生正反馈机制，最终对实体经济造成产出损失。Kalemli-Özcan 等（2020）研究表明在金融危机之后债务水平较高的公司减少投资的幅度更大。虽然政府在疫情期间为资金紧张公司提供充足的流动性，但可以预期，这些流动性困难公司（尤其是高负债的公司）将遇到未来偿付上的问题。Mian 等（2017）利用30个国家样本数据发现，家庭债务增加与金融风险高度相关，短期内家庭债务的正面冲击往往先于经济活动的上升，从中长期来看，家庭部门债务上升能够预测产出下滑和失业率上升，而对非金融企业杠杆的冲击不会有短期提振效果。Kirti（2018）基于在38个国家的样本发现无论是增加杠杆还是降低贷款标准（以高收益债券发行份额的上升来衡量）都无法预测经济表现的下降。然而，两者结合起来确实伴随着后续的产出下降。此外，实证研究均认为无论是加杠杆还是去杠杆，杠杆率波动较大都会引发房地产、地方政府融资平台等薄弱环节风险，进而会抑制经济增长（马勇 等，2017；纪洋 等，2021）。

杠杆率的上升究竟是金融深化的产物（Rajan et al., 1998）还是金融泡沫作用（Mendoza et al., 2008）的结果？现有文献针对此问题展开讨论。Verner（2019）讨论了信贷深化的有利方面与私营部门信贷周期破坏性因素之间的关键区别，后者往往先于增长放缓并导致一系列宏观经济失衡。支俊立等（2020）认为金融周期通过企业的经营能力和融资能力等两个渠道来影响经济增长，在繁荣期企业的经营效率提高，同时杠杆率也相应提高，二者共同推动经济增长。在经济遭受负面冲击时，资产价格伴随着投资者利益受到冲击也呈现大幅下降趋势（王永钦 等，2019）。Drehmann 等（2012）指出金融周期平均长达16年，大多数金融危机发生在金融周期的波峰附近，因此金融周期对于政策制定者具有重大意义，如果在宏观经济政策抉择中忽视金融周期而进行盲目的信贷扩张，中长期可能面临更为严重的经济衰退。

非金融企业高杠杆率或杠杆快速增长通常被认为是金融压力下行风险的关键预测因素（Gilchrist et al.，2018；Gertler et al.，2018）。最近的一系列文献使用在险增长方法（IMF，2017；Adrian et al.，2019；Duprey，2020），该方法依赖分位数回归方法来评估杠杆对未来产出增长的低百分位数影响。IMF（2017）研究报告中指出：宽松的金融状况短期内能显著降低经济下行风险，但由于内生的脆弱性不断积累，中长期来看金融状况引起经济增长的波动加大，即金融状况冲击存在跨期替代效应（Adrian et al.，2018）。Marques 等（2019）指出信贷分配风险能够有效预测 GDP 增长分布的左尾变化以及系统性银行危机。企业在金融状况收紧时信贷可得性与投资能力与其金融脆弱性程度有关，金融状况指数越高意味着金融负面冲击的放大程度越明显。Drehmann 等（2018）基于16个国家的家庭债务面板数据分析认为，新增借款短期会增加经济产出，但由于债务的长期性，在债务峰值4年后开始显著降低产出。Jordá 等（2020）关注发达经济体国家样本发现，虽然非金融企业杠杆率快速上升不会对产出和投资产生抑制效应，但在企业处置流程效率低下的国家里信贷扩张有助于"僵尸"企业生存。张晓晶等（2020）实证研究发现，宽松政策虽然促进短期经济增长，但债务增加会抑制长期增长潜力，因此当面临当前疫情冲击，必须处理好稳增长与防风险的动态平衡。

尽管美国、欧洲等国家对杠杆率与宏观经济之间的关系进行了深入的实证研究，但由于我国金融周期在顶部，风险比较高，而美国和欧元区都经历了国际金融危机后的向下调整（陈小亮 等，2018）。王桂虎（2017）的研究表明，非金融企业杠杆率和宏观经济波动呈较为明显的负相关关系，具有逆周期性。刘晓光等（2018）认为杠杆率变化对经济增长的影响是非线性的，要根据经济周期不同阶段和债务类型考察杠杆率与经济增长的关系。王竹泉等（2019）指出各地区应确立与其经济发展水平相适应的杠杆率结构性优化方向和力度，特别是中西部某些地区可以适度加杠杆以降低和控制地区金融风险。

二、实证框架

实证框架遵循如图8.1所示的简单框架，在这个框架中杠杆率、金融状况和宏观金融稳定紧密地交织在一起，宽松的金融状况是杠杆累积的关键驱动因素，在金融周期的上升阶段，金融状况放松为金融中介和金融市场提供了更大的动机承担债务，短期内信贷和投资的快速扩张刺激经济增长。当市场主体普遍的乐观情绪，容易出现过度投资、资源配置扭曲等问题，因此杠杆增加意味着金融脆弱性上升，当金融冲击出现且金融状况收紧时，高负债导致家庭和企业更容易受到负面冲击的影响，信贷和资产价格的调整以及企业和家庭的快速去杠杆可能会产生金融风险。由于金融加速器机制，杠杆积累往往对金融状况冲击更加敏感，金融摩擦可以通过对资产净值的影响放大冲击的影响（Bernanke et al., 1999）。

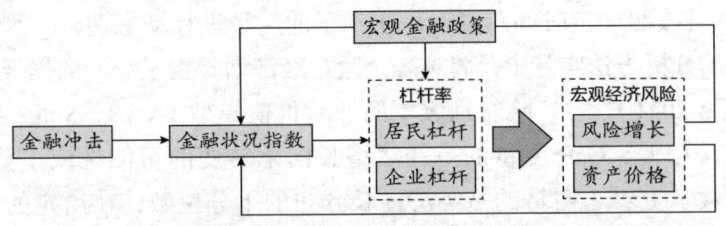

图8.1 杠杆率放大金融冲击机制

第三节 模型设定与指标构建

研究将分析在当前金融状况和未来杠杆率变化之间存在的因果关系，并控制导致企业（居民）杠杆率变化的其他相关驱动因素。分别考虑非金融企业和家庭杠杆的动态变化。具体估计模型如下：

一、金融状况对杠杆率的影响

$$\Delta \text{Lev}_{i,t,h} = \alpha_1 + \beta_2 \text{FCI}_{i,t} + \gamma_3 X_{i,t} + \theta_4 Z_t + e_{i,t,h} \quad (8.1)$$

式中，下标 i 和 t 分别表示省份和时间，h 表示向前预期时间范围。因变量 $\Delta \text{Lev}_{i,t,h}$ 是 t 和 $t+h$ 期间杠杆率的差值，即各省份家庭债务（或企业）与 GDP 比率的 h 个月度变化的累计数值。自变量 $\text{FC}_{i,t}$ 是金融状况指数。控制变量 $X_{i,t}$ 包括省份的异质性特征，具体包括省份月度的财政支出增长率、各地 GDP、居民消费物价指数 CPI 等控制变量。

通过已经文献分析，外部金融环境对杠杆率的影响具有非线性特征，特别是随着金融体制改革和宏观经济发展态势变迁，外部金融周期因素对杠杆率将表现出不同的冲击影响，因此在时变框架下研究金融状况与杠杆率的关系更具有实践意义。为了探讨这个问题，通过引入交乘项来检验变量的非线性特征。通过将方程式（8.1）拓展如下：

$$\Delta \text{Lev}_{i,t,h} = a_1 + \beta_2 \text{FC}_{i,t} + \theta_3 \text{Boom}_{i,t} \times \text{FC}_{i,t} + \varphi_4 \text{Boom}_{i,t} + \gamma_{i,t} X_{i,t} e_{i,t,h} \quad (8.2)$$

式中，变量 $\text{Boom}_{i,t}$ 表示信贷周期虚拟变量，如果某省份 i 的信贷周期正处于繁荣期，则 $\text{Boom}_{i,t}$ 赋值为1，否则为0。为此，将信贷周期简单定义为居民与非金融企业杠杆连续12个月以上处于其前75%分为数。本章分别用 $h = 6$、12、18、24和30个月度数据来表示短期（1年）、中期（2年）和长期（2年以上）累计变动值。

二、金融状况、杠杆率与经济在险增长

经济在险增长水平是将国家经济增长率视为国家整体财富的"收益率"，并且按照一定时间跨度对风险水平的度量进行动态调整。因此，在险增长的分析方法实际上是将金融风险与经济增长置于统一的框架中（张晓晶 等，2021）。与风险管理领域的在险价值模型（VAR，Value at Risk）研究方法相似，GaR 度量的是经济增长向下转变的可能性或下降程度，GaR 从数学上看它衡量的是经济增长分布的下分位数，在给定的置信水平 α 下，希望寻求到可能出现的最低经济增长水平（刘金全 等，2003；Adrian et al.，2019）。按照这一思路，经济在险增长描述时间跨度中可能出现的经济增长的损失，即与预期经济增长率之间的偏差。根据这一思路，用分位数回归方法可以估计金融状况对未来 GDP 增长结果的较低百分位数影响。具体来说，构建面板分位数回归实证模型如下。

$$y_{i,t+h} = a_1 + \beta_{1i} FCI_{i,t} + \beta_{2,h}^\tau \Delta \text{Lev}_{i,t}^{NFC} + \beta_{3,h}^\tau \Delta \text{Lev}_{i,t}^{HH} + \gamma_h^\tau X_{i,t} + \varepsilon_{i,t,h}^\tau \quad (8.3)$$

式中，$y_{i,t+h}^\tau$ 是省份 i 向前 h 期的实际经济增速，h 为预测期数。$\varepsilon_{i,t,h}^\tau$ 表示省份的固定效应。公式中的关键解释变量 $FCI_{i,t}$ 表示金融状况指数，$\Delta \text{lev}_{i,t}^{NFC}$、$\Delta \text{lev}_{i,t}^{HH}$ 分别非金融部门杠杆率与家庭杠杆率 h 个月的累计变化。最后，$X_{i,t}$ 是一组省份 i 在月度 t 的控制变量，包括剔除通货膨胀之后的实际 GDP 增长率、居民消费价格指数 CPI、当地政府支出规模增速以及时间趋势项等控制变量。Koenker（2004）借鉴高斯随机效应估计运用到固定效应的惩罚最小二乘中的基本思想，将其进一步拓展到分位数回归中，本章（节）采用 Koenker 的设定对式（8.3）求解。作为对比，面板分位数回归模型估计分别选择第10个百分位数（$\tau = 0.1$）和中位数（$\tau = 0.5$）。

三、金融状况指数构建与典型事实

各省市金融状况可能会与国家共同金融状况、区域异质性特征以及各

省市自身金融状况高度相关，在构建金融状况指数动态层级结构基于上述三类信息进行提取。

1. 金融状况指数构建

国际货币基金组织发布的《全球金融稳定报告》中将金融状况指数（FCI）定义为是衡量了一国的融资成本、融资环境以及国内资金的可得性的重要指标。金融状况指数通常是由一系列广泛的金融变量组成的，金融监管当局可以通过金融状况指数监控金融市场的变化。金融状况指数通常被称为"风险价格"，其数值的下降可以解释为风险价格的下降或金融条件的放松。文献中对金融状况指数的构建常用方法有简单算术平均法、主成分分析法等，不同方法所构建的金融状况指数本质上具有一致性。

金融状况指数倾向于包含数量指标、价格指标和经济指标等多种因素。该指数构建过程中面临两方面问题，一是选取合适的指标，二是采取合适的方法将基础数据指标合成金融状况指数。Stock 等（1989）指出，若多个经济变量的协同变动都受到一个共同冲击的影响，那么这一因素可由某个单一的、不可观测的共同因子来体现。然而，因子模型的一个普遍批评是因子难以解释，即因子是从大量数据中提取出来的，而没有充分利用数据结构特征（Moench et al., 2013）。此外，因子模型的问题主要在于其估计矩阵权重为常数，导致其在宏观金融周期实时分析中的效用大幅降低，尤其是我国经济转型过程中，静态模型难以刻画经济运行体制、机制的转变特征。为克服上述问题，动态因子模型不仅借鉴了主成分分析数据降维的思想，同时还采用状态空间结构刻画了各变量间的时间动态趋势变化。Kose 等（2003）针对全球60多个国家构建全球、区域和国家三层动态因子模型证实了全球经济周期的存在，该方法最大特点是根据数据指标的分类或分组结构，引入一些局部范围内的子块。Moench 等（2013）在分层动态因子模型引入了动态因子间的层次传导，模型的优势除了估计动态共同因子，还能根据方差分解结果判断各层次因子的重要性，使其更符合现实经济的运行状况。

区域经济中局部空间相关性的普遍存在，因此分层因子模型已经得到较为广泛的应用。借鉴 Moench 等（2013）、王俏茹等（2019）研究思路，构建了含有省级金融状况关联的动态分层因子模型，该模型不仅可以有效提取我国各省多维金融数据所代表的共同信息，同时还可以进一步刻画局部区域金融状况不同层次的联动效应。基于这一思路，金融状况指数被分解为三层动态因子，包括：①全国共同金融状况指数 FC，代表中国所有省份金融状况的共同变化趋势；②区域金融状况指数 GFC，代表我国各区域内部的金融状况协同趋势变化，按照我国传统东部、中部和西部地区三大区域进行划分；③各省级金融状况指数 HFC，代表我国各省份金融状况所涉及的金融变量的共同变化趋势；④异质性因子，代表各变量的异质性成分。假设各层次因子以及特质成分服从以下的自回归过程：

$$Z_{bsit} = \lambda_{H.bsi} HFC_{bsi} + e_{Z_{bsit}}$$
$$HFC_{bst} = \lambda_{G.bs} GFC_{bt} + e_{Hbst} \quad (8.4)$$
$$GFC_{bt} = \lambda_{F.b} FC_t + e_{Gbt}$$

式中，Z_{bsit} 代表位于我国区域 b 中的省份 s 的可观测变量 i（i 分别代表资产价格、金融规模等基础观测数据），$\lambda_{H.bsi}$、$\lambda_{G.bs}$、$\lambda_{F.b}$ 分别为对应的各省份、区域以及全国金融状况因子的载荷。动态分层因子模型设定假设观测变量仅受到省级因子的直接影响，而全国共同因子和区域因子则将通过省级因子对观测变量产生间接影响，因此，该模型引入了动态因子间的层次传导结构，假设每一层的层级特定成分 $e_{Jt}(J=Z_{bsi}, H_{bs}, G_b, F)$ 以及共同因子 F_t 均服从一阶自回归过程：

$$\psi_{Z_{bsit}}(L) e_{Z_{bsit}} = \varepsilon_{Z_{bsit}}$$
$$\psi_{H.bs}(L) e_{H_{bsi}} = \varepsilon_{H_{bsi}}$$
$$\psi_{G.b}(L) e_{H_{bs}} = \varepsilon_{H_{bs}} \quad (8.5)$$
$$\psi_F(L) F = \varepsilon_{F_t}$$

式中，ε_{Jt} 代表误差项，且 $\varepsilon_{Jt} \sim N(0, \sigma_j^2)$，$\psi_J$ 代表对应自回归过程的滞后算子。分层动态因子模型的数据集变量个数 N 和样本长度 T 均很大，故将数据集的数据划分为 b 个子块，每个块为区域特征因子，数据集的变量个数分别为东部地区、中部地区和西部地区，即3个子块，$b=3$。每个子块包括 N_b 个指标，则 $N_1=11$，$N_2=7$，$N_3=9$，$N=N_1+N_2+N_3=27$。样本长度 $T=77$。在这个动态分层结构中，全国共同因子 FC 对所有区域金融状况指数 GFC 均有影响，区域金融状况 GFC 只影响子块内各省份的金融状况 HFC，而对其他子块内省份的金融状况均不产生影响。最后，HFC 则是基于各个省份（自治区或直辖市）的金融变量一系列特征的提取共同因子。块内的变量可以通过最底层 F_t 或 $e_{G_{bt}}$ 关联，但块之间的变量只能通过 F_t 关联。动态分层因子模型允许对常见变化的反应存在异质性，而允许常见冲击的异质性。

分层因子模型的 Gibbs 抽样过程需要通过蒙特卡洛模拟（MCMC）来实现，具体设定参见 Moench 等（2013）、王俏茹等（2019）相关内容，本章不再赘述。

实证基于 Gibbs 抽样的 MCMC 方法，对模型参数和动态因子进行估计。核心的估算过程如下：(1) 利用主成分分析估计模型，得到参数和因子的初始值；提取主成分作为全国金融状况指数和区域因子的初始值；(2) 基于省份层面共同因子提取区域因子的后验分布；(3) 基于区域因子提取我国金融状况共同因子的后验分布，完成第一次 MCMC 过程；(4) 重复上述的 MCMC 过程，直至生成的马尔科夫链收敛。估计方法参考 Moench 等（2013）提供程序代码，估计过程通过 MATLAB 软件2016b 版本实现。假设全国共同因子、区域与省份等因子载荷和自相关系数的先验分布服从均值为0且方差为1的高斯分布，且扰动项方差的先验分布服从自由度为4和尺度为0.01的逆卡方分布。为确保实证马尔科夫链的收敛性，本次的研究给出了60 000次的抽样结果（剔除前10 000次的预抽样），并且每50次抽样存储一次，报告的后验分布统计数据基于这1 000次抽样。

2. 变量选取与数据处理

（1）金融状况指数构建。

本章选取中国27个省市（由于天津、黑龙江、河南与西藏等省区市数据不全而被剔除，且不包括中国港澳台等地区）作为研究对象。金融状况指数构建需要权衡多方面的因素，综合考虑数据的可得性后分别选择宏观层面与省份层面时间序列数据，其中宏观金融序列数据包括：① 资产价格缺口：以中国上证综合指数除以通货膨胀 CPI 得到实际股价指数。② 实际利率缺口：以银行间7天同业拆借利率除以通货膨胀因素得到实际市场利率。③ 货币供应量缺口：选取广义货币供给量 M2作为货币政策的代理变量，并用居民消费指数 CPI 指数进行平减得到实际货币供给量。④ 实际汇率缺口：选取人民币实际有效汇率指数作为代理指标。

省级层面的金融数据又细分为资产价格数据，包括：①各省市产业债信用利差；产业债信用利差是对宏观信用利差的补充，代表着投资者对不同行业、区域产业债的配置偏好，反映了所在区域风险的定价。②各省市工业生产者采购价格指数，代表各省份某时期内工业生产者出厂和购进价格变化趋势和变动幅度；③新建商品住宅价格指数。该数据反映各省市房屋销售价格变动程度和趋势的相对数。上述三个指标刻画了各省份资产价格变化情况，除此之外，再分别选用省级层面金融资产规模变量，具体包括：④地产开发投资金额；⑤股票成交额；⑥债券成交额；⑦基金成交额；⑧银行间质押式回购债券交易融入额；⑨金融机构本外币各项贷款余额；⑩保险保费收入。同样的，选取上述各省份金融机构规模在消除通货膨胀因素后，取自然对数并先后经 X12法和 HP 滤波法（$\lambda=$

14 400）去除季节成分和长期序列趋势成分，处理后的数据均代表作为实际变量的缺口值。最后，对所有选取的月度金融变量进行标准化处理，即所有的数据均具有零均值、单位方差的特性，以使所有基础因子的量级直接可比。

本章将东、中、西部三大经济带作为区域范围进行划分。按照区域划分标准分为：东部地区包括北京、河北、辽宁、上海、江苏、浙江、福建、山东、广东、广西、海南等11个东部沿海省市；中部区域包括山西、吉林、内蒙古、安徽、江西、湖南、湖北等7个省份；西部地区包括重庆、四川、贵州、云南、陕西、甘肃、青海、宁夏、新疆等9个省区市。基于14项基础数据指标合成的金融状况因子代表过滤各省市金融指标异质性成分基础上所提取的共同成分，经过无量纲化合成最终的金融状况指数，因而可以有效测度金融状况的变化。计算所需数据如表8.1所示。

表8.1　金融状况指数构建所需数据

序号	项目	变量	含义
1	汇率	人民币对美元中间汇率	宏观金融资产价格
2	股票价格	上证A股收盘价	
3	国债利差	长期（10年）国债与短期（1天）国债利差	
4	货币政策	货币供应量M2	
5	信贷利差	各省份产业债信用利差	各省份金融资产价格
6	物价	各省工业生产者采购价格指数	
7	房地产价格	各省新建商品住宅价格指数	
8	房地产规模	房地产开发投资金额	各省份金融市场规模
9	资产市场规模	股票成交额	
10	债券规模	债券成交额	
11	基金规模	基金成交额	
12	银行回购交易	银行间质押式回购债券交易融入额	
13	贷款规模	金融机构本外币各项贷款余额	
14	保险规模	保险保费收入	

（2）被解释变量与控制变量的构建。

在居民杠杆率统计口径上，与国际清算银行同国际货币基金组织保持一致，采用的是存款类金融机构信贷收支表中的住户贷款。再次，非金融公司则采用非金融机构的贷款除以当地GDP。由于我国中央银行从2015年开始披露住户贷款与非金融企业贷款月度数据，为此，样本期间选择为

2015年1月—2021年7月，共计79笔时间序列数据。

控制变量包括月度实际GDP增速、当地居民消费物价指数CPI、工业用电增速以及地方政府财政支出规模增速等指标，由于我国GDP是按季度统计得到的指标，因此无法直接获得各省月度经济增长数据，但由于工业增加值与GDP两者有较高的相关性，且工业增加值占GDP的比重相对比较稳定，因此可以计算出每季度的工业增加值占季度GDP的比重，然后按此比例将当季各月工业增加值数据换算成月度GDP近似数据。同时为保证结果的稳健性，本章也选用规模以上工业企业增加值增长率进行进一步稳健性分析。以上数据均进行X-12季节调整。文章中所有数据均来源于中经网统计数据库和万德数据库Wind数据库。变量处理之后均通过平稳性检验，即不存在数据上的序列相关等问题。具体数据特征如表8.2所示。

表8.2 变量描述性统计

变量	Obs	Mean	Std. Dev.	Min	Max
HouseLev	2 133	0.273	0.250	−0.246	1.504
CorpLev	2 133	0.063	0.215	−0.279	1.906
DetHLev	2 133	0.013	0.374	−8.245	6.832
DeltCLev	2 133	0.029	1.168	−30.484	17.784
FC	2 133	0.005	0.776	−3.201	3.302
GFC	2 133	−0.001	1.126	−5.986	6.527
HFC	2 133	0.001	1.007	−8.492	7.325
Fiscal	2 133	0.671	0.178	−0.281	1.193
CPI	2 133	0.441	0.246	−0.385	1.511
GDP	2 133	1.876	7.272	−64.576	131.85
Addvalue	2 133	0.534	0.435	−2.853	6.582

3. **典型事实**

金融状况指数越高，表明利率和资产价格波动率越高，金融环境越趋紧。图8.2中仅绘制了2019年1月至2021年7月全国金融状况指数FC及各区域金融状况指数GFC的动态特征。总体上能够看出，我国全国金融状况指数与东部、中部省份指数变动趋势总体保持一致，而西部省份的金融状况动态因子则呈相反的波动趋势。特别是在疫情暴发后，西部金融状况指数呈现更加明显的上升趋势，表明西部地区各省份的金融状况趋紧。

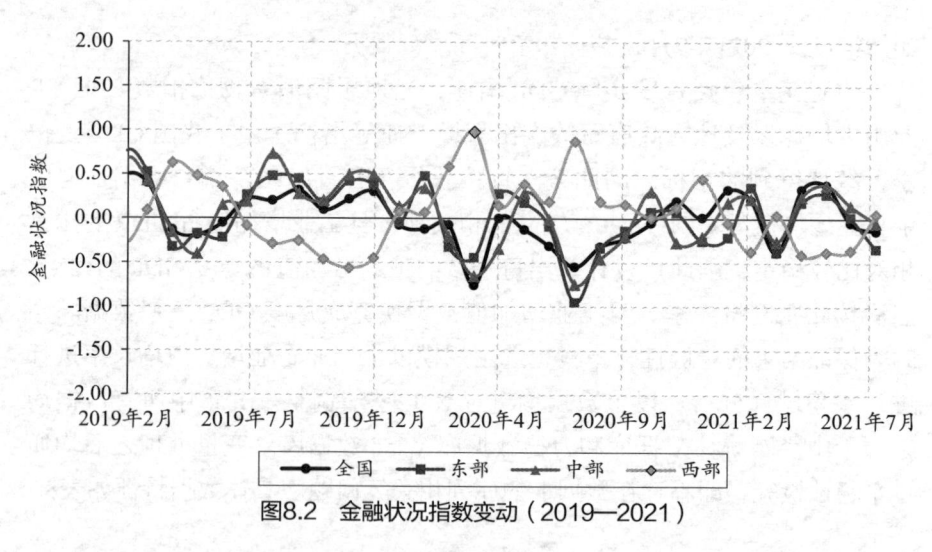

图 8.2　金融状况指数变动（2019—2021）

由于全国共同因子 FC 是从中国27个省份中14个重要金融变量提取出的共同变化趋势，因此由其刻画的金融状况指数将更具代表性，同样也将涵盖着更多难以解释的关键信息。观察图8.2可以发现，我国区域间金融状况指数序列波动变化存在较大差异，根据彭振江等（2017）对我国各省市所处金融周期的阶段与金融风险划分，金融风险较高的省市主要是陕西、山西、新疆等中西部地区以及资源型省份，这些地区多处于金融周期的下行阶段，经济结构面临转型等问题。而东部发达省市如广东、江苏、浙江、北京、上海等地区经济实力较强，多处于金融周期上行阶段，风险承受能力也相对较高。此外，云南、贵州等经济欠发达西部省份虽然也处于金融周期上行阶段，但金融发展相对落后，地方经济增长却更多的依靠政府力量推动。因此，区域间经济周期所处阶段与金融发展程度都有着较大的差别，从而金融政策对各地区的影响存在偏差。以2020年疫情期间金融状况变动来看，图中表明东部与中部地区金融状况指数（GFC）变化趋势与全国金融状况指数 FC 变动高度耦合，但是西部金融状况指数却与其他区域表现出完全相反的趋势。疫情期间我国金融政策重点针对抗疫保供、复工复产提供政策支持，通过宽松的金融政策引导金融机构向实体经济释放流动性。但由于各地金融机构分布的不平衡性以及金融产品供给结构的失衡，区域调控可选择金融工具与手段差异明显，表现为经济欠发达地区缺少充足的金融资源进行高效配置，疫情下冲击下反而导致这些区域内金融状况偏紧。

第四节 实证结果分析

一、基准回归模型结果

对于长面板来说，由于时间维度较长，信息较多，故需要考虑数据可能存在的异方差与自相关。同样长面板中，由于样本数量 N 相对于时间 T 较小，对于可能存在的固定效应，可加入个体虚拟变量来解决。但如果加入时间虚拟变量，则会损失较多的自由度，因此，实证模型通过加上时间趋势项 t 来控制。估计过程中考虑同时存在组间异方差、同期相关以及组内自相关，假定不同省份个体的扰动项同期相关且有不同的方差，且允许每个省份都有自己的自回归系数，具体估计结果如下表8.3所示。

表8.3 金融状况指数与公司杠杆率回归结果

Panel A	被解释变量 CorpLev，解释变量 FC 滞后项				
	(1) $H=6$	(2) $H=12$	(3) $H=18$	(4) $H=24$	(5) $H=30$
FC	0.138*	0.076 2	0.049 9	−0.113**	−0.177**
	(1.96)	(0.94)	(0.64)	(−2.05)	(−2.26)
GDP	−2.014***	−2.107***	−2.688***	−1.504***	−1.803***
	(−11.83)	(−11.00)	(−12.61)	(−9.84)	(−9.91)
CPI	0.014 1*	0.012 2	0.005 5	0.034 8***	0.078 3***
	(1.76)	(1.47)	(0.70)	(5.45)	(10.60)
DLNfiscal	−0.153***	−0.222***	−0.229***	−0.148***	−0.182***
	(−7.07)	(−9.47)	(−10.01)	(−8.46)	(−9.59)
省份固定效应	控制	控制	控制	控制	控制
时间趋势项	控制	控制	控制	控制	控制
观测值	1 971	1 809	1 647	1 485	1 323
省份数量	27	27	27	27	27
Panel B	被解释变量 DeltCLev 解释变量为 FC				
	(1) $H=6$	(2) $H=12$	(3) $H=18$	(4) $H=24$	(5) $H=30$
FC	0.144*	−0.135	0.072 5	−0.290***	−1.249***
	(1.78)	(−1.05)	(0.62)	(−3.11)	(−8.99)
GDP	−1.027***	−1.177***	−1.951***	−0.460*	−2.341***
	(−4.85)	(−6.02)	(−6.31)	(−1.94)	(−7.23)
CPI	0.021 9**	0.090 1***	0.003 4	−0.041 3***	0.105***
	(1.97)	(7.14)	(0.27)	(−4.44)	(7.73)
DLNfiscal	−0.143***	−0.222***	−0.185***	−0.121***	−0.259***
	(−4.56)	(−6.46)	(−5.35)	(−4.42)	(−7.44)

续表

Panel B	被解释变量 DeltCLev 解释变量为 FC				
	(1) $H=6$	(2) $H=12$	(3) $H=18$	(4) $H=24$	(5) $H=30$
省份固定效应	控制	控制	控制	控制	控制
时间趋势项	控制	控制	控制	控制	控制
观测值	1 971	1 809	1 647	1 485	1 323
省份数量	27	27	27	27	27

注：Panel A 中被解释变量为经过 HP 滤波之后的公司杠杆率缺口值，解释变量为全国金融状况共同因子 FCI 的滞后6期~30期。Panel B 中被解释变量为公司杠杆率的累计变动值，即当期杠杆率与滞后6期~30期杠杆率的差值，解释变量分别是全国金融状况指数。***、**、* 分别表示在1%、5%、10% 水平下显著。

回归结果表明：（1）Panel A 中被解释变量是公司杠杆率当期值 CorpLev，解释变量为金融状况公共因子 FC 的滞后项，短期内 FC（滞后 6个月）对非金融企业杠杆率的影响为正，中长期（2年以上，滞后24~30个月）公共因子 FC 对非金融企业杠杆率的影响显著变为负数。（2）Panel B 中被解释变量 DeltCLev 代表杠杆率的累计变动值，如果 DeltCLev 为负则说明该公司某段时间内下调杠杆率，解释变量则为公共金融状况指数 FC 当期值。回归结果同样表明公共因子 FC 短期内提高非金融企业杠杆率，中长期内（24期以后）会显著降低非金融企业杠杆率。（3）从其他控制变量来看，产出 GDP 增长对公司杠杆变化的影响显著为负，说明经济增长导致公司现金流入增加进而会减少了公司对外部融资的需求。通货膨胀 CPI 对杠杆率的增加影响为正，可能的原因在于通货膨胀使债务人能用贬值后的货币偿还，减轻债务负担，从而激励家庭与企业增加借贷。

总体上来说，金融状况指数与公司杠杆率之间具有较强的关联性，短期内外部金融状况可以改善公司的信贷可得性，从而提高了公司杠杆率，但是中长期内，高杠杆公司财务风险增加，预防动机驱动下公司会选择下调杠杆率，因此，金融状况能够对微观公司杠杆率变化趋势发挥预警作用。

进一步采用居民杠杆率作为被解释变量，金融状况指数对居民杠杆率的动态影响如表8.4所示。

表8.4中结果说明：金融状况全国公共因子 FC 短期内（6个月）能够显著提高了居民杠杆率，中长期（2年以上）同样会显著地降低了居民杠杆率。表8.4得到结论与表8.3中金融状况 FC 对公司杠杆率的影响结论基本一致。即我国金融状况对公司与居民杠杆率的影响同样存在明显的跨期特征。

表8.4 金融状况指数与居民杠杆率回归结果

Panel A	被解释变量 HouseLev，解释变量 FC 滞后项				
	(1) $H=6$	(2) $H=12$	(3) $H=18$	(4) $H=24$	(5) $H=30$
FC	0.057**	0.012	0.022	−0.044*	−0.004
	(2.04)	(0.43)	(0.75)	(−1.84)	(−0.82)
GDP	−0.637***	−0.678***	−0.876***	−0.532***	−0.718***
	(−10.64)	(−10.29)	(−12.16)	(−8.37)	(−9.10)
CPI	0.011***	0.011***	0.008**	0.017***	0.036***
	(2.67)	(2.68)	(2.01)	(4.90)	(9.67)
DLNfiscal	0.002	−0.001	−0.002	−0.009**	−0.015***
	(0.54)	(−0.19)	(−0.54)	(−2.10)	(−3.64)
省份固定效应	控制	控制	控制	控制	控制
时间趋势项	控制	控制	控制	控制	控制
观测值	1 971	1 809	1 647	1 485	1 323
省份数量	27	27	27	27	27
Panel B	被解释变量 DeltHLev，解释变量为 FC				
	(1) $H=6$	(2) $H=12$	(3) $H=18$	(4) $H=24$	(5) $H=30$
FC	0.064 3**	−0.017 6	0.024 3	−0.067 8**	−0.319***
	(2.01)	(−0.40)	(0.66)	(−2.02)	(−5.32)
GDP	−0.255***	−0.232***	−0.569***	−0.141**	−0.935***
	(−3.70)	(−3.56)	(−6.33)	(−2.11)	(−8.66)
CPI	0.014 8***	0.040 9***	0.016 3***	0.004 0	0.065 0***
	(3.45)	(8.43)	(3.69)	(1.31)	(13.98)
DLNfiscal	−0.001 7	−0.004 3	0.010 6*	−0.026 4***	−0.014 8**
	(−0.29)	(−0.76)	(1.71)	(−7.55)	(−2.31)
省份固定效应	控制	控制	控制	控制	控制
时间趋势项	控制	控制	控制	控制	控制
观测值	1 971	1 809	1 647	1 485	1 323
省份数量	27	27	27	27	27

注：表中***、**、*分别表示在1%、5%、10%水平下显著。Panel A 中被解释变量为经过 HP 滤波之后的居民杠杆率缺口值，解释变量为金融状况指数全国共同因子 FC 的滞后6期~30期。Panel B 中被解释变量为居民杠杆率的累计变动值，解释变量分别是全国金融状况指数公共因子 FC。

中国各区域间发展的非均衡性是我国经济高速发展的具体特征，例如西部地区由于技术、市场规模等相对落后东部地区，该地区微观主体杠杆率可能是承接东部产业转移主动加杠杆和中央政府政策倾斜被动加杠杆两者合力的结果。基于区域金融发展阶段的异质性，本章将进一步采用区域金融状况指数 GFC 作为解释变量加入计量模型，结果如表8.5所示。

表8.5 区域金融状况指数与杠杆率调整

Panel A	DeltCLev（$H=6$）			DeltHLev（$H=6$）		
	东部	中部	西部	东部	中部	西部
GFC	0.267 （1.32）	0.369** （2.09）	−0.249 （−1.12）	0.101 （1.19）	0.101 （1.17）	−0.038 1 （−0.44）
GDP	−0.926** （−2.07）	−1.007** （−1.97）	−0.857* （−1.91）	−0.607*** （−2.80）	−0.361* （−1.96）	−0.115 （−0.85）
CPI	0.016 （0.62）	0.022 1 （0.60）	0.004 9 （0.15）	0.023 7* （1.88）	−0.003 5 （−0.21）	0.004 2 （0.38）
时间趋势项	控制	控制	控制	控制	控制	控制
观测样本	803	511	657	803	511	657
省份数量	11	7	9	11	7	9

Panel B	DeltCLev（$H=30$）			DeltaHLev（$H=30$）		
	东部	中部	西部	东部	中部	西部
GFC	−0.458** （−2.42）	−1.002*** （−2.89）	0.809* （1.93）	−0.125 （−1.13）	−0.415** （−2.55）	0.212* （1.67）
GDP	−1.091* （−1.95）	−3.494*** （−3.74）	−2.300*** （−2.76）	−0.426 （−1.38）	−1.577*** （−4.05）	−0.660** （−2.13）
CPI	0.054 7* （1.81）	0.040 3 （0.64）	0.167*** （3.51）	0.027 8* （1.70）	0.038 6 （1.41）	0.062 3*** （3.78）
时间趋势项	控制	控制	控制	控制	控制	控制
观测样本	539	343	441	539	343	441
省份数量	11	7	9	11	7	9

注：表中 ***、**、* 分别表示在1%、5%、10% 水平下显著。

在控制其他因素的情况下，表8.5中 Panel A 短期（6期）内，除了中部区域因子 GFC 显著地提高了公司杠杆率 DeltCLev 之外，东部与西部区域金融状况指数对居民与公司杠杆率的影响都无法通过检验，说明较短时间内，东部与西部区域内金融状况无法明确影响该区域内微观主体的杠杆率变化。进一步考察区域金融状况指数 GFC 对杠杆率长期变动（30期）的影响，Panel B 中解释变量东部与中部地区 GFC 对居民和公司杠杆率累计30期变动值的回归系数显著为负，而西部地区金融状况指数 GFC 与居民和公司杠杆率长期变动回归系数则在10% 置信水平显为正。结论说明长期来看区域金融状况指数对所在地区居民、非金融部门的杠杆率的影响呈现显著区别。

实证所选2015—2021年间正是我国供给侧改革持续深入推进阶段。东部省份由于金融机构吸纳资金能力较强，金融机构同业拆借、金融债券等主动负债规模也相对较大，同时东部地区市场机制发展也较为完善，杠杆率对资产价格波动的反应更为敏感。尤其是经济发达省份的房地产价格远高于其他西部等区域的城市，在房价持续上涨的阶段，这使得东部发达地区投资者对于房价和房贷利率的波动具有很大的敏感性。对应的，西部地区杠杆率变化可能更多来自政府投资行为引致，区域内微观主体由于缺乏金融工具选择权，更多的只能选择房地产资产作为大额投资首选标的物，而一旦区域内的资产价格缺乏升值预期，区域金融状况指数放松对所在地区微观杠杆率的影响将变得不再敏感，实证结果也就表现出长期（2.5年）内西部地区的金融状况指数对企业与居民杠杆率的影响仍旧为正。

二、含有信贷周期的模型估计结果

基于计量模型8.2，检验信贷周期对基准结果的影响，表8.6中 Panel A 表示全国金融状况指数 FC 对公司与家庭杠杆率的回归结果，Panel B 则汇报了各区域金融状况指数 GFC 对杠杆率累计30期变动值的影响。

表8.6　含有信贷周期成分的回归结果

Panel A	DeltCLev			DeltHLev		
	$H=12$	$H=24$	$H=30$	$H=12$	$H=24$	$H=30$
FC	−0.048 0 (−0.40)	−0.335*** (−3.25)	−1.189*** (−7.17)	−0.040 5 (−0.88)	−0.114*** (−2.89)	−0.403*** (−6.75)
Boom	0.326*** (4.64)	0.489*** (7.46)	0.276*** (3.65)	0.010 4 (0.37)	0.091 1*** (3.56)	−0.022 5 (−0.76)
Boom×FC	−0.017 2 (−0.18)	−0.070 9 (−0.85)	0.499*** (4.76)	0.128*** (3.08)	0.141*** (3.86)	0.356*** (7.97)
DLNfiscal	−0.014 3 (−0.90)	−0.053 6*** (−3.46)	−0.030 5 (−1.33)	−0.008 3 (−1.19)	−0.019 1*** (−4.11)	−0.007 4 (−0.85)
GDP	−1.211*** (−5.97)	−0.819*** (−3.19)	−2.299*** (−6.66)	−0.250*** (−3.32)	−0.178** (−2.16)	−1.051*** (−8.52)
CPI	0.068 1*** (5.36)	−0.031 9*** (−2.94)	0.105*** (6.80)	0.036 2*** (6.50)	0.002 3 (0.58)	0.063 7*** (9.88)
控制变量	控制	控制	控制	控制	控制	控制
时间趋势项	控制	控制	控制	控制	控制	控制
省份效应	控制	控制	控制	控制	控制	控制
观测样本	1 809	1 485	1 323	1 809	1 485	1 323

续表

Panel B	DeltCLev ($H=30$)			DeltHLev ($H=30$)		
	东部	中部	西部	东部	中部	西部
GFC	−0.624*** (−3.06)	−0.929** (−2.42)	0.821* (1.80)	−0.211* (−1.78)	−0.428** (−2.31)	0.214 (1.53)
Boom	0.413** (2.30)	0.255 (1.04)	0.977*** (4.88)	0.171** (2.18)	−0.114 (−0.83)	0.147** (2.26)
Boom×GFC	0.103 (0.32)	0.599 (1.46)	−0.235 (−0.58)	0.293* (1.92)	0.427* (1.67)	−0.049 5 (−0.39)
DLNfiscal	−0.133** (−2.20)	0.049 1 (0.82)	0.064 4 (0.80)	−0.049 3 (−1.51)	0.034 1 (1.12)	0.022 1 (1.01)
GDP	−1.174** (−2.01)	−3.149*** (−3.28)	−1.920** (−2.12)	−0.406 (−1.30)	−1.539*** (−3.93)	−0.607** (−1.97)
CPI	0.059 4* (1.76)	0.072 2 (1.13)	0.183*** (3.65)	0.027 4* (1.70)	0.062 6** (2.19)	0.061 4*** (3.79)
控制变量	控制	控制	控制	控制	控制	控制
时间趋势项	控制	控制	控制	控制	控制	控制
观测样本	539	343	441	539	343	441

注：表中 ***、**、* 分别表示在1%、5%、10%水平下显著。

表8.6中的结果表明：（1）单独就信贷周期（Boom）来看，公司与居民杠杆率与全国金融状况指数FC的回归结果均显著为正，说明信贷繁荣期间通常比其他时期更强的杠杆作用。（2）Panel A加入信贷周期与金融状况指数的交乘项（Boom×FC）之后发现，交乘项对杠杆率累计变动24期之后的回归系数为正，而共同金融状况指数FC则显著为负数。结果说明信贷周期（Boom）实际上弱化了金融状况指数FC对杠杆率的影响。（3）从Panel B中区域因子回归结果来看，东部与中部区域居民杠杆率对区域金融状况指数与信贷周期交乘项（Boom×GFC）回归结果至少在10%水平显著为正，说明这些区域信贷周期的逆向调节作用与全国变动趋势一致，即信贷周期降低了东、中部地区金融状况指数对居民杠杆率的作用效果，而西部区域内则不存在明显的调节作用。

我国微观主体杠杆率对金融状况的反应确实因外部信贷周期而异，信贷周期弱化了金融状况指数对杠杆率的放大机制。如果信贷处于繁荣阶段，短期内企业愿意以更多的抵押换取外部融资的减少来增强投资者心理预期效应，从而获取更多投资，但也加大了杠杆效应。我国的货币政策和监管当局总体上遵循了"逆风向"宏观政策调控模式（朱太辉 等，2018）：

当宏观经济处于下行阶段，货币当局则会通过扩张性信贷政策刺激经济增长，信贷周期由此进入扩张阶段；反之，经济环境处于过热阶段，政策当局又要严控信贷投放规模来抑制经济过热。研究所考察2015—2021年样本区间期间正是供给侧改革持续推进的阶段，各地区政策调控和监管目标要同时兼顾支持实体经济稳定增长和防范系统性风险的双重目标。对于东部经济发达省份以及影子银行发达的地区，宽松的货币政策更容易提高热钱投机性，因此，长期来看这些区域信贷周期的逆向调节效应更加明显，即金融状况指数对杠杆率的跨期调整机制在信贷高涨阶段逆向调节机制更加明显。

三、金融状况指数、杠杆率与经济在险增长

在金融风险管理实践中，我们通常通过取较小的分位数值来考察收益率左尾（即损失）受其他因素影响的情况。Adrian 等（2019）研究认为，预期 GDP 增长率分布的下分位数与当前金融状况的高度相关，而上分位数随着时间的推移保持稳定。因此，预期 GDP 增长对当前金融状况的关系更依赖下分位数。借鉴经济在险增长（GaR）的分析思路，采用预期 GDP 增长率的10% 分位数作为各省经济下行风险，表8.7中解释变量分别代表 GDP 向前 H 期的实际经济增速，选用预期 GDP 向前6个月、12个月、18个月、24个月以及30个月度表示经济增长预期的短、中、长三个期限维度进行回归。

表8.7 面板分位数估计

Panel A	GaR（10% 分位数）				
	$H=6$	$H=12$	$H=18$	$H=24$	$H=30$
FC	0.055 3	−0.169***	−0.002 8	−0.135***	0.115***
	(1.58)	(−6.40)	(−0.09)	(−4.48)	(3.37)
DeltCLev	−0.005 5	−0.004 2	−0.004 3	−0.000 9	−0.008 4*
	(−1.21)	(−1.35)	(−1.23)	(−0.24)	(−1.86)
DeltHLev	0.036 8***	0.017 5*	0.027 4***	0.004 1	0.023 8*
	(2.75)	(1.91)	(2.60)	(0.38)	(1.93)
CPI	0.009 7**	−0.007 2*	−0.005 8	−0.006 7*	0.005 4
	(2.06)	(−1.76)	(−1.18)	(−1.67)	(1.17)
控制变量	控制	控制	控制	控制	控制
时间趋势项	控制	控制	控制	控制	控制
观测值	1 809	1 809	1 647	1 485	1 323

续表

Panel B	GaR（50%分位数）				
	$H=6$	$H=12$	$H=18$	$H=24$	$H=30$
FC	−0.023 0*** (−3.94)	−0.006 8 (−0.96)	−0.022 1*** (−3.21)	−0.005 5 (−0.74)	0.023 3*** (2.88)
DeltCLev	0.000 5 (0.88)	0.000 6 (0.85)	0.000 3 (0.35)	0.002 1*** (2.76)	0.000 6 (0.69)
DeltHLev	0.001 2 (0.74)	−0.001 4 (−0.66)	0.002 3 (1.21)	−0.001 9 (−0.88)	0.000 2 (0.08)
CPI	−0.001 2 (−1.28)	0.002 1** (2.06)	0.000 2 (0.19)	−0.000 2 (−0.18)	0.000 8 (0.62)
控制变量	控制	控制	控制	控制	控制
时间趋势项	控制	控制	控制	控制	控制
省份效应	控制	控制	控制	控制	控制
观测值	1 809	1 809	1 647	1 485	1 323

注：*、**与***分别表示结果在10%、5%和1%的显著性水平下显著。

表8.7中解释变量为全国金融状况指数FC，如果其回归系数显著为负表示金融状况对预期GDP增长进入下行区间（即左尾10%）的概率减少，即宏观经济出现下行的风险降低，反之系数为正则说明全国金融状况指数加大了宏观经济增长风险。结果表明：（1）Panel A中宽松的金融状况会导致经济下行风险在中期内降低（24个月仍然显著为负），但在2.5年（30个月）之后金融状况指数对经济在险增长则在1%显著为正，也就是长期内金融状况指数增加了未来经济出现下行的风险。（2）对比来看，Panel A中10%分位数回归系数均明显大于Panel B中位数回归系数，说明普通OLS线性回归得出的系数低估了金融状况对经济增长下行风险的负面效应。（3）基于杠杆率变动对GDP预期增速影响来看，其中公司杠杆率DeltCLev短期内对经济下行风险的影响不显著，但是居民杠杆率变动则显著提高各省份未来经济下行风险。

接下来再以区域金融状况指数GFC对各省份经济在险增长的影响，估计具体如表8.8所示。

表8.8中分区域回归结果表明：（1）区域金融状况指数GFC对东部地区预期1至2年GDP增速10%分位数回归至少在5%显著为负，30期开始变为正数（不显著），即东部各省金融状况中期来看降低了未来宏观经济下行风险。对比来看，Panel B西部地区金融状况对该区域未来18个月与24个

月的经济下行风险的影响都显著为正，未来30个月开始变为负数，说明西部区域金融状况指数中期内提高了经济未来出现下行的可能性。（2）从杠杆率的影响来看，东部区域非金融企业和家庭部门的杠杆率变动对未来经济出现下行风险的影响中期内为正，也就是提高了各区域未来出现经济下行风险的概率。此外，西部省份内居民杠杆率累计变动对各省GDP预期增速变得均不显著，说明西部地区居民杠杆率对经济增长的关联性较弱。

表8.8 分区域分位数估计结果

Panel A	东部 10% 分位数				
	$H=6$	$H=12$	$H=18$	$H=24$	$H=30$
GFC	0.024 3 (0.68)	−0.138*** (−4.90)	−0.085 9** (−2.26)	−0.117*** (−3.36)	0.058 0 (1.10)
DeltCLev	0.010 8 (0.81)	−0.013 1 (−1.30)	0.023 0* (1.70)	−0.004 02 (−0.31)	0.026 9 (0.70)
DeltHLev	−0.058 8 (−1.32)	0.058 2* (1.74)	−0.056 3 (−1.25)	0.041 5 (1.01)	−0.028 0 (−0.41)
控制变量	控制	控制	控制	控制	控制
时间趋势项	控制	控制	控制	控制	控制
观测值	803	737	671	605	539

Panel B	西部 10% 分位数				
	$H=6$	$H=12$	$H=18$	$H=24$	$H=30$
GFC	−0.060 4 (−1.18)	0.023 2 (0.36)	0.126** (2.16)	0.146** (2.30)	−0.039 1 (−0.46)
DeltCLev	−0.013 3 (−0.62)	0.001 50 (0.06)	−0.024 3 (−0.99)	0.060 4** (2.16)	−0.019 3 (−0.42)
DeltHLev	0.079 8 (1.05)	0.016 5 (0.19)	0.105 (1.29)	−0.002 20 (−0.02)	−0.007 60 (−0.06)
控制变量	控制	控制	控制	控制	控制
时间趋势项	控制	控制	控制	控制	控制
观测值	657	603	549	495	441

注：*、** 与 *** 分别表示结果在10%、5%和1%的显著性水平下显著。

总体来说，宏观金融脆弱性对经济增长的负面影响更多地出现在尾部区域，这体现了所谓"脆弱性"的特点。当经济增长本身处于更为极端的尾部区域时，金融脆弱性指标，如杠杆率变动过快等因素往往会产生更大的拖累作用。尤其是在后疫情背景下，我国宏观政策框架需要权衡通胀与就业等短期目标与未来经济高质量增长等长期目标之间取舍，这也为宏观调控提供新的视角和参考思路。

第五节 稳健性检验

前述分析中将金融状况指数、杠杆率以及与经济在险增长之间的关系分别进行了分析。然而，理论上单个方程组中所估计的三变量之间可能存在相互影响关系，内生性问题可能会导致模型估计结果存在偏差。为了考虑因素之间的相互影响，稳健性分析中采用面板向量自回归（PVAR）估计方法，PVAR模型将所有变量视为内生变量，因而对变量的整体关系施加了最少的限制或先验假设，同时通过正交化脉冲响应将金融状况指数与杠杆率对经济增长因素隔离开来。具体来说，正交冲击反应函数是指经Cholesky分解后的干扰项，目的是保证"其他因素"保持不变的条件下，分析金融状况指数对经济增长的脉冲响应。

本章选取省份金融状况指数（HFC）、公司杠杆率（居民杠杆率）和经济增长率三个变量构建面板量自回归模型（PVAR）模型。模型采用的核心变量均与基准面板模型采用变量相同，在做计量检验之前，为消除模型个体效应对各个变量进行前向差分，随后采用广义矩估计（GMM）方法对参数进行估计。模型采用赤池信息量准则（AIC）判定PVAR模型的最优滞后阶数，通过检验可知，各省份金融状况指数（HFC）、杠杆率对经济增长速度冲击模型最优滞后阶数均为两项。需要强调的是PVAR导出的脉冲响应函数计算结果是平均的响应，因此，稳健性分析不针对经济增长下行风险的分析。

图8.3中左图表示各省GDP增速、公司杠杆率累计12期（DeltCLev12）变动值与各省份金融状况指数HFC三者脉冲反应图，右图表示各省的工业增加值Addvalue增速、公司杠杆率累计24期变动值（DeltCLev24）与各省份金融状况指数HFC三者脉冲反应。

接下来再考察金融状况指数对居民杠杆率变动与各地经济增速的影响，图8.4中左图表示各省GDP增速、居民杠杆率累计12期变动值（DeltHLev12）与各省份金融状况指数HFC三者脉冲反应图，右图表示各省的工业增加值（Addvalue）增速、居民杠杆率累计24期变动（DeltHLev24）与各省份金融状况指数HFC三者脉冲反应。

图8.3与图8.4中PVAR模型正交脉冲响应冲击结果表明：(1)金融状况指数放松短期内（10期左右）显著增加了家庭和公司杠杆率，从冲击大小来看，各省份金融状况指数（HFC）对公司杠杆率累计变动值的冲击是

对家庭杠杆变动增幅2倍以上。（2）各省金融状况指数HFC意外放松1个标准差会导致短期内GDP增速显著上升，说明经济活动在金融状况放松后短期能够扩张经济，且对GDP增速的冲击效应3年后（36期）趋于消退。（3）再以工业增加值增速与GDP增速对比来看，省份金融状况指数HFC变动一个标准差6期内左右导致GDP增速提高0.003%，但是短期内导致工业增加值增速显著下降0.012%左右。相似的，杠杆率累计变动（12个月）一个标准差会导致GDP增速上升0.01%，但也导致工业增加值增速下降0.05%。

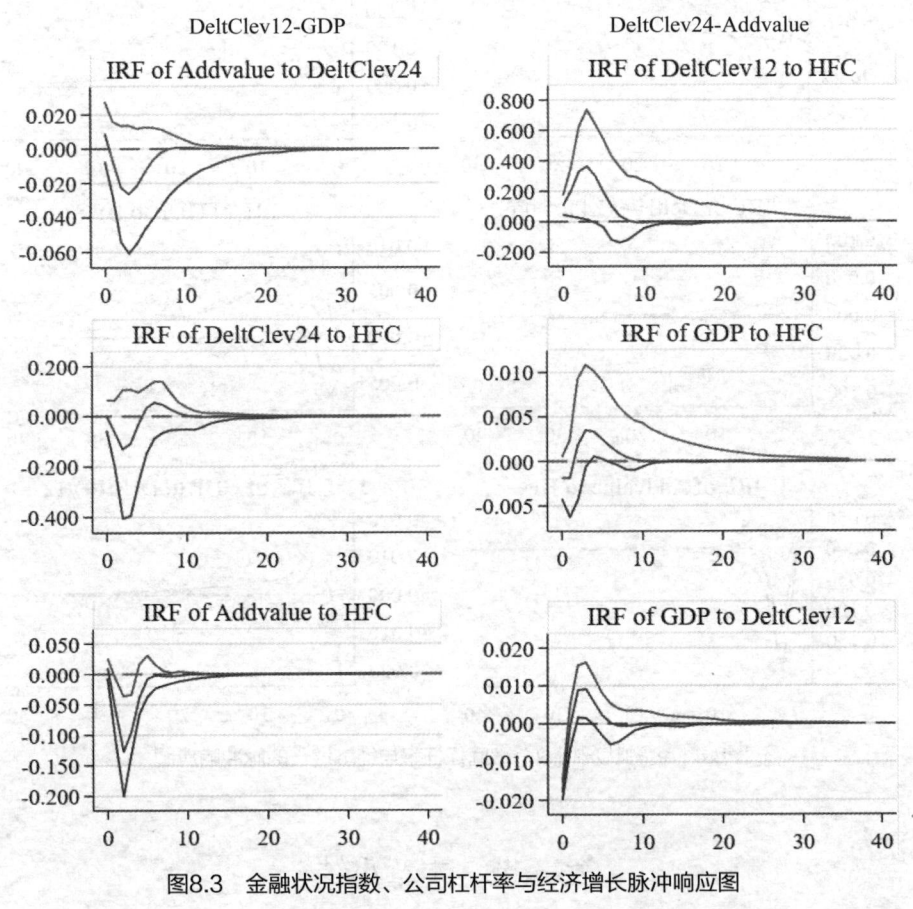

图8.3　金融状况指数、公司杠杆率与经济增长脉冲响应图

图中结果表明，金融状况指数短期内可起到提高GDP增长，但却造成工业增加值显著下降。我国采用的GDP核算方法是用生产法来核算，分别将一产、二产、三产的增加值相加，因此，二者出现偏离的原因可能在于，消费等对经济增长的贡献在继续提升，更重要的原因在于各省份金融资金没有流向实体经济，而是大量资金被用于虚拟经济，造成资金空转，大量金融资源吸引到资本市场与房地产市场，进而挤占用于支持实体经济

发展的资金源，即资金"脱实入虚"，金融状况指数短期扩张显著的扩张了GDP增长但对工业增加值的影响反而下降。由于金融交易中的杠杆效应，当这种"脱实入虚"的失衡趋势如果得不到有效控制，资产泡沫会越来越大，最终可能导致金融危机（孟宪春 等，2019）。

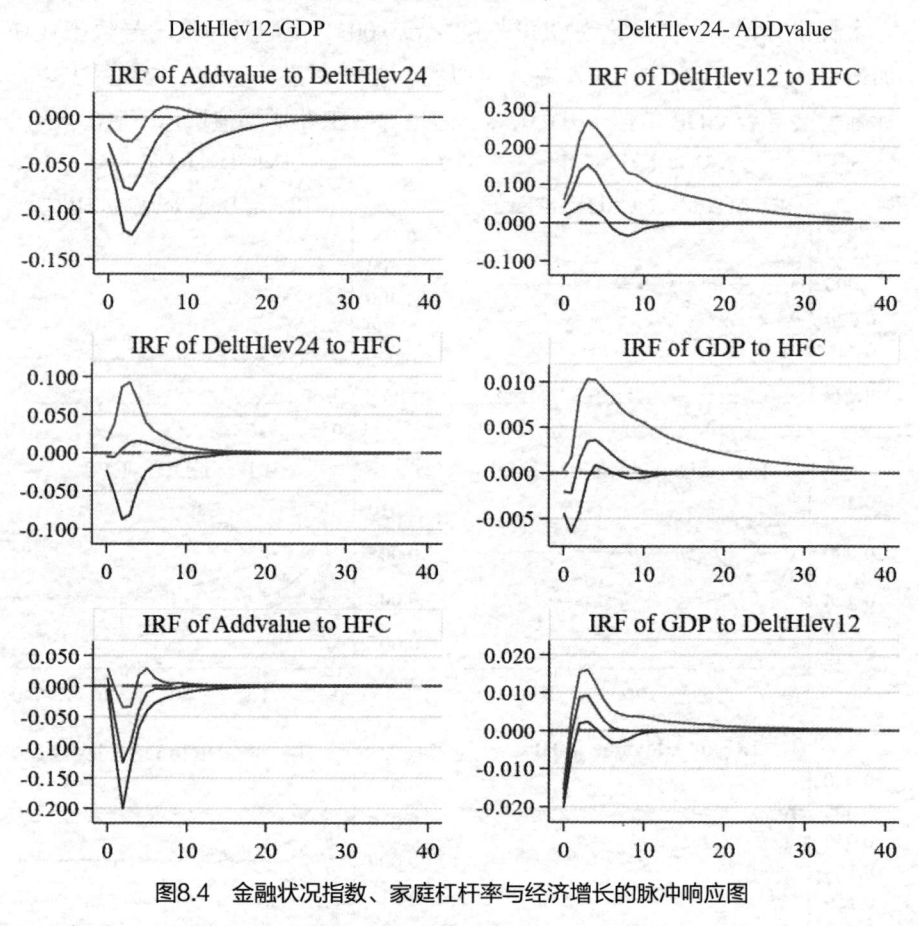

图8.4 金融状况指数、家庭杠杆率与经济增长的脉冲响应图

第六节 本章小结

由于疫情影响，世界各地的中央银行都采取高度扩张性宏观政策来缓解金融状况，企业和家庭的流动性需求虽然通过信贷扩张得到暂时缓解。然而高杠杆率必然会对金融稳定带来隐患，增加金融体系的脆弱性。本章利用我国27个省份2015年1月—2020年7月数据，构建动态分层因子模型提取区域金融状况指数，在此基础上实证研究金融状况指数、企业与家庭杠杆率和经济下行风险之间的关系。实证结果认为：

首先，控制其他因素的条件下，本书发现金融状况放松与公司和家庭杠杆的跨期调整高度有关，宽松的金融环境短期内会导致杠杆率明显上升，但2.5年之后，全国金融状况指数显著降低微观主体杠杆率。当经济处于信贷繁荣周期（杠杆迅速增加，同时金融状况相对宽松）时，外部信贷周期则对二者影响关系发挥逆向调节作用。其次，我国各区域金融状况对微观主体杠杆率的影响存在显著异质性，长期来看（2.5年），东部地区金融状况指数显著降低了企业与居民杠杆率，对应的，西部地区金融状况指数依然提高了微观主体的杠杆率。再次，从时间跨度上来看，金融状况指数对各省经济增长下行风险的影响存在跨期权衡，短期的金融信贷资金扩张，长期来看会给经济增长下行风险埋下隐患。最后，面板数据（PVAR）估计结果表明，金融状况、杠杆率与经济增长三者利用VAR中位数关系与使用单方程预测方法获得的结果是一致的。但由于实体经济普遍存在的金融化趋势，各省金融状况指数对地方经济工业增加值增速与实际GDP增速的脉冲响应出现明显的差异。

本章得到的结论意味着，在后疫情的背景下，政策制定者可能会面临政策权衡。短期内对企业和家庭的宽松政策支持对于尚未复苏或仍然脆弱的经济体而言仍然至关重要。然而，金融状况放松的代价是，由于非金融部门杠杆率增加，中长期经济增长可能面临更大的下行风险。

第九章 结构性去杠杆政策评价
——来自供给侧改革的准自然实验

第一节 引 言

2008年国际金融危机爆发之后,我国在大规模宏观经济刺激下各部门杠杆率迅速攀升,非金融企业中国有企业高杠杆问题尤其突出,金融风险持续积聚。为此,2015年12月中央经济工作会议明确提出包括去杠杆在内的结构性改革任务,推动经济持续健康发展,中国政府开始了强制去杠杆进程。2016年10月,国务院印发《国务院关于积极稳妥降低企业杠杆率的意见》,文件针对非金融企业降杠杆提出了总体思路,指出经济下行背景下要把降低国有企业杠杆和处置"僵尸企业"列为下一阶段经济工作的重要任务。意见出台为解决我国企业高杠杆率问题提供了良好的顶层设计。2018年7月,中央财经委员会第一次会议首次提出以结构性去杠杆为基本思路,要求针对具体杠杆率指标要分部门、分债务类型采取分类施策。同年9月,国务院办公厅印发《关于加强国有企业资产负债约束的指导意见》,明确要求各部门"推动国有企业平均资产负债率到2020年年末比2017年年末降低2个百分点左右"。可以看出,去杠杆政策的密集出台为包括国有企业、僵尸企业等在内的资产负债约束提供了长效机制,同时也体现出了较为清晰的由被动应对政策转为主动防控的思路。

结构性去杠杆为防范系统性重大风险提供了新的概念与新的思路,但国家实施去杠杆政策是否对公司财务风险产生影响?在政策实施进程中是通过何种渠道作用于微观企业的财务决策?不同异质性公司针对政策冲击是否具有一致性反应?传统的资本结构理论认为杠杆率增加会增加公司破产风险。如权衡理论认为公司最优资本结构就是在负债的税收利益和预期破产成本之间的一种权衡,当负债率超过一定程度之后,债务带来的破产风险将会大于其收益(Robichek et al., 1966)。Schularick等(2012)实证研究发现杠杆率攀升是发生金融危机的预警信号。大量研究关注了经济去杠杆化对其宏观经济的影响,如去杠杆通常会带来经济产出的下降,这一规律背后的作用机制为债务-通缩恶性循环(Minsky, 1986)。Eggertsson

等（2012）基于新凯恩斯框架分析得出"去杠杆化悖论"，认为金融危机期间金融机构快速去杠杆会降低总需求，最终导致金融机构面临流动性陷阱问题，反而造成杠杆率的上升。Brunnermeier等（2014）认为由于资产价格下跌引起的被动去杠杆行为会导致资产价格螺旋式下降和流动性枯竭，严重时可能引发金融危机。也有学者如Adrian等（2010）、Kumhof等（2015）等质疑高杠杆率是否一定是导致2008年全球金融危机的主要原因之一。

国内大量文献主要关注了我国高杠杆率的典型事实、形成原因以及对财务绩效的影响（李扬 等，2015；钟宁桦 等，2016；张晓晶 等，2018）。钟宁桦等（2016）从债务结构视角分析认为我国企业显著"加杠杆"的公司主要是大型、国有、上市的公司。纪敏等（2017）基于微观层面的信息和交易成本视角，认为银行信贷主要进入基建、房地产和重化工等产业，而这正是预算软约束最严重的部门。纪洋等（2018）分析这一现象认为是由经济不确定性和政府的隐性担保共同造成。张斌等（2018）认为国际金融危机之后杠杆率增加主要来自真实GDP增速放缓和通胀因子下降，这与美、欧等国家金融危机之前居民部门过度负债带来的杠杆变动完全不同。刘惯春等（2018）认为我国非金融企业杠杆率居高不下的原因在于对金融渠道获利的过度依赖，企业过多配置金融资产将不利于宏观层面的去杠杆目标实现。上述文献解释了我国去杠杆进程中的结构分化特征，但实证研究中仍然难以明确去杠杆与公司财务风险二者之间的作用机理。实证面临识别挑战可能在于，即使排除经济政策因素影响，公司自身经营需要也会主动进行资本结构性调整（DeAngelo et al.，2018），公司财务决策的内生性很难将去杠杆调整与其他财务决策对财务风险的影响区分开来。此外，其他不可观察或可观察的因素（例如市场条件的变化或新投资策略的实施）可能导致上市公司积极调整资本结构，而这些因素也会对公司财务风险产生影响，因此干扰因素使得去杠杆政策作用效果的量化评估存在困难。2015年我国推出的强制性去杠杆政策提供了一个理想的自然实验，可以有效建立去杠杆与公司财务风险二者之间的因果联系，解决经济政策的识别与衡量问题。

本书创新点如下：（1）以中国供给侧结构性改革推出的去杠杆政策作为准自然实验，采用多期双重差分、三重差分等实证方法检验结构性去杠杆对上市公司财务风险的影响，较好地克服了实证研究中的内生性问题，研究结论比较稳健。（2）区分了国有公司与非国有公司等产权特征、主板上市公司与中小板、创业板公司等板块异质性对公司财务风险的影响。发现结构性去杠杆政策推出显著提高了国有主板上市公司的财务风险；降低了中小板、非国有企业等公司财务风险，实证研究视角具有一定的创新性。（3）实证检验了去杠杆对公司财务风险的中介效应，从储备财务柔性与预算软约束两个微观视角揭示了宏观去杠杆政策与微观企业财务风险之间的内在联系。当前我国正处在深化供给侧结构性改革的关键时期，这些独特的经验发现拓展了宏观经济政策与微观企业行为联系的研究思路，可为政府有效把握当下"结构性去杠杆"的政策调控提供重要参考依据。

第二节　文献综述与研究假设

杠杆率增加会增加金融风险的可能性，但是公司杠杆率对金融风险的影响可能是非线性的。Reinhart等（2010）、Cecchetti等（2011）基于不同国别数据研究认为杠杆率对经济增长的影响存在阈值效应，当公司债务超过阈值之后，债务的继续累积将阻碍经济增长。去杠杆与公司绩效密切相关，Cai等（2011）研究表明公司杠杆率变化会对股票收益率产生负面影响，降低公司杠杆率会带来更好绩效。綦好东等（2018）研究认为去杠杆能够通过降低企业财务风险提升企业绩效，尤其是高杠杆企业去杠杆对企业绩效的正面影响更强。相反，刘晓光等（2019）认为公司杠杆率降低了企业总资产回报率并提高了债务风险，由于企业存在短债长用，加剧了公司债务风险的隐蔽性和突发性，恶化了企业的破产风险。文献产生差异的可能原因在于去杠杆政策对公司财务风险影响在短期和长期具有非对称特征。短期内由于杠杆调整成本、信息不对称等因素，去杠杆初期会发生大量的债务减记、债务重组与债务核销等行为，进而引发资产集体抛售和资产价格大幅下跌的后果，因而去杠杆初期难免会出现公司投资价值下跌，财务风险上升等问题（陈小亮 等，2018）。长期来看，去杠杆最终会引起市场出清，公司财务风险会随之下降。基于上述分析，提出如下假设。

假设1：去杠杆政策总体上会降低上市公司财务风险。

尽管美国、欧洲等国家对杠杆率与宏观经济之间的关系进行了深入的实证研究，但由于我国的金融周期在顶部，风险比较高，而美国和欧元区都经历了国际金融危机后的向下调整，文献难有实质性借鉴价值（陈小亮 等，2018）。此外，我国转轨经济也表现出与西方国家市场经济运行体系的显著区别，尤其我国是以商业银行为主的间接融资体系，银行信贷更多地流向国有企业。文献中分析这一现象的原因认为，金融机构之间普遍存在"政府信用幻觉"，银行更倾向于为政府支持的项目提供融资，并相信政府项目有财政兜底（中国金融稳定报告，2018）。其次，国有企业通常拥有更大的资产规模，拥有更多的信贷政策和融资渠道优势，从而降低了融资约束问题。Liu等（2018）分析了金融危机期间国有企业与私营企业之间的杠杆率差异的原因，指出中国政府在经济刺激方案中并未在不同产权的企业之间平均分配资源，在经济下行周期，现金流动性紧缩和产能落后导致民营企业被动提高杠杆率，而国有企业采取了更为激进的资产扩张策略导致杠杆率下降。最后，公司所在的产业特征决定。我国供给侧结构性改革集中在以资源为基础的重工业等部门，如钢铁、煤炭、房地产和其他工业为代表的资本密集型工业，且这类企业大多数是高负债的国有企业，资产构成中固定资产占比较高，抵押贷款的融资优势使这类企业更容易获得资金（Norden et al.，2013；张小茜 等，2018）。

根据多层次资产市场的划分，沪深股市的主板市场多为大型成熟企业，具有较大的资本规模以及稳定的盈利能力。相反中小企业板通常是指流通价值约在1亿以下的公司，创业板主要为高成长、高科技企业和新兴公司提供融资场所。由于主板与中小板之间的监管措施不同，上市板块差异对会计稳健性产生明显影响（陈策 等，2011）。于蔚等（2012）结合中国信贷市场和资本市场的制度环境分析认为，宏观经济政策等外生冲击往往对融资约束紧的民营和中小企业影响比较大，其资本结构调整更多地受到信贷规模等容量性指标的刚性制约。另一方面，高资产有形性、高成长性、高盈利性的企业拥有足够现金储备和较低融资约束从而更快地调整资本结构（潜力 等，2015）。同样的，拥有更多资源的成熟公司面临困境的风险较小，因此更有可能参与社会责任活动（Hasan et al.，2017）。

基于上市公司所有制、板块特征等分析，本章提出如下两组假设：

假设2A：去杠杆会提高国有企业的财务风险，降低非国有企业的财务风险。

假设2B：去杠杆会提高主板上市公司的财务风险，降低中小板、创业板等上市公司的财务风险。

2008年国际金融危机爆发后，我国政府对经济干预的频率和幅度显著增强，这种逆周期干预政策导致企业在决策过程中面临更多不确定性。彭俞超等（2018）发现经济政策不确定性增加会加剧企业金融化趋势，企业更倾向于持有金融资产（特别是现金持有）来应对外部不利环境的冲击。随着我国供给侧结构性改革进程深入，金融中介对产能过剩企业以及僵尸企业等会采取更加严格贷款审查，企业融资约束问题加剧。Faulkender等（2012）研究表明，利用现金调节杠杆率的边际成本相对较低，现金持有量处于最高与最低分组内的公司都会做出更积极的杠杆率调整。财务柔性表现为公司弥补现金流短缺的难易程度（Fahlenbrach，2020），如果公司在为其现金流短缺提供资金方面受到阻碍，那么它就必须改变现有生产和投资政策以储备现金，尤其在金融危机期间储备现金柔性价值表现得更突出（曾爱民 等2013）。DeAngelo等（2018）将公司偿还债务、留存盈余和发行股票视为公司管理层根据企业自身财务状况主动选择的结果，认为公司去杠杆过程中会有强烈的储备现金获取财务柔性动机。

中国宏观杠杆率攀升的根本原因还是体制因素，包括国有企业的优惠政策、地方政府的发展责任与预算软约束、银行机构的体制性歧视以及中央政府的最后兜底责任等（中国人民银行营业管理部课题组，2017；张晓晶 等，2019；徐朝阳，2014）。由于国有企业承担政策性负担（林毅夫 等，2004），反过来国家通过财政补贴和减税来救助陷入财务困境的国有企业，国有公司也就没有足够的激励措施来严格控制杠杆率，一旦杠杆率失控，国有企业往往通过举新债还旧债方式来应对。金鹏辉等（2017）分析了不同金融摩擦情景下，国有与民营企业在投资、产出和杠杆率等方面的变动，认为减少政府隐性担保可以降低国有企业的杠杆率，提高民营企业的间接融资，最终会促进全社会总产出的增加。基于以上分析，研究进一步提出如下假设：

假设3A：储备财务柔性是去杠杆政策影响上市公司财务风险的机制之一。

假设3B：预算软约束是去杠杆政策影响上市公司财务风险的机制之一。

第三节　研究设计与数据选取

公司财务风险变化可能由于国家宏观经济政策影响，也可能是公司根据自身经营状况主动调整的结果，如何克服内生性问题成为政策评估无法避免的挑战。双重差分模型主要思路是将调查样本分为两组，一组是政策作用对象，即国家政策强制要求的去杠杆企业作为处理组，另一组非受政策影响企业作为对照组，通过观察两组实验对象在政策实施之后的自身财务风险变化差异即可反映出政策作用的效果。

一、双重差分模型设置

2015年我国开始实施的去杠杆政策为利用双重差分（DID）方法评价政策的微观经济效应提供了良好的实验场所。构建以公司财务风险为因变量的双重差分（DID）模型如下：

$$Z_{i,t} = \alpha_0 + \alpha_1 \text{Treat}_{i,t} + \alpha_2 \text{Post}_{i,t} + \alpha_3 \text{Treat}_{i,t} \times \text{Post}_{i,t} + \alpha_4 X_{i,t} + \mu_i + \theta_{\text{ind}} + \gamma_t + \varepsilon_{i,t}$$
（9.1）

其中：

$$\text{Treat}_{i,t} = \begin{cases} 1, \text{去杠杆政策影响公司} \\ 0, \text{未受去杠杆政策影响公司} \end{cases}$$

$$\text{Post}_{i,t} = \begin{cases} 1, 2015\text{年去杠杆政策实施以后} \\ 0, 2015\text{年去杠杆政策实施以前} \end{cases}$$

式中，$Z_{i,t}$ 为被解释变量，表示第 i 家上市公司 t 年的财务风险 Z 指数，$\text{Treat}_{i,t}$ 等于1表示政策影响的上市公司，为0则表示未受到政策影响的其他企业。根据国家去杠杆政策所涉及两类重点企业，处理组中将国有及地方政府国有的高杠杆公司以及僵尸企业作为处理组，其数值赋值为1，其他企业作为对照组，数值赋值为0。$\text{Post}_{i,t}$ 表示去杠杆政策实施的时间虚拟变量。双重差分变量 $\text{DID}_{i,t} = \text{Treat}_{i,t} \times \text{Post}_{i,t}$ 是模型核心解释变量，其系数 α_3 如果显著为正值，可以推断2015年去杠杆政策推出后在降低公司财务风险是有效的，$X_{i,t}$ 为一组控制变量向量：包括公司的资产规模、成长性、盈利性、公司治理水平以及公司年龄等变量。μ_i 为不可观测的个体固定效应，θ_{int} 与 γ_t 分别对应回归模型的行业效应与年度时间效应。

二、三重差分（DDD）模型

可能有两点原因导致模型平行趋势假设不成立，首先，商业银行及地方政府对国有与民营企业在信贷融资与政策支持力度等方面是不一样的，国有上市公司更容易获得低成本的银行贷款，从而导致平行趋势假设不成立。其次，与主板上市公司相比，我国中小板上市公司资产规模、成长周期与风险监管等都会出现明显差异，尤其是中小板公司成立时间较短，公司面临融资约束的情况更为严重，因此模型平行趋势假设可能不成立。利用三重差分（DDD）模型解决平行趋势假设不成立的问题，为此需要引入另外一组不受去杠杆政策影响的"处理组"和"控制组"。基于前述分析，将上市公司的产权性质、板块特征等外生变量作为新的对照变量，设立的三重差分虚拟变量如下所述。

$$\text{Mainbd}_{i,t} = \begin{cases} 1, \text{主板上市公司} \\ 0, \text{其他上市公司} \end{cases} \quad \text{State}_{i,t} = \begin{cases} 1, \text{国有上市公司} \\ 0, \text{非国有上市公司} \end{cases}$$

通过构建三重差分计量模型可以得到比双重差分模型更稳健的估计结

果。模型如式（9.2）和式（9.3）所示：

$$Z_{i,t} = \alpha_0 + \alpha_2 \text{Treat}_{i,t} \times \text{Post}_{i,t} \times \text{Mainbd}_{i,t} + \alpha_3 \text{Treat}_{i,t} \times \text{Post}_{i,t} + \\ \alpha_4 \text{Mainbd} \times \text{Treat}_{i,t} + \alpha_5 \text{Mainbd}_{I,t} \text{Post}_{I,t} + \alpha_6 \text{Treat}_{i,t} + \\ \alpha_7 \text{Post}_{i,t} + \alpha_8 \text{Mainbd}_{i,t} + \alpha_9 X_{I,t} + \mu_i + \theta_{\text{ind}} + \gamma_t + \varepsilon_{i,t}$$ （9.2）

$$Z_{i,t} = \alpha_0 + \alpha_2 \text{Treat}_{i,t} \times \text{Post}_{i,t} \times \text{State}_{i,t} + \alpha_3 \text{Treat}_{i,t} \times \text{Post}_{i,t} + \\ \alpha_4 \text{State}_{i,t} \times \text{Treat}_{i,t} + \alpha_5 \text{State}_{i,t} \text{Post}_{i,t} + \alpha_6 \text{Treat}_{i,t} + \alpha_7 \text{Post}_{i,t} + \\ \alpha_8 \text{State}_{i,t} + \alpha_9 X_{i,t} + \mu_i + \theta_{\text{ind}} + \gamma_t + \varepsilon_{i,t}$$ （9.3）

三、平行趋势检验

双重差分估计模型估计需要满足平行趋势假设，即国家实施去杠杆政策之前，实验组与对照组的公司财务风险没有发生显著变化。为考察上述政策动态效应，将基准计量模型（1）扩展为：

$$Z_{i,t} = \alpha_0 + \sum_{j=1}^{9} a_j \text{Treat} \times \text{before}^j + a_{10} \text{Treat} \times \text{Current} + \\ \sum_{k=1}^{3} \beta_k \text{Treat} \times \text{after}^k + \delta X_{i,t} + \mu_i + \theta_{\text{ind}} + \gamma_t + \varepsilon_{i,t}$$ （9.4）

式（9.4）中以公司去杠杆政策开始实施（2015年）作为基准年（Treat × Current），系数 a_j 表示去杠杆政策实施之前的一系列估计值（2006—2014年）。β_k 则表示去杠杆政策推出之后年份的估计值（2016—2018年），模型（9.4）中他变量设定与回归模型（9.1）相同。

四、数据选取

上市公司数据来自国泰安（CSMAR）数据库年度财务数据，由于我国2005年开始实施股权分置改革，考虑到数据的可比性，样本区间选取为2006—2018年，除此之外相应：（1）剔除金融类上市公司；（2）删除样本期间发生 ST、PT 的上市公司；（3）鉴于公司杠杆调整需要一定的时间跨度，样本中删除公司上市时间不足5年的公司；（4）剔除样本中资产负债率超过150%的异常值数据以及数据严重缺失的数据。整理后共计2 495家上市公司13年的26 818笔数据。样本数据总体上以非平衡面板形式呈现。

（1）模型被解释变量，Altman 建立了第一个多元破产预测 Z-Score 指数模型，Z 指数是包括五个衡量公司的财务状况的多指标线性组合，通常 Z 指数越高表明企业未来破产概率越低。尽管存在许多替代的破产预测模型，但是 Z-Score 模型的使用仍然是主要的破产或财务危机预测的支持工具。随后的30年测试表明，该模型在事件发生前一年预测破产的准确性约为80%~90%，Ⅱ型错误的准确性约为15%~20%（Almamy et al.，2016）。研究选择 Altman Z 指数作为评估公司财务风险指标，Z 值数据来自 Wind

数据库。

（2）核心解释变量，去杠杆政策影响公司主要包括国有高杠杆率公司以及僵尸企业。为此，将国有上市公司杠杆率按照所在行业、年度按三分位数分成高中低三组，如果公司杠杆率处于高杠杆分组内则该公司作为处理组（$Treat_1=1$），对应的其他上市公司为对照组，相应数值赋值为0。其次，2015年12月，李克强总理主持召开国务院常务会议，会议首次对"僵尸企业"提出了具体的清理标准，即要对连续亏损3年以上且不符合结构调整方向的企业采取重组整合或退出市场等多种方式予以出清。参考申广军（2016）、王应钦等（2018）的做法，当上市公司同时满足以下三个条件，就将其认定为僵尸企业：①将公司杠杆率按照年度、行业分成高、中、低三组，公司处于行业年度高杠杆分组内；②公司的实际利润为负；③公司负债比上一年有所增长。当满足上述三个条件的企业设定为僵尸企业（$Treat_2=1$），其他公司则为非僵尸企业。

（3）主要控制变量包括：①上市公司规模（LNTA），用上市公司总资产取自然对数表示。②公司财务杠杆（Blev），用公司账面资产负债率表示。③资产有形性（TANG），资产有形性用上市公司固定资产规模与存货二者之和与总资产之比来衡量。④股权集中度（Own_1），将公司第1大流通股东持股总数除以公司流通总股数作为股权集中度的代理变量，该变量也是公司治理结构重要指标。⑤公司盈利性（ROA），用公司净利润除以总资产表示。⑥成长性（Grow），成长性指标用公司 Tobin Q 来表示。⑦公司年龄（Age），利用数据选取年份减去公司成立年份。⑧宏观变量（GDP），利用名义GDP增长率来代表宏观控制变量。为剔除数据异常值影响，针对所选变量进行1%的数值缩尾处理。变量描述性统计结果如表9.1所示。

表9.1 变量描述性统计

变量	计算方法	均值	标准差	极小值	极大值	数量
Z	Altman Z 指数	6.72	9.30	0.10	58.60	26 467
$Treat_1$	处理变量：国有企业去杠杆	0.31	0.62	0	1	26 818
$Treat_2$	处理变量：僵尸企业去杠杆	0.23	0.42	0	1	26 818
Post	时间虚拟变量	0.37	0.48	0	1	26 818
LNTA	公司资产规模对数	21.99	1.29	19.38	25.91	26 818
BLev	公司资产负债率	0.45	0.22	0.00	1.46	26 818
ROA	公司资产收益率	3.59	5.80	−22.08	19.64	26 818
Own_1	前1大股东持股比例	19.70	17.87	0.21	67.37	26 564

续表

变量	计算方法	均值	标准差	极小值	极大值	数量
Grow	Tobin Q 作为成长性指标	2.02	1.27	0.89	8.33	25 825
TANG	（固定资产＋存货）/ 总资产	0.39	0.19	0.29	0.82	26 727
Age	公司年龄	23.25	5.07	9	70	26 413
GDP	GDP 增长率	8.40	2.05	6.60	14.16	26 818

资料来源：Z 指数来自 Wind 数据，其余数据均来自国泰安金融数据库。

第四节 实证结果分析

一、基准模型结果分析

为了保证结果的稳健性，表9.2中分别采用混合数据估计（OLS）与面板固定效用估计（FE）两种方法，并控制了年度与行业固定效应，同时按照去杠杆政策的重点影响对象，表中（1）至（4）列解释变量为国有企业的双重差分结果。（5）至（8）解释变量为僵尸企业双重差分估计的结果。

表9.2 去杠杆对公司财务风险的双重差分估计

变量	国有企业去杠杆 OLS_DID (1)	国有企业去杠杆 OLS_DID (2)	国有企业去杠杆 FE_DID (3)	国有企业去杠杆 FE_DID (4)	僵尸企业去杠杆 OLS_DID (5)	僵尸企业去杠杆 OLS_DID (6)	僵尸企业去杠杆 FE_DID (7)	僵尸企业去杠杆 FE_DID (8)
Treat×Post	0.31 1.26	0.89*** 5.38	0.80*** 4.4	0.98*** 7.28	1.41*** 5.34	0.32* 1.78	2.45*** 13.06	0.86*** 6.04
Treat	−2.08*** −15.43	−0.23** −2.53	—	—	−1.38*** −8.64	−0.120 −1.07	—	—
Post	−0.56* −1.83	−1.25*** −5.59	−2.69*** 12.16	−1.33*** −6.06	−0.65** −2.13	−1.06*** −4.79	−3.06*** −13.96	−1.28*** −5.83
X	—	Y	Y	Y	—	Y	Y	Y
个体效应	—	Y	Y	Y	—	Y	Y	Y
年份效应	Y	Y	Y	Y	Y	Y	Y	Y
行业效应	Y	Y	Y	Y	Y	Y	Y	Y
R^2	0.16	0.59	0.11	0.44	0.15	0.57	0.11	0.42
F	56.04	358.53	32.88	185	53.34	349.60	34.83	174.24
N	26 467	24 351	26 467	24 351	26 467	25 374	26 467	25 374

注：***、**、* 分别表示在1%、5%、10%水平下显著。表中模型（1）至（4）估计中解释变量为 $Treat_1×Post$，（5）至（8）项解释变量为 $Treat_2×Post$。

表9.2中结果表明:(1)去杠杆政策实施之后,时间虚拟变量(Post)系数8组回归结果都至少在10%置信水平显著为负数,说明2015年之后,公司财务风险都普遍性增加。(2)从公司对照组变量来看,在不加控制变量的情况下,混合估计模型1和5中处理变量(Treat)系数在1%水平显著为负,说明国有高杠杆公司、僵尸企业的财务风险都显著高于其他对照组内未受政策影响公司的财务风险。(3)双重差分项(Treat×Post)总共7组回归结果系数都显著为正(模型1除外),表明去杠杆政策显著降低了上市公司财务风险。进一步加入控制变量X后来看,无论是混合估计模型还是面板固定效应模型,双重差分项系数仍在1%水平显著为正,研究结果稳健,研究结论符合假设1预期。

二、平行趋势检验

根据前文式(9.3)进行平行趋势检验,图9.1中0点表示2015年国家推出去杠杆政策,实线为影响系数,虚线则为系数估计的上下95%置信区间。如果平行趋势假设成立,则在政策实施前,去杠杆上市企业与非受政策影响企业财务风险变动趋势应无显著差异,只有在政策实施后两者才会产生差异。

通过估算回归系数发现:(1)图9.1是去杠杆政策对国有及地方国有公司财务风险的影响系数,可以看出在2006—2014年区间内回归系数均不显著,而在2015年国家强制启动去杠杆政策之后,政策对公司财务风险的影响开始明显上升,但由于政策影响滞后性,在政策实施1年之后(2016年)估计系数开始显著为正,实证结果基本满足平行趋势假设。(2)图9.2中按照僵尸企业分组的平行趋势检验,同样可以看出2015年之前回归系数均不显著,但从政策实施1年之后回归系数才开始显著为正,满足平行趋势假设。

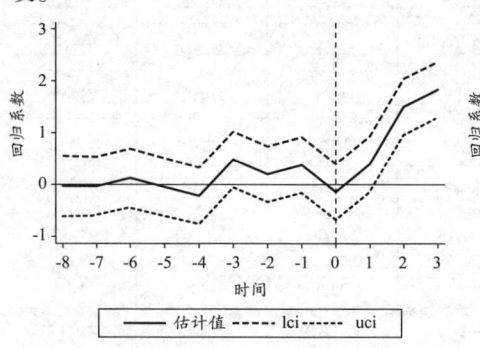

图9.1 国有上市公司去杠杆平行趋势检验 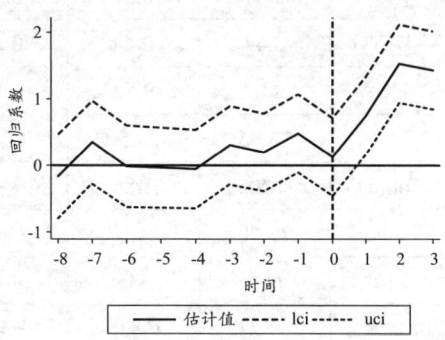   图9.2 僵尸企业去杠杆平行趋势检验

三、三重差分 DDD 估计结果分析

按照公司产权、板块特征进行分组，表9.3中处理变量中国有去杠杆公司（Treat$_1$）共有695家，其中非国有企业占据全样本的2/3以上。从板块特征来看，国企去杠杆公司中主板上市（Mainbd）有548家，中小板及创业板上市公司（Smallbd）共计147家。僵尸企业（Treat$_2$）共有518家，其中国有僵尸企业189家，非国有僵尸企业329家。从统计变量的均值变化可以看出：（1）中小板与创业板的国有公司财务风险 Z 值（6.44）普遍要高于主板国有上市数值（4.20）。僵尸企业中国有上市公司财务风险 Z 值（5.68）高于非国有公司数值（4.45）。（2）从财务杠杆（BLev）均值对比来看，国有公司杠杆率均值高于非国有公司，主板上市公司高于中小板上市公司。其他控制变量中资产规模、资产有形性等也都是主板上市高于中小板上市、国有企业高于非国有企业。再从公司成长性（Tobin Q）上来看，中小板上市公司高于主板上市公司，非国有企业也明显高于国有企业。（3）2015年去杠杆政策实施后公司财务指标较为明显变化的是非国有僵尸企业的收益率降为 −0.41，说明去杠杆政策实施后，僵尸企业组内的非国有经济总体盈利能力都普遍下降（亏损状态），而国有企业资产收益率在去杠杆政策实施后依然变化不大（0.76），反而比政策实施之前略有提高。

表9.3 去杠杆公司异质性特征统计

变量	国有公司（1）	主板国有公司（2）	中小板国有公司（3）	僵尸企业（4）	国有僵尸企业（5）	非国有僵尸企业（6）
全样本						
Z	4.60	4.20	6.44	5.20	4.45	5.68
LNTA	22.36	22.47	21.85	21.81	22.05	21.67
BLev	0.51	0.53	0.43	0.52	0.55	0.50
TANG	0.44	0.44	0.39	0.42	0.46	0.40
ROA	3.07	2.83	4.17	0.81	0.66	0.95
Own$_1$	23.95	24.50	21.40	19.54	22.84	17.72
Tobin Q	1.88	1.86	1.97	2.10	2.05	2.13
Age	23.98	24.53	21.45	24.00	24.29	23.82
公司数量	695	548	147	518	189	329
样本数量	8 323	6 836	1 487	6 160	2 347	3 813

续表

变量	国有公司（1）	主板国有公司（2）	中小板国有公司（3）	僵尸企业（4）	国有僵尸企业（5）	非国有僵尸企业（6）
2015年以后						
Z	4.62	4.37	5.56	7.18	4.68	6.95
LNTA	22.86	22.98	22.40	22.05	22.50	22.05
BLev	0.50	0.51	0.46	0.43	0.53	0.47
TANG	0.40	0.41	0.37	0.38	0.43	0.35
ROA	2.69	2.58	3.10	4.57	0.76	−0.41
Own_1	31.20	32.45	26.54	19.76	29.07	21.78
Tobin Q	1.96	1.91	2.15	2.00	2.19	2.45
Age	23.63	24.23	21.38	23.03	24.07	23.45
公司数量	695	548	147	516	189	327
样本数量	2 780	2 192	588	2 061	756	1 305

资料来源：Z指数来自Wind数据，其余数据来自国泰安金融数据库，表中各变量统计数据为均值。

为了进一步考察公司的异质性特征，模型进一步选择将中小板与创业板（Smallbd＝1−Mainbd）和非国有企业（Nonstate＝1−state）加入三重差分模型进行考察。表9.4中三重交乘项系数显示了去杠杆政策给上市公司财务风险带来的净效应。其中：(1)模型1—2中三重交乘项（Mainbd × $Treat_1$ × Post）在1%水平显著为负，说明去杠杆显著提高了国有主板上市公司的财务风险。(2)模型4加入控制变量后中小板与僵尸企业去杠杆交乘项（Smallbd × $Treat_2$ × Post）在1%水平显著为正，表明去杠杆实施后对僵尸企业内的中小板、创业板公司来说显著降低了自身财务风险。(3)再来考察非国有企业与僵尸企业的三重交乘项（NonState × $Treat_2$ × Post），实证结果表明去杠杆政策对非国有僵尸企业财务风险的影响是正向的，去杠杆政策明显降低了僵尸企业中非国有产权公司的破产概率。

表9.4 去杠杆与公司财务风险的三重差分（DDD）估计

变量	(1)	(2)	(3)	(4)	(5)	(6)
Mainbd×$Treat_1$×Post	−1.00** (−2.31)	−1.51*** (−4.29)	—	—	—	—
Samllbd×$Treat_2$×Post	—	—	−0.190 (−0.45)	1.27*** (3.77)		

续表

变量	(1)	(2)	(3)	(4)	(5)	(6)
NonState×Treat$_2$×Post	—	—	—	—	2.08*** (5.34)	1.68*** (5.28)
Maidbd×Post	3.25*** (18.12)	2.40*** (15.73)				
Small*						
Post	—	—	−2.79*** (−15.48)	−2.48*** (−16.23)	—	—
Nonstate×Post					2.08*** (5.34)	1.68*** (5.28)
Treat$_1$×Post	0.72* (1.91)	1.92*** (6.22)				
Treat$_2$×Post	—	—	2.00*** (8.83)	0.31* (1.67)	1.07*** (3.44)	−0.120 (−0.49)
控制变量 X	—	Y	—	Y	—	Y
个体效应	Y	Y	Y	Y	Y	Y
年份效应	Y	Y	Y	Y	Y	Y
行业效应	Y	Y	Y	Y	Y	Y
R^2	0.12	0.42	0.12	0.42	0.11	0.42
观测值	26 467	25 374	26 467	25 374	26 467	25 374

注：***、**、* 分别表示在1%、5%、10%水平下显著。表中变量 Smallbd 表示中小企业与创业板上市公司，Nonstate 表示非国有企业。由于面板数据模型可能存在共线性问题，表中部分交乘项被删除。

四、稳健性检验

1. 安慰剂检验

要得到去杠杆政策对上市公司财务风险的一致性估计结果，必须要处理好可能的内生性问题。为此，实证需要检验不同上市公司之间是否存在系统性的差异。为了排除强制去杠杆政策对公司财务风险影响受到其他非观测遗漏变量的干扰，在样本中随机选择10笔数据作为处理组来进行间接检验，使用式（9.5）回归结果作为基准结果。

$$\widehat{\beta_1} = \beta_1 + \lambda \frac{\text{Cov}\left(\text{DID}_{i,t}, \varepsilon_{i,t} \mid X\right)}{\text{VAR}\left(\text{DID}_{i,t} \mid X\right)} \tag{9.5}$$

式中，X 表示模型中所涉及的控制变量，如果系数 $\lambda = 0$，则 $\widehat{\beta_1}$ 则是无偏估计，由此可知非观测因素不会干扰估计结果。图9.3报告了所估计系数的概率密度分布图，上述估计过程随机重复了500次，可以发现，随机处理后得出的估计系数均值为−0.012，与基准结果相比已接近于0，且估计的标准差为0.32。模拟结果证明了国家推出的去杠杆政策基本上没有带来其他政策效应，也反推出去杠杆政策对处理组公司财务风险产生的显著降低作用是真实存在的。

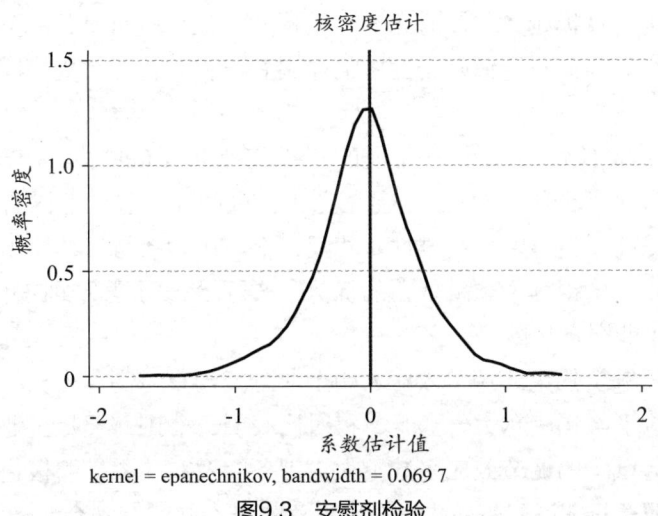

核密度估计

图9.3 安慰剂检验

2. 异质性检验

由于杠杆率调整对财务风险的影响与公司资产规模、成长周期以及企业融资约束条件等密切相关，为了检验模型调节作用，研究进一步选择企业规模（LNTA）、公司成长性（IndGrow）、融资约束（SA）等作为调节变量加入基础模型（1）中，即：

$$Z_{i,t} = \alpha_0 + \alpha_1 \text{Treat}_{i,t} + \alpha_2 \text{Post}_{i,t} + \alpha_3 \text{Treat}_{i,t} \times \text{Post}_{i,t} + \\ \alpha_4 \text{MP}_{i,t} \times \text{Treat}_{i,t} \times \text{Post}_{i,t} + \alpha_5 X_{i,t} + \mu_i + \theta_{\text{ind}} + \gamma_t + \varepsilon_{i,t} \quad (9.6)$$

式中，$\text{MP}_{i,t}$ 为调节效应变量。各指标计算规则如下：①规模变量（LNTA），对公司资产规模取对数，该指标与表9.1中计算方法一致。②成长性（IndGrow），首先计算行业年度内公司 Tobin Q 的中值作为行业成长性的初始指标，然后将上述初始指标按照其中值划分为两等份，即高成长性和低成长性行业，如果某个公司 Tobin Q 指标处于高成长性行业则 IndGrow 取值为1，反之处于低成长性分组为0。③常见的融资约束指标包括 KZ 指数、WW 指数以及 SA 指数等。Hardlock 等（2010）构建的融资约束指数使用了企业规模（Size）和年龄（Age）两个变量，该指数可以有效避免模型内生性的干扰。SA 指数具体计算公式为：SA=0.043×Size^2−0.040×Age−0.737×Size，其中 Size 为公司资产规模的对数形式，Age 表示公司成立年龄。通常融资指数 SA 指数越高，说明该企业融资约束越严重。

表9.5中结果表明：第一、资产规模与解释变量的三重交乘项（LNTA×Treat×Post）随公司产权不同而表现出截然相反的结果。其中国有企业去杠杆组1%水平显著为正，非国有僵尸企业组内1%水平显著为负。说明资产规模越大的国有企业，结构性去杠杆政策对其财务风险的降低作用越明显，而对于僵尸企业中的非国有产权公司而言规模因素调节效应则为相反方向。

第二、成长性与双重差分项的三重交乘项（IndGrow×Treat×Post）只在非国有企业分组内5%水平显著为正，说明高成长的非国有企业去杠杆显著地提高了自身财务稳健性。相反，在我国间接融资体系下，高成长的国有企业由于银行贷款融资上的优势，实际上公司呈现加杠杆趋势，这样就增大企业财务风险。

第三、融资约束的调节效应表明企业融资约束越高，去杠杆进程中自身财务风险下降幅度越大。基于产权对比表明，非国有僵尸企业融资约束对公司财务风险的调节效应系数更大。国务院发布《关于积极稳妥降低企业杠杆率的意见》等一系列政策的推出意味着不同所有制企业受"去杠杆"政策冲击的程度很可能是不同的。

经济下行背景下，国家金融信用大幅收紧，非正规融资渠道受到管制，民营企业融资环境恶化，融资约束问题更加突出。胡悦等（2019）认为国有企业与民营企业融资约束的机制不同，国有企业融资约束更多的来自政府政策干预，而来私企杠杆率回落很可能是企业主动调整而不是融资环境恶化的结果。此外，银行债务融资特性决定了银行不但不对融资约束或僵尸企业提起破产清算反而以债务展期的方式为其持续发放贷款（张一林 等，2018）。对于商业银行来说，上市公司资金雄厚，信息披露相对完善，因此，银行会对这一类公司配置大量的信贷资金，即使上市公司是举新债还旧债或仅能支付财务费用，这些贷款短期内都不算作呆坏账；而上市公司将来一旦破产倒闭，银行不但会损失本金，更重要的是会提高自身不良贷款率。同样的，在去杠杆政策冲击下绝大部分高杠杆国有企业属于重点行业、关系国计民生的特质，地方政府出于宏观经济稳定目标自然也不希望企业倒闭或成为"僵尸企业"。

表9.5 异质性检验结果

变量	主板国有企业去杠杆			国有僵尸企业去杠杆			非国有僵尸企业去杠杆		
	(1)	(2)	(3)	(4)	(5)	(6)	(7)	(8)	(9)
LNTA×Treat×Post	0.21*** (3.27)	—	—	0.17 (1.38)	—	—	−0.50*** (−3.14)	—	—
IndGrow×Treat×Post	—	−0.40** (−2.16)	—	—	−0.27 (−0.89)	—	—	0.87** (2.41)	—
SA×Treat×Post	—	—	0.27** (2.72)	—	—	0.46** (4.78)	—	—	1.60*** (12.65)
Treat×Post	−4.66*** (−3.10)	0.40*** (2.83)	−0.34 (−1.50)	−3.8 (−1.36)	0.24 (1.06)	−1.13*** (−4.24)	12.46*** (3.55)	0.94*** (3.08)	−2.03*** (−6.18)
X	Y	Y	Y	Y	Y	Y	Y	Y	Y
个体效应	Y	Y	Y	Y	Y	Y	Y	Y	Y
年份效应	Y	Y	Y	Y	Y	Y	Y	Y	Y
行业效应	Y	Y	Y	Y	Y	Y	Y	Y	Y
R	0.49	0.49	0.49	0.45	0.45	0.48	0.43	0.43	0.46
N	15 496	15 496	14 259	8 346	8 346	7 679	17 028	17 028	15 536

注：***、**、* 分别表示在1%、5%、10%水平下显著。由于面板固定效应存在多重共线性问题，模型中除核心解释变量三重交乘项之外，因篇幅有限不做报告。

第五节 进一步作用机制讨论

前文证明了去杠杆政策对公司财务风险的影响，那么是什么原因导致这一现象的产生？换言之，去杠杆政策是通过何种传导机制来影响公司财务风险变动？研究借鉴温忠麟等（2014）提出的中介应检验方法，构建以下递归模型检验去杠杆政策通过何种渠道降低公司自身财务风险。

$$Z_{i,t} = \alpha_0 + \alpha_1 \text{Treat}_{i,t} \times \text{Post}_{i,t} + \alpha_2 X_{i,t} + \mu_i + \theta_{\text{ind}} + \gamma_t + \varepsilon_{i,t} \quad (9.7)$$

$$M_{i,t} = \beta_0 + \beta_1 \text{Treat}_{i,t} \times \text{Post}_{i,t} + \beta_2 X_{i,t} + \mu_i + \theta_{\text{ind}} + \gamma_t + \varepsilon_{i,t} \quad (9.8)$$

$$Z_{i,t} = \gamma_0 + \gamma_1 \text{Treat}_{i,t} \times \text{Post}_{i,t} + \gamma_2 M_{i,t} + \gamma_3 X_{i,t} + \mu_i + \theta_{\text{ind}} + \gamma_t + \varepsilon_{i,t} \quad (9.9)$$

模型中 M 为中介变量，检验中介效应可分三个步骤：第一步，对模型（9.7）进行回归，如果系数 α_1 显著，说明去杠杆政策确实会影响公司财务风险，那么进入下一步检验；第二步，对模型（9.8）进行回归，如果系数 β_1 显著，说明去杠杆政策也会影响模型的中介变量，进入下一步检验；第三步，对模型（9.9）进行回归，如果系数 γ_1 显著，且 γ_2 也显著，说明去杠杆政策对公司财务风险影响至少一部分是通过中介变量实现的，即存在部分中介效应。同样模型（9.9）如果 γ_1 不显著，说明去杠杆政策对企业财务风险影响完全是通过中介变量 M 起作用。

一、财务柔性机制

首先选择从公司财务柔性视角验证这一影响机制，理论上拥有超额现金流或剩余举债能力的企业降低了外部筹资成本，缓解了融资约束困境，从而对公司绩效产生正向的影响。特别在经济不确定环境下，财务柔性也是风险管理主要工具，企业通过去杠杆来储备财务柔性进而有效避免外部环境的冲击，降低公司破产概率。综合代表财务柔性特征后选取：（1）公司现金柔性（CashFL），即公司现金与其总资产之比。当存在融资约束与投资机会不确定环境下现金持有可以发挥对冲作用，尤其在外部不确定环境下公司持有超额现金更是财务柔性价值的体现。（2）公司资本筹集的柔性，Graham 等（2001）认为财务柔性是企业为预期投资机会而积累负债融资能力或将支付债务利息的义务最小化的能力，定义说明储备财务柔性内含降低企业资本成本的目的与功能。借鉴已有研究，将利息支出与公司债务总额之比（Dbcost）作为外部筹资财务柔性的代理变量，结果如表9.6所示。

实证结果表明：（1）Panel A 中模型2国有企业去杠杆双重差分项（$Treat_1 \times Post$）对现金柔性 CashFL 的估计系数在1%的水平为正，说明去杠杆政策增加了国有上市公司现金柔性持有水平。模型3在模型1的基础上加入现金柔性中介变量，可以看到模型3中 CashFL 系数依然在1%水平显著为正，且该系数由模型2中的0.12增至模型3中10.12。此外，模型3中双重差分项（$Treat_1 \times Post$）系数则变得不再显著，结果对比说明去杠杆政策对国有企业财务风险的作用机制中现金柔性起到了完全中介效应。（2）基于僵尸企业分组估计表明，模型5中双重差分项（$Treat_2 \times Post$）对中介变量（CashFL）的估计结果在1%水平显著为正，模型6加入现金柔性后依然显著为正。此外，双重差分项（$Treat_2 \times Post$）对被解释变量 Z 的回归结果也在1%水平显著为正，表明去杠杆政策对僵尸企业财务风险的影响机制中现金财务柔性起到部分中介效应。（3）基于 Sobel 检验程序表明，在 β_1 和 γ_1 均显著的情况下无需进行 Sobel 检验，可以直接判定中介效应显著。具体来看，国有企业现金柔性的中介效应等于1.214（0.12×10.12），占总效应（1.68）比重为72.29%，而僵尸企业去杠杆中介效应占总效应比重为55.84%。综合来看，去杠杆进程中国有企业更多的是通过储备现金财务柔性来降低财务风险，检验结果符合假设3A 预期。

表9.6　财务柔性中介效应检验

Panel A：现金柔性	Z (1)	CashFL (2)	Z (3)	Z (4)	CashFL (5)	Z (6)
$Treat_1 \times Post$	1.68*** (5.41)	0.12*** (16.79)	0.39 (1.30)	—	—	—
$Treat_2 \times Post$	—	—	—	1.01*** (6.55)	0.08*** (10.65)	0.41*** (2.82)
CashFL	—	—	10.12*** (38.32)	—	—	7.05*** (58.83)
X	Y	Y	Y	Y	Y	Y
个体效应	Y	Y	Y	Y	Y	Y
年份效应	Y	Y	Y	Y	Y	Y
行业效应	Y	Y	Y	Y	Y	Y
R^2	0.2	0.3	0.25	0.42	0.3	0.49
F	63.79	107.49	82.94	176.13	104.93	237.86
N	25 374	25 821	25 374	25 374	25 821	25 374
中介效应/总效应		72.29%			55.84%	

Panel B：筹资柔性	Z (1)	Dbcost (2)	Z (3)	Z (4)	Dbcost (5)	Z (6)
$Treat_1 \times Post$	1.68*** (5.4)	−0.76*** (−9.86)	0.90*** (3.0)	—	—	—
$Treat_2 \times Post$	—	—	—	1.01*** (6.55)	−0.37*** (−4.57)	0.79*** (5.38)
Dbcost	—	—	−1.00*** (32.98)	—	—	−0.57*** (−48.49)
X	Y	Y	Y	Y	Y	Y
个体效应	Y	Y	Y	Y	Y	Y
年份效应	Y	Y	Y	Y	Y	Y
行业效应	Y	Y	Y	Y	Y	Y
R^2	0.2	0.16	0.25	0.42	0.16	0.47
N	25 374	25 821	25 374	25 374	25 821	25 374
中介效应/总效应		45.20%			20.90%	

注：***、**、* 分别表示在1%、5%、10%水平下显著。表中Panel A检验的是现金柔性中介效应，Panel B检验是筹资财务柔性中介效应。模型1—3讨论的是国有公司去杠杆中介效应，模型4—6则为僵尸企业去杠杆的中介效应。

进一步观察筹资财务柔性的中介效应，Panel B 回归结果表明筹资柔性中介变量 Dbcost 两组回归系数都在1%水平显著为负，且模型3和模型6项在加入中介变量 Dbcost 之后回归系数都显著增加，说明筹资财务柔性起到部分中介作用。经计算，筹资财务柔性中介效用占总效应分别为45.2%和20.9%，说明去杠杆进程中国有公司的财务柔性中介效应要高于僵尸企业分组的中介效应。

二、预算软约束

理论上预算软约束也是去杠杆影响公司财务风险的重要机制之一，借鉴林毅夫等（2004）计算方法，预算软约束（SBC）用企业当年的利息支出占年初负债总额的比例减去该年度内公司所在行业的平均值来衡量。

表9.7 预算软约束中介效应检验

变量	Z (1)	SBC (2)	Z (3)	Z (4)	SBC (5)	Z (6)
DID_1	1.27*** (8.65)	0.62*** (7.64)	0.97*** (6.87)			
DID_2	—	—	—	1.00*** (6.43)	0.21** (2.41)	0.89*** (5.95)
SBC	—	—	0.49*** (43.30)	—	—	0.49*** (15.22)
X	Y	Y	Y	Y	Y	Y
个体效应	Y	Y	Y	Y	Y	Y
年份效应	Y	Y	Y	Y	Y	Y
行业效应	Y	Y	Y	Y	Y	Y
R^2	0.42	0.11	0.46	0.42	0.11	0.46
N	25 374	25 380	25 374	20 672	25 380	20 672
中介效应/总效应			23.9%			10.3%

注：***、**、*分别表示在1%、5%、10%水平下显著。表中1-3列汇报了国有企业去杠杆的预算软约束中介效应，4-6列为僵尸企业通过预算软约束的中介效用。

表9.7结果表明：(1) 双重差分项（Treat×Post）对中介变量预算软约束（SBC）的估计系数至少在5%水平为正，说明去杠杆政策显著增加了公司预算软约束水平。(2) 在基准模型1基础上加入中介变量 SBC 之后得到模型3，其双重差分项 DID 与 SBC 估计系数在1%水平依然显著为正，说明去杠杆对公司财务风险的影响部分是通过预算软约束渠道实现的，实

证结果与假设3B保持一致。（3）进一步对比来看，国有企业预算软约束中介效应占总效应的比重为23.9%，而僵尸企业预算软约束中介效应占总效应的比重为10.3%，显然国有企业预算软约束中介效应更加明显。

综合实证结果发现，去杠杆政策实施以来在总体杠杆率可控的目标下表现出明显的结构性矛盾：首先，去杠杆进程中规模歧视依然存在，规模较大的上市公司在财务披露和抵押物质量等方面具有更明显的天然优势，更多的信贷资源流向国有大型企业，而大型国企对民营企业等非国有经济可能具有资金"挤出效应"。其次，我国供给侧结构性改革通常是以政府行政手段来实现市场出清，由于政府部门很难精准预测市场需求，由此按照规模进行调控很可能导致偏离和扭曲。在国家去杠杆经济政策干预下，国有经济一方面利用融资便利储备财务柔性、提高财务稳健性，另一方面也造成大量资本流入到经济效益较差的国有企业与僵尸企业，进而导致更加严重的资金期限错配问题。非对称性去杠杆仅单方面收紧了民营企业等非国有经济的融资约束，抑制了其投资效率，最后不仅难以达成供给侧结构性改革的目标，而且还会带来更为严重的次生金融风险。

第六节 本章小结

中国非金融类企业杠杆率居高不下已成为供给侧结构性改革的重点。本章采用上市公司2006—2018年的财务数据，重点研究了供给侧结构性改革背景下去杠杆政策对上市公司财务风险的影响及作用路径。研究主要结论有：首先，相对于未受政策影响的控制组公司，去杠杆政策总体上造成上市公司财务破产概率下降，公司财务稳健性增加。其次，去杠杆显著提高了主板上市公司等资产规模较大国有公司财务风险，而降低了中小板、创业板等小规模、高成长性企业的财务风险。再次，模型调节效应表明，融资约束越高，企业去杠杆进程中财务风险下降幅度越大；从产权角度来看，国有企业规模越大，去杠杆政策对降低其财务风险影响越明显，而非国有公司规模越大，去杠杆进程中财务风险增加越多。最后，模型中介效应表明，财务柔性在去杠杆对国有企业财务风险影响机制中起到了完全中介效应，预算软约束发挥了部分中介效应。

本章得到政策启示有：

（1）根据不同企业的规模，所有制，行业和区域发展等结构差异，实施并完善差异化控制政策。政策应重点解决国有企业与地方政府的债务积累问题，国有企业高杠杆率最大的原因在于可获得政府补助，这又和国企承担着政治和社会功能，公司治理结构不完善等深层次问题挂钩，因此，要从根本上改变现状还需要完善国有公司的现代公司治理结构、消除企业预算软约束等体制性问题入手。

（2）政府应重点解决处置僵尸企业的破产清算，让市场清理机制充分发挥作用，同时要积极完善多层次资本市场体系，通过设立国企改革发展股权投资基金等形式发挥直接融资市场的分流与引导作用。金融机构也要完善自身考核激励机制，从国企的信用风险出发设置客观合理的贷款条件。最后，持续推进供给侧改革，打破市场和规划的双轨制，减少制度层面的障碍，同时创造健康的金融发展环境，通过构建有效的市场机制，保护和激发企业家精神，增强中国经济系统的韧性。

结论及研究展望

  经济去杠杆化与宏观金融风险之间的关系已成为国内宏观金融研究的重点，适度的杠杆有利于经济增长和发展，但过度的杠杆可能提高经济的系统性风险，危害长期发展和经济结构的成功转型。结构性去杠杆为防范系统性重大风险提供了新的概念与新的思路，研究基于中国各地方政府、银行业以及上市公司等部门宏观年度数据，在梳理中国结构性去杠杆政策演进规律及其借鉴国际实践经验的基础上，运用计量经济学实证检验了我国结构性去杠杆的时间、路径、节奏等基本规律，并利用动态随机一般均衡模型数值模拟政策搭配效果与组合优化。通过研究可以得到如下结论。

  （1）大规模的去杠杆化通常需要一个缓慢的过程，通过主动降低债务方式解释公司去杠杆的41.23%。通过债务偿还、增加留存收益两种方式对去杠杆进程贡献了53.25%，由于现阶段股票增发受到资本市场严格监管，因此，在去杠杆进程中发挥作用的空间最小。去杠杆在短期和长期有不同的阶段性特征，短期内去杠杆可导致公司财务风险增加，去杠杆6年左右的公司信贷风险达到最高值，之后公司财务风险开始持续下降。

  （2）我国地方政府杠杆率每提高1%，则宏观金融风险（弹性）增加0.17%，金融波动增加0.09%。提高分子债务总额更多的是通过直接效应影响宏观金融风险，而提高分母资本总额则通过间接效应来降低金融风险。经测算中国31个省域范围内金融发展水平、房地产投资强度等越高，则当地宏观金融风险的空间溢出效应越显著；而GDP增长率区制变量回归则没有显著区别，该结论从侧面印证了中国地方政府的决策行为仍然存在明显的唯GDP论的内在导向。

  （3）我国银行业有49%的银行在3年内完成去杠杆调整，去杠杆最大幅度的中位数为5年。第二、去杠杆进程降低了银行信贷供给速度，提高了债务融资成本与资产收益率。产权对比来看，资本补充能力强的国有控股银行去杠杆幅度更大，资产负债结构转换更为明显，而中小银行去杠杆化的方式与渠道都比较有限。第三、长期来看，去杠杆进程降低了银行破产概率，提高了银行经营稳健性，但短期内动态面板估计表明银行去杠杆会显著降低下一期的经营稳定性，相反，利用留存收益、发行次级债务等主动式去杠杆则会降低信贷风险，提高银行稳定性。模型调节效应表明，外部货币政策与银行自身流动性状况都弱化了去杠杆对其经营稳定性的影响。

（4）在后疫情的背景下，政策制定者可能会面临政策权衡。短期内对企业和家庭的宽松政策支持对于尚未复苏或仍然脆弱的经济体而言仍然至关重要。然而，金融状况放松的代价是，长期经济增长可能面临更大的下行风险。因此，政策制定者也需要前瞻性地加强金融杠杆的监管，避免金融状况快速持续宽松带来的长期影响。

未来的研究展望如下：

（1）研究采用的是基于地理相邻等方法构建的空间权重矩阵并应用空间计量经济模型进行检验，然而我国各部门杠杆率与宏观金融风险本身存在复杂的非线性特征，未来将空间计量经济理论与非线性模型构建进行结合，以考察区域、省份等空间杠杆率配置对金融风险的异质性影响。此外，应对疫情冲击，各地方债务发行大幅增长，为此下一阶段要重点探索地方政府隐性债务控增、化存的治理方式与债务可持续性研究。

（2）下一步的研究重点应完善结构性去杠杆与宏观调控的跨周期政策调节机制研究，探索杠杆率的跨周期配置机制仍然是下一阶段宏观政策的主要方向，当前经济短周期下行压力增大背景下，跨周期调节的难点在于如何把握"防风险"和"稳增长"的平衡。为此，要进一步研究适合我国国情特点的微观经济主体杠杆率水平与增速监测指标，同时把握好去杠杆和维护市场流动性的平衡。

（3）DSGE 模型中涉及政府、中央银行、商业银行、企业、家庭等五部门，部门变量之间影响机制相当复杂和多样，核心政策变量在去杠杆进程中传导机制和交互作用仍然不十分清楚，这在很大程度上降低了模型在实践中的适用性。下一步的研究重点应保证结构性去杠杆要与我国产业结构调整和转型升级相适应，并根据不同领域、不同市场金融风险提出差异化监管政策与办法。

高杠杆导致的金融风险溢出与防范是一个永恒的研究课题，研究尝试在我国经济去杠杆化背景下针对我国宏观金融风险的空间特性与时间发展趋势进行测度，本书的探索也仅是一个开始，构建的理论框架需要更进一步完善。

参考文献

◎ 白重恩，张琼.中国生产率估计及其波动分解[J].世界经济,2015(12)：3-28.

◎ 曾爱民，张纯，魏志华.金融危机冲击、财务柔性储备与企业投资行为：来自中国上市公司的经验证据[J].管理世界,2013（4）：107-120.

◎ 陈小亮，陈彦斌.结构性去杠杆的推进重点与趋势观察[J].改革,2018（7）：17-30.

◎ 陈小亮，马啸."债务-通缩"风险与货币政策财政政策协调[J].经济研究,2016,51（8）：28-42.

◎ 陈彦斌，陈小亮，陈伟泽.利率管制与总需求结构失衡[J].经济研究,2014,49（2）：18-31.

◎ 储著贞，梁权熙，蒋海.宏观调控、所有权结构与商业银行信贷扩张行为[J].国际金融研究,2012（3）：57-68.

◎ 崔宇清.金融高杠杆业务模式、潜在风险与去杠杆路径研究[J].金融监管研究,2017（7）：52-65.

◎ 范小云，廉永辉.资本充足率缺口下的银行资本和风险资产调整研究[J].世界经济,2016（4）：145-169.

◎ 方军雄.所有制、制度环境与信贷资金配置[J].经济研究,2007（12）：82-92.

◎ 冯科，何理.我国银行上市融资、信贷扩张对货币政策传导机制的影响[J].经济研究,2011增2期：51-62.

◎ 宫小琳，卞江.中国宏观金融中的国民经济部门间传染机制[J].经济研究,2010（7）：79-89.

◎ 桂文林，程慧.杠杆率、资产价格与经济增长时变关联研究：基于混频MS-VAR分析[J].统计研究,2021,38（7）：47-63.

◎ 郭玉清，孙希芳，何杨.地方财政杠杆的激励机制、增长绩效与调整取向研究[J].经济研究,2017（6）：169-182.

◎ 国务院发展研究中心"不良资产处置和金融资产管理方式创新"课题

◎ 组.本轮银行不良贷款的特点、成因和风险防控[J].发展研究，2018（5）：52-55.

◎ 国务院发展研究中心"经济转型期的风险防范与应对"课题组.打好防范化解重大风险攻坚战：思路与对策[J]，管理世界，2018（1）：1-15.

◎ 何德旭，张斌彬.居民杠杆与企业债务风险[J].中国工业经济，2021（2）：155-173.

◎ 胡奕明，王雪婷，张瑾.金融资产配置动机："蓄水池"或"替代"？——来自中国上市公司的证据[J].经济研究，2017，52（1）：181-194.

◎ 胡志鹏."稳增长"与"控杠杆"双重目标下的货币当局最优政策设定[J].经济研究，2014，49（12）：60-71+184.

◎ 胡宗义，刘亦文，袁亮.金融均衡发展对经济可持续增长的实证研究[J].中国软科学，2013（7）：25-38.

◎ 黄海波，汪翀，汪晶.杠杆率新规对商业银行行为的影响研究[J].国际金融研究，2012（7）：68-74

◎ 黄剑辉，李鑫.非金融企业部门杠杆率与银行业风险研究[J].金融监管研究，2018（02）：40-54.

◎ 纪敏，严宝玉，李宏瑾.杠杆率结构、水平和金融稳定—理论分析框架和中国经验[J]，金融研究，2017（2）：11-25.

◎ 纪洋，葛婷婷，边文龙，等.杠杆增速、部门差异与金融危机："结构性去杠杆"的实证分析与我国杠杆政策的讨论[J].经济学（季刊），2021，21（3）：843-862.

◎ 纪洋，王旭，谭语嫣，等.经济政策不确定性、政府隐性担保与企业杠杆率分化[J].经济学（季刊），2018，17（2）：449-470.

◎ 江伟，李斌.制度环境、国有产权与银行差别贷款[J].金融研究，2006（11）：64-73.

◎ 姜子叶，胡育蓉.财政分权、预算软约束与地方政府债务[J].金融研究，2016（2）：198-206.

◎ 金鹏辉，王营，张立光.稳增长条件下的金融摩擦与杠杆治理[J].金融研究，2017（4）：78-94.

◎ 靳玉英，贾松波.杠杆率监管的引入对商业银行资产结构的影响研究[J]，国际金融研究[J].2016（6）：52-60

◎ 匡小平，蔡芳宏.论地方债的预算约束机制[J].管理世界，2014（01）：173-175.

参考文献

◎ 李腊生, 耿晓媛, 郑杰. 我国地方政府债务风险评价 [J], 统计研究, 2013（10）: 30-39.

◎ 李维安, 王倩. 监管约束下我国商业银行资本增长与融资行为 [J]. 金融研究, 2012（7）: 15-30.

◎ 李扬, 张晓晶, 常欣. 中国国家资产负债表 2015: 杠杆调整与风险管理 [M]. 中国社会科学出版社, 2015.

◎ 林毅夫, 李志赟. 政策性负担、道德风险与预算软约束 [J]. 经济研究, 2004（2）: 17-27.

◎ 林毅夫, 刘明兴, 章奇. 政策性负担与企业的预算软约束: 来自中国的实证研究 [J]. 管理世界, 2004（8）: 81-127.

◎ 刘金全, 张鹤. 经济增长风险的冲击传导和经济周期波动的"溢出效应" [J]. 经济研究, 2003（10）: 32-39+91.

◎ 刘尚希. 财政风险: 从经济总量角度的分析 [J]. 管理世界, 2005（7）: 31-39+170.

◎ 刘晓光, 刘元春, 王健. 杠杆率、经济增长与衰退 [J]. 中国社会科学, 2018（6）: 50-70+205.

◎ 刘晓光, 刘元春. 杠杆率重估与债务风险再探讨 [J]. 金融研究, 2018（6）: 50-70.

◎ 刘晓光, 张杰平. 中国杠杆率悖论: 兼论货币政策"稳增长"和"降杠杆"真的两难吗? [J]. 财贸经济, 2016, 37（8）: 5-19.

◎ 刘尧成, 李想. 金融周期、金融波动与中国经济增长: 基于省际面板门槛模型的研究 [J]. 统计研究, 2019, 36（10）: 74-86.

◎ 刘一楠, 宋晓玲. 杠杆失衡、信贷错配与结构性去杠杆: 一个动态随机一般均衡分析框架 [J]. 中央财经大学学报, 2018（8）: 76-86.

◎ 刘勇, 白小滢. 部门杠杆率、部门储蓄与我国宏观金融系统传染性 [J]. 国际金融研究, 2017（12）: 3-13.

◎ 陆岷峰, 葛和平. 中国企业高杠杆成因及去杠杆方式研究 [J]. 金融监管研究, 2016（12）: 63-73.

◎ 陆明涛, 袁富华, 张平. 经济增长的结构性冲击与增长效率: 国际比较的启示 [J]. 世界经济, 2016（1）: 24-51.

◎ 罗长林, 邹恒甫. 预算软约束问题再讨论 [J]. 经济学动态, 2014（5）: 115-124.

◎ 吕健.政绩竞赛、经济转型与地方政府债务增长[J].中国软科学,2014(8):17-28.

◎ 吕炜,高帅雄,周潮.投资建设性支出还是保障性支出:去杠杆背景下的财政政策实施研究[J].中国工业经济,2016(8):5-22.

◎ 吕勇斌,陈自雅.区域金融风险部门间传递的空间效应:2005—2012年[J].财政研究,2014(8):46-48.

◎ 马建堂,董小君,时红秀,等.中国的杠杆率与系统性金融风险防范[J].财贸经济,2016(1):5-21.

◎ 马勇,陈雨露.金融杠杆、杠杆波动与经济增长[J].经济研究,2017(06):31-46.

◎ 马勇,田拓,阮卓阳,等.金融杠杆、经济增长与金融稳定[J].金融研究,2016(6):37-51.

◎ 毛锐,刘楠楠,刘蓉.地方政府债务扩张与系统性金融风险的触发机制[J].中国工业经济,2018(4):19-38.

◎ 毛振华,袁海霞,王秋凤,等.我国近年两轮结构性去杠杆的比较与思考[J].财政科学,2021(5):21-30.

◎ 孟宪春,张屹山,张鹤,等.预算软约束、宏观杠杆率与全要素生产率[J].管理世界,2020,36(8):50-65.

◎ 苗文龙.金融分权、股权结构与银行贷款风险[J].金融监管研究,2018(8):21-41.

◎ 缪小林,伏润民.权责分离、政绩利益环境与地方政府债务超常规增长[J].财贸经济,2015(4):17-31.

◎ 彭俞超,方意.结构性货币政策、产业结构升级与经济稳定[J].经济研究,2016,51(7):29-42+86.

◎ 彭俞超,黄娴静,沈吉.房地产投资与金融效率:金融资源"脱实向虚"的地区差异[J].金融研究,2018(08):51-68.

◎ 彭振江,杨李娟.金融周期视角下区域金融风险差异化防控研究[J].金融监管研究,2017(5):50-67.

◎ 饶华春.中国金融发展与企业融资约束的缓解:基于系统广义矩估计的动态面板数据分析[J].金融研究,2009(9):156-164.

◎ 任英华,徐玲,游万海.金融集聚影响因素空间计量模型及其应用[J].数量经济技术经济研究,2010(5):104-115.

参考文献

◎ 上海财经大学高等研究院课题组. 企业和家庭债务交互式负反馈效应增加去杠杆难度 [J]. 中国经济报告, 2018 (10): 94-96.

◎ 沈红波, 寇宏, 张川. 金融发展、融资约束与企业投资的实证研究 [J]. 中国工业经济, 2010 (6): 55-64.

◎ 沈沛龙, 樊欢. 基于可流动性资产负债表的我国政府债务风险研究 [J]. 经济研究, 2012 (02): 93-105.

◎ 盛明泉, 张敏, 马黎珺, 等. 国有产权、预算软约束与资本结构动态调整 [J]. 管理世界, 2012 (3): 151-157.

◎ 汪勇, 马新彬, 周俊仰. 货币政策与异质性企业杠杆率: 基于纵向产业结构的视角 [J]. 金融研究, 2018 (5): 47-64.

◎ 王国刚, 张扬. 厘清债务关系支持地方长期债券市场发展: 兼析地方政府性债务的政策选择 [J]. 经济学动态, 2014 (9): 14-23.

◎ 王纪全, 张晓燕, 刘全胜. 中国金融资源的地区分布及其对区域经济增长的影响 [J]. 金融研究, 2007 (6): 100-108.

◎ 王连军. 去杠杆化与银行体系稳定性研究: 基于中国银行业的实证 [J]. 国际金融研究, 2018 (10): 55-64.

◎ 王俏茹, 刘金全, 刘达禹. 中国省级经济周期的: 致波动、区域协同与异质分化 [J]. 中国工业经济, 2019 (10): 61-79.

◎ 王文春, 荣昭. 房价上涨对工业企业创新的抑制影响研究 [J]. 经济学（季刊）, 2014, 13 (2): 465-490.

◎ 王小鲁, 樊纲, 余静文. 中国分省份市场化指数报告 [M]. 社会科学文献出版社, 2017年1月, 第1版.

◎ 王永钦, 陈映辉, 杜巨澜. 软预算约束与中国地方政府债务违约风险: 来自金融市场的证据 [J]. 经济研究, 2016 (11): 96-109.

◎ 王永钦, 徐鸿恂. 杠杆率如何影响资产价格？: 来自中国债券市场自然实验的证据 [J]. 金融研究, 2019 (2): 20-39.

◎ 王宇伟, 盛天翔, 周耿. 宏观政策、金融资源配置与企业部门高杠杆率 [J]. 金融研究, 2018 (1): 36-52.

◎ 王竹泉, 谭云霞, 宋晓缤. "降杠杆"、"稳杠杆"和"加杠杆"的区域定位: 传统杠杆率指标修正和基于"双重"杠杆率测度体系确立结构性杠杆率阈值 [J]. 管理世界, 2019, 35 (12): 86-103.

◎ 夏小文. 中国杠杆率的特征事实、成因及对策 [J]. 经济学家, 2017 (11): 21-27.

- ◎ 肖泽忠，邹宏. 中国上市公司资本结构的影响因素和股权融资偏好 [J]. 经济研究，2008（6）：119-134.
- ◎ 熊琛，金昊. 地方政府债务风险与金融部门风险的"双螺旋"结构：基于非线性DSGE模型的分析 [J]. 中国工业经济，2018（12）：23-41.
- ◎ 徐国祥，郑雯. 中国金融状况指数的构建及预测能力研究 [J]. 统计研究，2013，30（8）：17-24.
- ◎ 杨灿明，鲁元平. 地方政府债务风险的现状、成因与防范对策研究 [J]，财政研究，2013（11）：58-60.
- ◎ 姚耀军，董钢锋. 中小企业融资约束缓解：金融发展水平重要抑或金融结构重要？：来自中小企业板上市公司的经验证据 [J]. 金融研究，2015（4）：148-161.
- ◎ 殷兴山，易振华，项燕彪. 总量型和结构型货币政策工具的选择与搭配：基于结构性去杠杆视角下的分析 [J]. 金融研究，2020（6）：60-77.
- ◎ 余明桂，潘红波. 政府干预、法治、金融发展与国有企业银行贷款 [J]. 金融研究，2008（9）：1-22.
- ◎ 袁鲲，饶素凡. 银行资本、风险承担与杠杆率约束：基于中国上市银行的实证研究（2003-2012年）[J]. 国际金融研究，2014（8）：52-60.
- ◎ 翟光宇，陈剑. 资本充足率高代表资本充足吗？：基于中国上市银行2007-2011年季度数据分析 [J]. 国际金融研究，2011（10）：65-72
- ◎ 张斌，何晓贝，邓欢. 不一样的杠杆从国际比较看杠杆上升的现象、原因与影响 [J]. 金融研究，2018（02）：15-29.
- ◎ 张成思，张步昙. 中国实业投资率下降之谜：经济金融化视角 [J]. 经济研究，2016（12）：32-46.
- ◎ 张琳，廉永辉. 我国商业银行资本缓冲周期性研究：基于银行资本补充能力的视角 [J]. 管理世界，2015（7）：42-53.
- ◎ 张晓晶，常欣，刘磊. 结构性去杠杆：进程、逻辑与前景——中国去杠杆2017年度报告 [J]. 经济学动态，2018（5）：16-29.
- ◎ 张晓晶，刘磊. 宏观分析新范式下的金融风险与经济增长：兼论新型冠状病毒肺炎疫情冲击与在险增长 [J]. 经济研究，2020，5（6）：4-21.
- ◎ 张勇，李政军，龚六堂. 利率双轨制、金融改革与最优货币政策 [J]. 经济研究，2014，49（10）：19-32.
- ◎ 支俊立，曾康霖，王宇. 金融周期、经济增长与金融稳定性研究 [J]. 南开经济研究，2020（4）：66-87.

参考文献

◎ 中国人民银行杠杆率研究课题组.中国经济杠杆率水平评估及潜在风险研究[J].金融监管研究,2014（5）:23-38.

◎ 中国人民银行营业管理部课题组.预算软约束、融资溢价与杠杆率:供给侧结构性改革的微观机理与经济效应研究[J].经济研究,2017,52（10）:53-66.

◎ 中国银监会课题组.建立杠杆率监管标准,弥补资本充足率的不足[J].中国金融,2010（3）:68-70.

◎ 钟宁桦,刘志阔,何嘉鑫,等.我国企业债务的结构性问题[J].经济研究,2016（7）:102-117.

◎ 周菲,赵亮,尹雷.去杠杆的路径选择:财政去杠杆还是金融去杠杆?——基于企业部门的分析[J].财政研究,2019（2）:75-90.

◎ 周开国,徐亿卉.中国上市公司的资本结构是否稳定[J].世界经济,2012（5）:106-120.

◎ 周茜,许晓芳,陆正飞.去杠杆,究竟谁更积极与稳妥?[J].管理世界,2020,36（8）:127-148.

◎ 朱太辉,黄海晶.中国金融周期:指标,方法和实证[J].2021（2018-12）:55-71.

◎ ACHARYA V V, RICHARDSON M P. Causes of the financial crisis[J]. Critical Review, 2009(21): 195-210.

◎ ACHARYA V V, YORULMAZER T. Information contagion and bank herding [J]. Journal of money, credit and Banking, 2008, 40(1): 215-231.

◎ ADRIAN B W, ATKINSON P E. Deleveraging, traditional versus capital markets banking and the urgent need to separate and recapitalise G-SIFI banks [J]. OECD Journal:Financial Market Trends, 2012(1): 1-41.

◎ ADRIAN M T, HE M D, LIANG N, et al. A monitoring framework for global financial stability[M]. International Monetary Fund, 2019.

◎ ADRIAN T, BOYARCHENKO N, GIANNONE D. Vulnerable growth[J]. American Economic Review, 2019, 109(4): 1263-89.

◎ ADRIAN T, LIANG N. Monetary policy, financial conditions, and financial stability[J]. International Journal of Central Banking 2018, 14(1): 73-131.

◎ ALLAHRAKHA M, CETINA J, MUNYAN B. Do higher capital standards always reduce bank risk? The impact of the basel leverage ratio on the U.S. triparty repo market[R]. Office of Financial Research, 2016(11).

◎ ALTER A, ELEKDAG S. Emerging market corporate leverage and global financial conditions[J]. Journal of Corporate Finance, 2020, 62: 101-590.

◎ ANTZOULATOS A A, KOUFOPOULOS K, LAMBRINOUDAKIS C, et al.. Supply of capital and capital structure: The role of financial development[J]. Journal of Corporate Finance, 2016, 38: 166-195.

◎ AYUSO J, PÉREZ D, SAURINA J. Are capital buffers pro-cyclical?Evidence from spanish panel data[J].Journal of Financial Intermediation, 2004, 13(2): 249-264

◎ BAI C E, LI D D, TAO Z, et al. A multitask theory of state enterprise reform[J]. Journal of Comparative Economics, 2000, 28: 716-738.

◎ BARNDT L, LI H. Bank discrimination in an transition economics: Ideology, information, or incentives?[J]. Journal of Comparative Economics, 2003, 31(3): 387-413.

◎ BECH M L, GARRATT R J. Illiquidity in the interbank payment system following wide-scale disruptions[J].Journal of Money Credit & Banking, 2012, 44(5): 903-929.

◎ BERGER A N, KLAPPER L F, ARISS R T. Bank competition and financial stability[J]. Journal of Financial Services Research, 2009, 35(2): 99-118.

◎ BERNANKE B S, BLINDER A S. The federal funds rate and the channels of monetary transmission, american economic review, 1992, 82(04): 901-921.

◎ BERNANKE B S, GERTLER M, GILCHRIST S. The financial accelerator in a quantitative business cycle framework[J]. Handbook of macroeconomics, 1999, 1:1341-1393.

◎ BERNANKE B S, GERTLER M, GILCHRIST S. The financial accelerator and the flight to quality[J].Review of Economics and Statistics, 1996, 78(1): 1-15.

◎ BONIS R D, STACCHINI M. Does government debt affect bank credit?[J]. International Finance, 2013, 16(03): 289-310.

◎ BORIO C, DREHMANN M. Assessing the risk of banking crises-revisited[R]. BIS Quarterly Review, 2009(3): 29-46.

◎ BORIO C, DREHMANN M. Towards an operational framework for financial stability: "fuzzy" measurement and its consequences[R]. BIS Working Papers No.248, 2009.

参考文献

◎ BORIO C, ERDEM M, FILARDO A, et al. The costs of deflations: A historical perspective[J]. BIS Quarterly Review March, 2015, 3: 31-54.

◎ BORIO C, VALE B, PETER G V. Resolving the financial crisis: are we heeding the lessons from the nordics?[R]. BIS Working Papers, No.311, 2010.

◎ BOUIS R, CHRISTENSEN A K, COURNEDE B. Delveraging: challenges, progress and policies[R]. OECD Economics Department Working Papers, No.1077, 2013.

◎ BRIXI H. Contingent government liabilities: a hidden risk for fiscal stability [Z]. World Bank Policy Research Working Paper, 1998.

◎ BRUNNERMEIER M K, SANNIKOV Y. A macroeconomic model with a financial sector[J]. American Economic Review, 2014, 104(2): 379-421.

◎ CALVO G A. Staggered prices in a utility-maximizing framework[J]. Journal of Monetary Economics, 1983, 12(3): 383-398.

◎ CASTRÉN O, KAVONIUS I K. Balance sheet interlinkages and macro-financial risk analysis in the euro area[R]. European Central Bank, Working Paper No.1124, 2009.

◎ CHANG C, CHEN X, LIAO G M. What are the reliably important determinants of capital structure in China?[J]. Pacific-Basin Finance Journal, 2014(30): 87-113.

◎ CHEN Z, HE Z, LIU C. The financing of local government in China: stimulus loan wanes and shadow banking waxes[R]. NBER Working Paper, 2017.

◎ CHRISTENSEN I, DIB A. The financial accelerator in an estimated new keynesian model[J].Review of Economic Dynamics, 2008, 11(1): 155-178.

◎ COHEN B H, SCATIGNA M. Banks and capital requirements: channels of adjustment[J]. Journal of Banking and Finance, 2016, 69(8): 556-569.

◎ CUERPO C, DRUMOND I, LENDVAI J, et al.. Indebtedness, deleveraging dynamics and macroeconomic adjustment[M]. European Economy. Economic Papers, 2013, 477(4).

◎ DEANGELO H, DEANGELO L, FAMA E, et al.. Capital structure, payout policy, and financial flexibility[R]. Marshall school of business working paper no. FBE, 2006: 02-06.

◎ DEANGELO H, GONÇALVES A S, STULZ R M. Corporate deleveraging[R]. NBER Working Paper, 2016, No. 22828.

◎ DEANGELO H, ROLL R. How stable are corporate capital structures?[J]. The Journal of Finance, 2015, 70(1): 373-418.

◎ DENIS D J, MCKEON S B. Debt financing and financial flexibility evidence from proactive leverage increases[J]. Review of Financial Studies, 2012, 25(6): 1897-1929.

◎ DREHMANN M, BORIO C, Tsatsaronis k. characterising the financial cycle: don't lose sight of the medium term[R]. Bis Working Papers, 2012, 68(3): 1-18.

◎ DREHMANN M, JUSELIUS M, KORINEK A. Going with the flows: new borrowing, debt service and the transmission of credit booms[R]. NBER Working Papers, 2018.

◎ DREHMANN M, JUSELIUS M. Evaluating early warning indicators of banking crises: Satisfying policy requirements[J]. International Journal of Forecasting, 2014, 30(3): 759-780.

◎ DUPREY T, UEBERFELDT A. Managing GDP tail risk[R]. Bank of Canada, 2020.

◎ EGGERTSSON G, KRUGMAN P. Debt, deleveraging, and the liquidity trap: A fisher-minsky-koo approach[J]. The Quarterly Journal of Economics, 2012, 127(3): 1469-1513.

◎ ELHORST J, FRÉRET S. Evidence of political yardstick competition in france using a two-regime spatial durbin model with fixed effects[J]. Journal of Regional Science, 2009, 49(5): 931-951.

◎ FAULKENDER M, PETERSEN M A. Does the source of capital affect capital structure?[J]. The Review of Financial Studies, 2006, 19(1): 45-79.

◎ FERRI G. Are new tigers supplanting old mammoths in China's banking system? Evidence from a sample of city commercial banks[J]. Journal of Banking & Finance, 2009, 33(1): 131-140.

◎ FLANNERY M J, RANGAN K P. Partial adjustment toward target capital structures[J]. Journal of Financial Economics, 2006, 79(3): 469-506.

◎ FRANK M Z, GOYAL V K. Capital structure decisions: Which factors are reliably important?[J]. Financial Management, 2009, 38(1): 1-37.

◎ GAMBACORTA L, SHIN H S. Why bank capital matters for monetary policy [R]. BIS Working Papers, 2016: 558.

◎ GENNAIOLI N, MARTIN A, ROSSI S. Sovereign default, domestic banks, and financial institutions[J]. Journal of Finance, 2014, 69(02): 819-866.

◎ GERTLER M, GILCHRIST S. What happened: Financial factors in the great recession[J]. Journal of Economic Perspectives, 2018, 32(3): 3-30.

◎ GERTLER P, HOFMANN B. Monetary facts revisited[R]. BIS Working Papers, 2016: 556..

◎ GILCHRIST S, ZAKRAJŠEK E. Credit spreads and business cycle fluctuations [J]. American economic review, 2012, 102(4): 1692-1720.

◎ GOLDSTEIN I, PAUZNER A. Contagion of self-fulfilling financial crises due to diversification of investment portfolios[J]. Journal of Economic Theory, 2004, 119(1): 151-183.

◎ GOODHART C, HOFMANN B. Asset prices, financial conditions, and the transmission of monetary policy[C]. Conference on Asset Prices, Exchange Rates, and Monetary Policy, Stanford University, 2001: 2-3.

◎ GRAHAM J, HARVEY C. The theory and practice of corporate finance: Evidence from the field[J]. Journal of Financial Economics, 2001(60): 187-243.

◎ HEIDER F, HOEROVA M, HOLTHAUSEN C. Liquidity hoarding and interbank market spreads: The role of counterparty risk[J]. Journal of Financial Economics, 2015(118): 336-54.

◎ HOLMSTRÖM B, TIROLE J. Financial intermediation, loanable funds and the real sector[J]. Quarterly Journal of Economics, 1997, 112(3): 663-691.

◎ INNES R. Investment and government intervention in credit markets when there is asymmetric information[J]. Journal of Public Economics, 199, 46(3): 347-381.

◎ INTERNATIONAL MONETARY FUND. Is growth at risk?[R]. Global Financial Stability Report, 2017, 10(1): 1-52.

◎ ITO T, SASAKI Y N. Impacts of the basle capital standard on Japanese banks behavior[J]. Journal of the Japanese and International Economies, 2002, 16(3): 372-397.

◎ Jensen M, Meckling W. Theory of the Firm: managerial Behavior, Agency Costs and Ownership Structure[J]. Journal of Financial Economics, 1976, 3(4): 305-360.

◎ JOKIPII T, MILNE A. The cyclical behavior of european bank capital buffers [J]. Journal of Banking and Finance, 2008, 32(8): 1440-1451.

◎ JONGHE O D, ÖZTEKIN Ö. Bank capital management: International evidence[J]. Journal of Financial Intermediation, 2015(24): 154-177.

◎ JORDÀ Ò, KORNEJEW M, SCHULARICK M, et al. Zombies at large? corporate debt overhang and the macroeconomy[R]. National Bureau of Economic Research, 2020.

◎ JORDÀ Ò, SCHULARICK M, TAYLOR A M. Macrofinancial history and the new business cycle facts[J]. NBER macroeconomics annual, 2017, 31(1): 213-263.

◎ KALEMLI-OZCAN S, LAEVEN L, MORENO D. Debt overhang, rollover risk, and corporate investment: Evidence from the european crisis[R]. National Bureau of Economic Research, 2018, (TN.24555): a1-43.

◎ KIEMA I, JOKIVUOLLE E. Does a leverage ratio requirement increase bank stability?[J], Journal of Banking and Finance, 2014(39): 240-254.

◎ KIRTI D. Lending standards and output growth[R]. International Monetary Fund, 2018.

◎ KORNAI J. Economics of shortage[M]. Amsterdam: North-Holland, 1980.

◎ KOSE M A, OTROK C, WHITEMAN C H. International business cycles: World, region and country-specific factors[J]. American Economic Review, 2003, 93(4): 1216-1239.

◎ KUNT A D, MAKSIMOVIC V. Institutions, financial markets, and firm debt maturity[J].Journal of Financial Economics, 1999, 54(3): 295-336.

◎ LAEVEN L, VALENCIA F. Systemic banking crises[R]. IMF Working Paper, 2008, WP/08/224.

◎ LEONELLO A. Government guarantees and the two-way feedback between banking and sovereign debt crises[J]. Journal of Financial Economics, 2018, 130(3): 592-619.

◎ LESAGE J, PACE R K. Introduction to spatial econometrics[M]. London: CRC Press, Taylor & Francis Group, 2009.

◎ LI K, YUE H, ZHAO L. Ownership, institutions and capital structure: Evidence from China[J].Journal of Comparative Economics, 2009, 37:471-490.

◎ MALISZEWSKI W, ARSLANALP S, CAPARUSSO J, et al. Resolving China's corporate debt problem[Z]. IMF Working Paper, No.WP /16 / 203, 2016.

◎ MARQUES L B, CHEN Q Y, RADDATZ C, et al. The riskiness of credit allocation and financial stability[M]. International Monetary Fund, 2019.

◎ MENDOZA E G, TERRONES M E. An anatomy of credit booms: Evidence from macro aggregates and micro data[R]. National Bureau of Economic Research, 2008.

◎ MIAN A, SUFI A, VERNER E. Household debt and business cycles worldwide [J]. The Quarterly Journal of Economics, 2017, 132(4): 1755-1817.

◎ MINEA A, PARENT A. Is high public debt always harmful to economic growth?[R]. CERDI Working Papers, 2012: 201-208.

◎ MISTRULLI P E. Assessing financial contagion in the interbank market: Maximum entropy versus observed interbank lending patterns[J]. Journal of Banking & Finance, 2011, 35(5): 1114-1127.

◎ MOENCH E, NG S, POTTER S. Dynamic hierarchical factor models[J]. Review of Economics and Statistics, 2013, 95(5): 1811-1817.

◎ MOSCONE F, TOSETTI E, CANEPA A. Real estate market and financial stability in US metropolitan areas: A dynamic model with spatial effects[J]. Regional Science & Urban Economics, 2014(49): 129-146.

◎ MYERS S C, MAJLUF N S. Corporate financing and investment decisions when firms have information that investors do not have[J]. Journal of Financial Economics, 1984, 13(2): 187-221.

◎ OET M V, BIANCO T, GRAMLICH D, et al.. Safe: An early warning system for systemic banking risk[J]. Journal of Banking and Finance, 2013, 37(11): 4510-4533.

◎ RAJAN R G, ZINGALES L. Financial dependence and growth[J]. American Economic Review, 1998, 88(3): 559-586.

◎ REINHART C M, ROGOFF K S. Growth in a time of debt[J]. American Economic Review, 2010, 100(2): 573-578.

◎ ROULET C. Basel III: Effects of capital and liquidity regulations on european bank lending[J]. Journal of Economics and Business, 2018(95): 26-46.

◎ SCHULARICK M, TAYLOR A M. Credit booms gone bust: Monetary policy, leverage cycles and financial crises, 1870-2008[J]. American Economic Review, 2012, 102(2): 1029-1061.

◎ SHIN H S. Risk and liquidity in a systemic context[J]. Journal of Financial

Intermediation, 2008(7): 315-329.

◎ VALLASCAS F, HAGENDOR J. The risk sensitivity of capital requirements: Evidence from an international sample of large banks[J]. Review of Finance, 2013(17): 947-988.

◎ VAUGIRARD V. Informational contagion of bank runs in a third-generation crisis model[J]. Journal of International Money and Finance, 2007, 26(03): 403-429.

◎ VAZQUEZ F, FEDERICO P. Bank funding structures and risk: Evidence from the global financial crisis[J]. Journal of Banking and Finance, 2015(61): 1-14.

◎ VERNER E. Private debt booms and the real economy: Do the benefits outweigh the costs?[J]. Social Science Electronic Publishing, 2019(8).

◎ WEI S J, WANG T. The siamese twins: Do state-owned banks favor state-owned enterprises in China?[J]. China Economic Review, 1997, 8(1):19-29.

◎ XU Y Z, MANN S, GUÉRIN P, et al. Loose financial conditions, rising leverage, and risks to macro-financial stability[R]. IMF Working Papers, 2021, 2021(222).

◎ ZHANG W, HAN G F, BRIAN N G, et al.. Corporate leverage in China: Why has it increased fast in recent years and where do the risks lie?[R]Hong Kong Institute for Monetary Research, 2015(10).